国家社科基金
后期资助项目
GUOJIA SHEKE JIJIN HOUQI ZIZHU XIANGMU

U0620167

就业投入占用产出模型及应用

王会娟　著

科学出版社

北　京

内 容 简 介

投入占用产出模型是社会经济政策模拟和影响分析中常用的多部门建模方法之一。本书对就业投入占用产出模型进行全方位解读，采用理论模型构建与经济问题分析解决相结合的方式，对投入占用产出模型在就业领域的应用进行介绍，内容不仅包括就业投入占用产出模型、就业群体乘数模型、就业投入占用产出价格模型等理论模型，还包括宏观政策影响效应、就业关联路径、互联网技术进步对就业的影响等多个实证研究。

本书可以作为研究生教材，也可以作为投入产出技术学习者的参考资料。

图书在版编目（CIP）数据

就业投入占用产出模型及应用 / 王会娟著. — 北京：科学出版社，2025.4. — ISBN 978-7-03-081431-9

Ⅰ. F241.4

中国国家版本馆 CIP 数据核字第 20250X93E1 号

责任编辑：徐　倩 / 责任校对：王晓茜
责任印制：张　伟 / 封面设计：有道设计

科学出版社出版
北京东黄城根北街 16 号
邮政编码：100717
http://www.sciencep.com

北京中石油彩色印刷有限责任公司印刷
科学出版社发行　各地新华书店经销
*
2025 年 4 月第 一 版　开本：720×1000　1/16
2025 年 4 月第一次印刷　印张：14 3/4
字数：280 000

定价：168.00 元

（如有印装质量问题，我社负责调换）

国家社科基金后期资助项目
出版说明

后期资助项目是国家社科基金设立的一类重要项目,旨在鼓励广大社科研究者潜心治学,支持基础研究多出优秀成果。它是经过严格评审,从接近完成的科研成果中遴选立项的。为扩大后期资助项目的影响,更好地推动学术发展,促进成果转化,全国哲学社会科学工作办公室按照"统一设计、统一标识、统一版式、形成系列"的总体要求,组织出版国家社科基金后期资助项目成果。

全国哲学社会科学工作办公室

目　　录

第一章 绪 论

投入产出（input-output，IO）分析方法是研究经济活动的投入与产出之间的数量关系，特别是国民经济各个部门在产品生产和消耗之间的数量依存关系的一种方法。该方法由美国经济学家瓦西里·里昂惕夫（Wassily Leontief）创立，里昂惕夫也因此获得诺贝尔经济学奖（1973 年）。投入产出分析通常有两个维度的研究出发点：核算和模型。核算方面，投入产出表作为国民经济核算的重要组成部分，是对国内生产总值（gross domestic product，GDP）核算的延伸和扩展，从行业、产业维度上补充了增加值的生产法、收入法和支出法三大核算方法。模型方面，投入产出表作为投入产出模型的载体，是进行数量经济分析的重要工具之一。不同于计量模型的地方在于，投入产出模型具有里昂惕夫逆矩阵（Leontief inverse matrix）的优良性质，充分考虑了系统内各区域、各部门在产品生产和消耗中的错综复杂的经济关联关系，是更加科学、系统地进行数量经济分析的重要模型之一。

投入占用产出分析是对投入产出分析的扩展。20 世纪 80 年代初，中国科学院陈锡康研究员等受中央有关部门委托进行全国粮食产量预测研究，在编制中国农业投入产出表时，发现虽然耕地、水和各类农业机械、劳动力等在粮食生产中发挥重要作用，但是并没有在投入产出分析中得到反映。于是，陈锡康研究员将存量占用引入传统的投入产出分析中。投入占用产出分析中占用的存量是产生流量的前提和基础，只有具备了一定数量的存量，才能有流量，而存量的数量和质量决定了流量的规模和状态，存量的增加和存量损耗的补充也需依靠流量，存量和流量之间存在辩证关系。本书在陈锡康研究员提出的投入占用产出分析基础上，重点分析占用的存量为就业时的就业投入占用产出模型。就业投入占用产出模型将系统内各区域、各部门生产涉及的流量、存量间的复杂经济关联关系进行了整体描述，通过里昂惕夫逆矩阵、里昂惕夫模型（Leontief model）实现了对需求侧拉动效应、产业链条测度等的分析。

就业是民生之本，是经济社会持续发展和生活水平提高的关键所在。就业问题是世界性难题，无论是发达国家还是发展中国家，都非常重视就业问题。非常多的国家都把失业率作为观察经济运行和社会动向的晴雨表，把增加就业和促进经济增长、稳定物价、保持国际收支平衡一起作为宏观调控的四大目标。尤其是在我国，我国是一个有着超过 14 亿人口的发展中国家，在人口老龄化、劳动力人口减少、人口绝对量减少等多重压力和挑战下，如何解决中国的就业问题是党和政府面临的重大民生问题。

就业工作历来受到国家领导人的高度重视。1950 年，毛泽东同志在中共七届三中全会上就把"必须认真地进行对于失业工人和失业知识分子的救济工作，有步骤地帮助失业者就业"（中共中央文献研究室，1999）作为当时八项重点工作之一。1979 年邓小平同志指出："中国式的现代化，必须从中国的特点出发。比方说，现代化的生产只需要较少的人就够了，而我们人口这样多，怎样两方面兼顾？不统筹兼顾，我们就会长期面对着一个就业不充分的社会问题。"（邓小平，1994）2002 年 9 月江泽民同志在全国再就业工作会议上提出："扩大就业，促进再就业，关系改革发展稳定的大局，关系人民生活水平的提高，关系国家的长治久安，不仅是重大的经济问题，也是重大的政治问题。"（江泽民，2006）2012 年 2 月胡锦涛同志在中共中央政治局就实施更加积极的就业政策进行第三十二次集体学习时指出："就业是民生之本。促进就业是保障和改善民生的头等大事。"[1]党的十八大以来，以习近平同志为核心的党中央高度重视就业问题，坚持把就业摆在经济社会发展的优先位置。2021 年 12 月 8 日，习近平总书记在中央经济工作会议上强调："要在推动高质量发展中强化就业优先导向。就业是民生之本。要提高经济增长的就业带动力，不断促进就业量的扩大和质的提升。"[2]党的二十大报告中继续强调了就业发展的重要性，提出了"实施就业优先战略"，强调了"促进高质量充分就业"[3]。

从学术发展上来看，就业也是当前学者重点关心的热点领域之一。就业总量领域的开拓者 Keynes（1936）、Samuelson 和 Solow（1960）、Friedman（1977）、Sargent 和 Wallace（1975）等多从理论方面提出自己的观点，建立了完善的就业分析理论。就业结构领域的开拓者 Clark 和 Rewritten（1957）、Kuznets（1955）、Lewis（1954，1958）等则着重从数据出发，研究数据所反映的现实经济变化规律，提出新的理念。从发达国家的就业与产出、就业

---

[1]《胡锦涛在中共中央政治局第三十二次集体学习时强调》，http://news.cntv.cn/china/20120222/103415. shtml，2012-02-22。

[2]《实现共同富裕，习近平提出三方面要求》，http://politics.people.com.cn/n1/2022/0521/c1001-32426713. html，2022-05-21。

[3]《习近平：高举中国特色社会主义伟大旗帜　为全面建设社会主义现代化国家而团结奋斗——在中国共产党第二十次全国代表大会上的报告》，https://www.gov.cn/xinwen/2022-10-25/content_5721685.htm，2022-10-25。

与通胀、就业与工资、就业与福利等角度，到发展中国家所特有的二元就业体制角度，就业问题研究都呈现出与其他问题研究所不同的特点：不同国家、不同体制下的就业研究呈现完全不同的思路，总量与结构同等重要。

国内的就业问题研究则集中于我国作为最大的发展中国家所特有的经济体制下的就业问题，人口数量庞大、经济基础薄弱，实现"高增长、高就业"是我国学者所希望达到的最终目的，但是实证数据显示的我国"高增长、低就业"的结论是否准确？背后推动因素又是什么？我国学者对这些问题产生了极大的研究兴趣，二元经济体制下数量庞大的农村剩余劳动力如何有效地为经济增长做出贡献，转移途径如何，也是我国发展经济学者力图解决的问题，从实证到理论，再从理论到政策建议是国内学者的普遍研究思路。

纵观就业领域的研究，总量问题的研究多与产出相联系，结构问题的研究多与三大产业、城乡相结合，但是多部门的就业结构与经济结构、就业人员内部结构则鲜有人研究。就业投入占用产出分析则很好地提供了对国民经济结构进行深入分析的可能性，它将国民经济各部门之间的投入与产出的关系，各部门生产与最终需求、最初投入、就业占用的关系全盘反映在一张表式中，通过里昂惕夫逆矩阵探求复杂经济的数量解释。就业投入占用产出分析或许能够开辟一条崭新的研究就业问题的路径，本书意在对就业问题在投入产出技术的背景下进行研究分析，建立新模型、提出新观点、解决新问题。

本书主要的章节安排如图 1-1 所示。第二章介绍本书的核心理论模型和数据基础，首先介绍投入产出模型及扩展模型，其次重点讲解就业投入占用产出模型及就业投入占用产出表的编制方法、数据需求。第三章是对第二章理论模型的实证分析，包括基本模型的构建、基本系数的描述统计和基本模型应用于宏观政策的模拟分析，给出就业投入占用产出模型的基本的分析范式。第四章则在第二章理论模型基础上创新性地提出就业群体乘数模型，将就业向量扩展为城乡就业矩阵，构建城乡就业群体乘数，并进行全国及地区层面的实证分析。第五章、第六章是在就业投入占用产出模型基础上应用结构路径分析（structural path analysis，SPA）方法及结构路径分解分析（structural path decomposition analysis，SPD）方法的实证研究，这两种方法是研究需求通过生产链条关联传导至就业的重要分析途径。第七章在投入产出价格模型的基础上提出区分加工出口的非竞争型就业投入占用产出模型及相应的价格模型，实证分析非农就业工资上涨对国内物价和出口产品成本的影响效应。第八章强调融合，融合就业投入占用产出模型和能源投入产出模型，将能源与就业放在同一个分析框架下构建能源就业投入占用产出模型，为更多的实证分析提供理论模型参考。第九章创新性地提出了反映新经济的就业投入占用产出模型，来反映如何将经济发展的热点问题与就业投入占用产出模型有机融合，实现模型创新、问题创新。第十章以就业投入占用产出表为数据库，扩展宏观生产函数，实证分析互联网技术进步对就业的影响效应，是运用就业投入占用产出模型在就业领域分析问题的一个新角度。

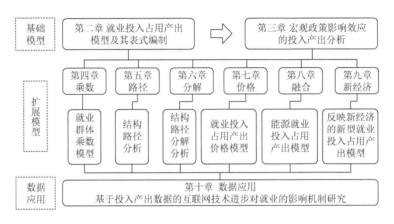

图 1-1　本书的结构框架图

本书的主要创新点如下。

第一，较为系统、全面地介绍就业投入占用产出模型。本书作为"投入占用产出技术"的系列丛书之一，重点研究投入占用产出模型在就业领域的理论及应用的发展。本书从基本模型的介绍、就业矩阵的编制方法、就业群体乘数的理论创新、结构路径分解分析的实证创新多个维度对就业投入占用产出模型进行较为系统、全面的介绍，是对投入占用产出模型的完善和补充。

第二，基于就业投入占用产出模型提出新模型、解决新问题。本书在就业投入占用产出模型的基础上进一步根据新问题提出了新模型，包括反映新经济的就业投入占用产出模型、区分加工出口的非竞争型就业投入占用产出模型以及能源就业投入占用产出模型，不同模型适用于不同经济问题的分析，具有不同的研究特色。

第二章 就业投入占用产出模型
及其表式编制

就业投入占用产出模型以投入产出技术为基础,是投入占用产出模型的一种特殊形式,是在投入产出模型的基础上延伸发展起来的。就业投入占用产出模型的特点,主要是在流量投入产出模型的基础上加入了各部门生产中占用的就业存量,补充了流量与存量的关联关系,为分析国民经济各部门的就业规模和结构,以及就业与生产投入、产出流量的关系提供了理论模型。本章将首先介绍投入产出模型及扩展的投入产出模型,其次对就业投入占用产出表所依赖的就业向量、就业矩阵的编制进行介绍。

第一节 投入产出模型及扩展模型

投入产出技术(input-output technique)是美国经济学家里昂惕夫于20 世纪 30 年代提出的,其基本思想体现在"Quantitative input and output relations in the economic systems of the United States"一文中,他提出的经济体系中的投入产出数量关系,是最早的投入产出技术的雏形,其后在 *Structure of the American Economy*、*Studies in the Structure of the American Economy: Theoritical and Empirical Explorations in Input-Output Analysis* 两本书中进一步阐述了投入产出模型的理论并进行了实证分析。1973 年,里昂惕夫因创立了投入产出分析方法获得了诺贝尔经济学奖。

投入产出技术已经成为经济学研究中使用最为广泛的工具之一(Baumol,2000)。1988 年成立的国际投入产出学会(International Input-Output Association,IIOA)2000 年的年度报告宣称,世界上有 80 多个国家经常编制投入产出表,一些主要国家如美国、日本、荷兰、加拿大、澳大利亚、中国等都会定期编制投入产出表。投入产出技术在全世界范围内得到了广泛的认可与应用。

一、投入产出模型

投入产出表是投入产出模型建立的基础,也是投入产出技术的数据基础。投入产出表提供的棋盘式结构反映了国民经济各个部门的产品生产和消耗之间的关系。按照不同的分类方法，投入产出表可以有不同的种类，目前应用较为广泛的是静态价值型投入产出表，其基本表式如表 2-1 所示。该表式行向内容包括中间需求、最终需求和总产出，列向内容包括中间投入、最初投入和总投入，每个行业的总产出与总投入相等。

表 2-1   静态价值型投入产出表基本表式

投入		中间需求	最终需求			总产出
		$1\cdots n$	最终消费	资本形成	净出口	
中间投入	1 $\vdots$ n	z_{ij}	f_{is}			x_i
最初投入	固定资本消耗	v_{kj}				
	劳动者报酬					
	生产税净额					
	营业盈余					
总投入		x_j				

在表 2-1 中，投入产出表的行向产出和列向投入两个方向交叉形成四个象限，中间需求和中间投入部分形成第 I 象限——中间流量矩阵 z_{ij}，最终需求和中间投入形成第 II 象限——最终需求矩阵 f_{is}，中间需求和最初投入形成第 III 象限——增加值矩阵 v_{kj}，最终需求和最初投入形成第 IV 象限——再分配矩阵。当前的投入产出表中并没有再分配矩阵的数据，这部分数据反映的是第 III 象限最初投入通过资金运作转变为第 II 象限最终需求的转换过程，是对国民收入再分配的反映，这部分数据可以在国民经济核算中的资金流量表中获取。当然也有学者根据资金流量表编制了类似于投入产出表的平衡表式，感兴趣的读者可以查看山西财经大学李宝瑜和李原（2014）发表的文章。

基于投入产出表中反映的国民经济核算关系：中间需求 + 最终需求 = 总产出，得到的投入产出模型中最核心的模型——里昂惕夫模型如式（2-1）所示。

$$X = (I - A)^{-1}F \qquad (2\text{-}1)$$

其中，X 为各部门总产出列向量；F 为各部门最终需求合计列向量；I 为对角线元素为 1 其他元素为 0 的对角矩阵；A 为直接消耗系数矩阵，反映了单位产出对中间投入品的消耗，其元素 $a_{ij} = z_{ij} / x_j$。

式（2-1）所示的里昂惕夫模型，是投入产出技术中最核心、最重要的公式，它反映了最终需求与总产出之间的关系，是衡量"三驾马车"[①]对经济的拉动作用最常用的数量模型之一。式（2-1）中的 $(I-A)^{-1}$ 称为里昂惕夫逆矩阵，该矩阵全面地揭示了国民经济各部门之间错综复杂的经济关联关系，是部门与部门之间生产关系的完全效应，不仅包括直接消耗系数矩阵呈现出来的直接关系，还包括部门间的间接关联，如 i 部门在生产中消耗了 k 部门产品，k 部门在生产中消耗了 j 部门产品，那么间接关联就是 i 部门与 j 部门之间的关系。更复杂的，i 部门与 j 部门间的生产关系并不仅仅通过 k 部门产生，还有可能通过 k 部门消耗 t 部门，t 部门消耗 h 部门，h 部门消耗 j 部门等方式产生。本书将里昂惕夫逆矩阵记为 $\tilde{B}$，如式（2-2）所示，投入产出分析中常用此矩阵来计算反映拉动效应的影响力系数，具体计算方法见陈锡康等（2018）。

$$\tilde{B} = (I-A)^{-1} \tag{2-2}$$

二、扩展的投入产出模型

静态价值型投入产出模型及其表式是一切投入产出模型及表式的基础，所提供的棋盘式分析结构为分析就业存量与流量的关系提供了良好的分析基础。扩展的投入产出模型，是指根据研究需要，在静态价值型投入产出模型基础上考虑其他经济活动带来的不同影响，进而对原始模型进行改善和扩充。例如，考虑国际贸易不同性质的非竞争型投入产出模型、考虑能源产品消耗的能源投入产出模型、考虑居民作为生产部门的投入产出局部闭模型等。考虑后续章节研究需要，本节将重点介绍三类模型：非竞争型投入产出模型、区域间投入产出模型以及投入占用产出模型。

（一）非竞争型投入产出模型

非竞争型投入产出模型在静态价值型投入产出模型的基础上区分了国内产品和进口产品在生产活动中所发挥的不同作用，其最大的优点就是比较清晰地反映了生产过程和最终需求过程对不同进口产品的消耗，非竞争型投入产出表基本表式如表 2-2 所示。中间投入区分为国内产品中间投入和进口产品中间投入，区分国内产品和进口产品的投入产出表通常称为非竞争型投入产出表，以此说明国内产品和进口产品在这个表式中是非竞争性的。

[①] 经济学上常把最终消费支出、资本形成总额、货物和服务净出口这三者形象地比喻为拉动经济增长的"三驾马车"。

表 2-2 非竞争型投入产出表基本表式

投入			中间需求	最终需求			总产出/总进口
			$1\cdots n$	最终消费	资本形成	净出口	
中间投入	国内产品中间投入	$\begin{array}{c}1\\\vdots\\n\end{array}$	z_{ij}^{D}	f_{is}^{D}			x_i
	进口产品中间投入	$\begin{array}{c}1\\\vdots\\n\end{array}$	z_{ij}^{M}	f_{is}^{M}			m_i
最初投入	固定资本消耗		v_{kj}				
	劳动者报酬						
	生产税净额						
	营业盈余						
总投入			x_j				

表 2-2 所示的非竞争型投入产出表中各流量与表 2-1 中各流量的关系如式（2-3）、式（2-4）所示。中间流量分为国内产品中间流量和进口产品中间流量，最终需求部分也分为对国内产品的最终需求和对进口产品的最终需求。

$$z_{ij} = z_{ij}^{D} + z_{ij}^{M} \tag{2-3}$$

$$f_{is} = f_{is}^{D} + f_{is}^{M} \tag{2-4}$$

对表 2-2 中国内产品横向平衡关系式进行进一步计算，得到非竞争型投入产出模型中的里昂惕夫模型：

$$X = (I - A^{D})^{-1} F^{D} \tag{2-5}$$

其中，A^{D} 为国内产品直接消耗系数矩阵；$\tilde{B}^{D} = (I - A^{D})^{-1}$ 为非竞争型投入产出模型中的里昂惕夫逆矩阵，其元素 $\tilde{b}_{ij}^{D}$ 为第 j 部门最终需求增加一单位对第 i 部门国内产品需求的影响；F^{D} 为对国内产品的最终需求列向量的合计。对某一国家（或区域）的投入产出表进行分析时，一般不就进口矩阵进行模型维度分析，因为进口产品是在国外生产的，其生产过程所创造的价值也没有体现在我国新增价值中。

非竞争型投入产出表是对实际经济活动更为准确的表达，也是当前进行投入产出研究常用的表式。我国国家统计局公布的 2017 年、2018 年、2020 年投入产出表就分别给出了竞争型和非竞争型投入产出表[1]。

---

[1] 详见国家统计局网站（https://data.stats.gov.cn/ifnormal.htm?u=/files/html/quickSearch/trcc/trcc01.html&h=740）。

（二）区域间投入产出模型

竞争型、非竞争型投入产出模型针对某个特定区域的生产过程进行核算，非竞争型表在竞争型表的基础上考虑了具体消耗的进口产品种类。如果再进一步考虑消耗的进口产品来自哪个国家的哪个部门，就需要对多区域投入产出进行综合核算，得到的是如表 2-3 所示的区域间投入产出表。

表 2-3 区域间投入产出表基本表式

投入		中间需求								最终需求				总产出
		国家1		国家2		...		国家M		国家1	国家2	...	国家M	
		部门1	...	部门1	...	部门1	...	部门1	...					
			部门N		部门N		部门N		部门N					
中间投入	国家1 部门1 ⋮ 部门N	Z^{11}		Z^{12}		...		Z^{1M}		Y^{11}	Y^{12}	...	Y^{1M}	X^1
	国家2 部门1 ⋮ 部门N	Z^{21}		Z^{22}		...		Z^{2M}		Y^{21}	Y^{22}	...	Y^{2M}	X^2
	⋮ 部门1 ⋮ 部门N	⋮		⋮		⋮		⋮		⋮	⋮		⋮	⋮
	国家M 部门1 ⋮ 部门N	Z^{M1}		Z^{M2}		...		Z^{MM}		Y^{M1}	Y^{M2}	...	Y^{MM}	X^M
增加值		V^{1T}		V^{2T}		...		V^{MT}						
总投入		X^{1T}		X^{2T}		...		X^{MT}						

表 2-3 是简化的区域间投入产出表，将国家作为一区域的示例。表 2-3 系统而全面地展示了世界各国、各部门之间的贸易关联情况。表 2-3 中的矩阵 Z 为区域间投入产出表的核心，是一个 $M \times N$ 行、$M \times N$ 列的方阵，M 为国家数，N 为部门数，该矩阵的元素 z_{ij}^{rs} 表示从 r 国 i 部门到 s 国 j 部门的产品流动。矩阵 Y 表示各国家的最终需求，有 $M \times N$ 行、M 列，其元素 y_i^{rs} 表示 r 国 i 部门承担的 s 国的最终需求。矩阵 V^T 表示各国家的增加值投入，有 1 行、$M \times N$ 列，其中 v_i^{rT} 表示 r 国 i 部门的增加值。

区域间投入产出模型中产出 X 可以表示为式（2-6）。

$$X = (I - A)^{-1} Yi \tag{2-6}$$

其中，A 为直接消耗系数矩阵；Y 为各国家的最终需求矩阵；i 为元素为 1 的行向量。

竞争型、非竞争型投入产出表都是单区域框架下的投入产出表式，但是区域间投入产出表则创新性地将多个区域，乃至全区域下的生产关联关系进行了刻画，是对单区域表的扩展。

本节整理了文献中较为常用的三个世界数据库（表 2-4），这三大数据库中投入产出表所涉及的国家（地区）、部门以及数据年份均有不同，也有不同的其他社会经济数据指标供选择分析。

表 2-4   三个世界数据库对比分析

数据库	编制机构	国家（地区）数目/个	部门数目/个	数据年份
世界投入产出数据库（World Input-Output Database，WIOD）	格罗宁根大学（University of Groningen）	43＋其他（ROW）	56	2000～2014 年
经济合作与发展组织国家间投入产出表（Organisation for Economic Co-operation and Development Inter-Country Input-Output Tables，OECD-ICIO）	经济合作与发展组织	66＋其他（ROW）	45	1995～2018 年
亚洲开发银行多区域投入产出（Asian Development Bank Multi-Regional Input-Output，ADB-MRIO）数据库	亚洲开发银行	72＋其他（ROW）62＋其他（ROW）	35	2000 年、2007～2022 年共 17 年

注：ROW 是 rest of word 的缩写，表示世界其他地区

（三）投入占用产出模型

投入占用产出模型突破了投入产出模型原有的分析框架，在投入与产出流量的基础上加入了存量占用数据，反映了存量与流量间的关联关

系。投入占用产出模型是由陈锡康研究员在 20 世纪 80 年代提出的。陈锡康研究员进行全国粮食产量预测研究时需要编制中国农业投入产出表，发现耕地和水在粮食生产中起到了重要作用，但是这类自然资源却完全没有在传统投入产出分析中得到反映。陈锡康研究员在进一步研究中发现固定资产、劳动力等占用品在投入产出分析中也基本上没有得到反映，由此产生了把"占用"引入传统投入产出分析的思想（Chen et al.，2005a，2005b；陈锡康，1992）。

投入占用产出技术的主要特点是不仅研究部门间产品的投入与产出的数量关系，而且研究占用（包括劳动力、自然资源、固定资产、金融资产等）与产出、占用与投入之间的数量关系。投入占用产出表可以是竞争型表的延伸（表 2-1），也可以是非竞争型表、区域间投入产出表的延伸，理论是基本相通的。本节以竞争型投入占用产出表为基本表式进行介绍。

投入占用产出表基本表式如表 2-5 所示。在原投入产出表中的总投入下方附加了各部门对劳动力、自然资源、固定资产等的占用情况，反映了各部门生产过程中对存量的占用，用 r_{hj} 表示第 j 部门生产中占用的第 h 类存量的价值量。当然也可以补充最终需求部分对存量的占用情况，以及存量的合计等。就业是参与生产过程的劳动投入要素，是重要的占用存量，关于投入占用产出表的基本模型将以就业为例在本章第二节进行详细介绍。

表 2-5　投入占用产出表基本表式

投入		中间需求	最终需求			总产出
		1 ··· n	最终消费	资本形成	净出口	
中间投入	1 ⋮ n	z_{ij}	f_{is}			x_i
最初投入	固定资本消耗	v_{kj}				
	劳动者报酬					
	生产税净额					
	营业盈余					
总投入		x_j				
占用	劳动力	r_{hj}				
	自然资源					
	固定资产					
	⋮					

自陈锡康研究员提出投入占用产出技术后,该技术及对应的模型就被广泛地应用在粮食产量预测(Chen et al.,2008;陈锡康和杨翠红,2002)、城乡经济协同发展(陈锡康,1992)、水利建设(Chen,2000)、能源消耗(陈锡康,1981)、对外贸易影响效应测度(朱波和范方志,2005)等许多问题的研究中。同时在理论研究方面,投入占用产出技术也先后发展了考虑物质资本、人力资本、科技成果等时滞的动态投入占用产出模型,考虑占用品损耗补偿的动态投入占用产出模型,考虑多年时滞的教育经济动态投入占用产出模型(Fu and Chen,2009),等等。投入占用产出模型从理论上到实践上都有长足的进步与发展,实践上的应用则更为广泛,为分析国民经济发展中的重大战略问题提供了科学的数据支撑。

第二节 就业投入占用产出模型

本节将在第一节投入占用产出模型的基础上进一步介绍就业投入占用产出模型,先介绍基本模型,之后解读基本系数。

一、基本模型介绍

就业投入占用产出模型与一般投入产出模型的区别在于增加了各部门对不同类型就业人员的占用 $L=\left(l_{hj}\right)_{m \times n}$,如表 2-6 所示。就业的不同类型可以根据研究需要按照性别、城乡、受教育程度、技能等进行划分。比如,按照性别划分,可以将就业划分为两类,即男、女;如果按照受教育程度划分,则可以将就业划分为小学及以下、初中、高中、大学及以上等四类。所需要添加的就业类型是可以根据研究问题的需要以及数据可得性进行调整的。如果研究过程中不需要划分具体的就业类型,也可以只补充就业行向量 $L=\left(l_{j}\right)_{1 \times n}$,$l_{j}$ 表示第 j 部门生产中占用的就业人员,$l_{j}=\sum\limits_{h=1}^{m} l_{hj}$。

表 2-6 就业投入占用产出模型简表

投入		中间需求		最终需求			总产出
		1 … n		最终消费	资本形成	净出口	
中间投入	1 ⋮ n	z_{ij}		f_{is}			x_i

续表

投入		中间需求	最终需求			总产出
		1 ··· n	最终消费	资本形成	净出口	
最初投入	固定资本消耗	v_{kj}				
	劳动者报酬					
	生产税净额					
	营业盈余					
总投入		x_j				
就业	类型 1	l_{hj}				
	类型 2					
	⋮					
	类型 m					

在表 2-6 所示的简表中，除了就业部分外，其他构成及符号标记都与第一节介绍的基本表式（表 2-1）中的保持一致。里昂惕夫模型如式（2-7）所示。

$$X = \tilde{B}F = (I - A)^{-1}F \tag{2-7}$$

定义直接就业占用系数矩阵 A_L 如式（2-8）所示，a_{hj}^L 表示第 j 部门生产单位产值对第 h 类就业人员的占用。

$$A_L = \left(a_{hj}^L\right)_{m \times n} = \left(\frac{l_{hj}}{x_j}\right)_{m \times n} \tag{2-8}$$

结合式（2-7）和式（2-8）得到就业投入占用产出模型的基本公式[式（2-9）]，该式表示了最终需求所能带来的不同类型的就业占用量，用来衡量拉动经济增长的因素对就业的影响大小。

$$L = A_L \tilde{B}F \tag{2-9}$$

当然，表 2-6 中的竞争型投入产出表也可以替换为非竞争型投入产出表、区域间投入产出表，在相应投入产出表的基础上添加就业占用矩阵，得到相应的就业投入占用产出表。

二、模型基本系数介绍

在基本的投入产出模型及系数的基础上，加入了就业占用向量（矩阵）的就业投入占用产出模型中就有了针对就业的具有特殊经济含义的系数。

（一）直接就业占用系数

直接就业占用系数表示了生产单位产品所直接占用的就业人数，如生产万元产品需要多少人。这与劳动生产率所表达的每个劳动力创造的万元价值近似于相反数，劳动生产率等于产值与平均就业人数的比值。直接就业占用系数的计算公式如式（2-10）所示。

$$a_j^L = l_j / x_j, j = 1, 2, \cdots, n \qquad (2\text{-}10)$$

其中，a_j^L 为第 j 部门生产单位产值对就业人员的直接占用。矩阵形式为 $A^L = L\hat{X}^{-1}$，其中 L 为各部门对就业人员的占用量构成的列向量，$\hat{X}^{-1}$ 为总产出列向量 X 做对角化后的逆矩阵，第 j 行对角线上的元素为 $1/x_j$。直接综合就业占用系数矩阵的计算公式为 $\mu^T A^L$，μ 为矩阵元素均为 1 的列向量。如果 L 表示就业矩阵，则直接就业占用系数 a_{hj}^L 则表示第 j 部门生产单位产值对第 h 类就业人员的占用。

（二）完全就业占用系数

直接就业占用系数仅仅说明了参与该产品生产的就业人数，但是该产品的生产不仅需要劳动力，还需要原材料等中间产品，这些中间产品的生产也需要劳动力的投入，综合考虑下来就需要采用完全就业占用系数，该系数是投入占用产出模型的特色所在。

完全就业占用系数等于直接就业占用系数加上间接就业占用系数。间接就业占用系数是指通过部门间的完全消耗关系所产生的对就业的占用，以图 2-1 为例进行解释说明，竖线左侧是粮食生产过程中对各部门的消耗，右侧是对就业人员的占用。粮食在生产过程中消耗了种子、化肥、柴油、拖拉机等，同时占用了就业人员，此时对就业人员的占用是直接占用；进一步考虑粮食生产过程中直接消耗的种子，种子的生产过程也会消耗化肥，也会占用就业人员，同样粮食直接消耗的化肥、柴油等的生产过程也会占用就业人员，此时粮食对就业人员的占用是第一次间接占用；种子在生产过程中消耗了化肥，化肥在生产过程中也会占用就业人员，此时粮食对就业人员的占用是第二次间接占用，依次递推得到粮食对就业人员的第三次、第四次……第无穷次间接占用。

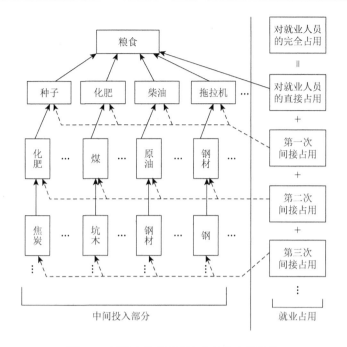

图 2-1　以粮食为例介绍完全就业占用系数

将图 2-1 所列示的部门完全就业占用系数用公式的形式表示为式（2-11）。

$$b_j^L = a_j^L + \sum_{s=1}^{n} a_s^L a_{sj} + \sum_{h=1}^{n} \sum_{s=1}^{n} a_h^L a_{hs} a_{sj} + \sum_{t=1}^{n} \sum_{h=1}^{n} \sum_{s=1}^{n} a_t^L a_{th} a_{hs} a_{sj} + \cdots \qquad （2\text{-}11）$$

其中，b_j^L 为第 j 部门生产单位产值对就业人员的完全占用；等式右侧第一项 a_j^L 为第 j 部门对就业人员的直接占用；第二项 $\sum_{s=1}^{n} a_s^L a_{sj}$ 为第 j 部门对就业人员的第一次间接占用，即第 j 部门通过对第 s 部门的直接消耗 a_{sj} 所产生的就业人员占用，s 遍历所有部门后的加和，就表示第 j 部门通过所消耗的各部门产品对就业人员的占用；第三项为第 j 部门通过对第 s 部门的直接消耗 a_{sj}、第 s 部门对第 h 部门的直接消耗 a_{hs} 所产生的就业人员占用，这是第 j 部门对就业人员的第二次间接消耗；第四项则在第三项基础上进一步考虑第 h 部门对第 t 部门的直接消耗 a_{th}，表示第 j 部门对就业人员的第三次间接消耗，以此类推。

$$\begin{aligned} B^L &= A^L + A^L A + A^L A^2 + A^L A^3 + \cdots \\ &= A^L (I + A + A^2 + A^3 + \cdots) \\ &= A^L (I - A)^{-1} \end{aligned} \qquad （2\text{-}12）$$

（三）就业人员计算公式

根据直接、完全就业人员占用矩阵以及里昂惕夫模型，得到就业人员向量 L 的计算公式：

$$L = A^L \hat{X} = A^L (I - A)^{-1} F = B^L F \qquad (2\text{-}13)$$

式（2-13）说明了生产最终需求所需要的就业人数，进一步考虑式（2-14），则可以对消费增加、固定资本形成、出口等宏观事件的就业变化量进行测度。

$$\Delta L = \Delta B^L F \qquad (2\text{-}14)$$

（四）有效劳动乘数

就业人员是人力资本的载体，人力资本对生产的影响已经是经济学界的研究热点，较为系统的人力资本理论研究始于诺贝尔经济学奖获得者西奥多·舒尔茨（Theodore W. Schultz）。分析人力资本对生产的影响可以从教育、技术熟练程度等角度着手，教育是人力资本形成的关键因素，如果对就业矩阵按照学历进行划分，那么就业投入占用产出模型提供了一种测算各部门人力资本的工具——受教育年限系数，以及进一步应用的有效劳动乘数。

1. 受教育年限系数的计算公式

一般而言，教育年限，小学为 6 年，初中为 3 年，高中为 3 年，大专为 5 年，大学本科为 4 年，硕士研究生为 3 年，博士研究生为 3 年，当然不排除有小学为 5 年、初中为 4 年，以及大学本科为 5 年、硕士研究生为 2 年、博士研究生为 4 年的情况，教育年限的设定不需要拘泥于个体的特例，仅就全国平均情况而言提出本节假定。本节认为小学、初中、高中、大专、大学本科、研究生学历所需的教育年限依次递增，按照假定的各自的教育年限，得到就业者具备不同学历所需的教育年限如下：小学 6 年，初中 9 年，高中 12 年，大专 14 年，大学本科 16 年，硕士研究生 19 年，博士研究生 22 年。进一步假设已就业的博士研究生占研究生总数的20%左右，已就业的小学及以下学历的人员占初中及以下学历就业者的 20%左右。根据分学历就业投入占用产出表，研究生及以上学历的就业者的教育年限为 19.6 年，大学本科学历就业者的教育年限为 16 年，大专学历就业者的教育年限为 14 年，高中学历就业者的教育年限为 12 年，初中及以下学历就业者的教育年限为 8.4 年。

由此提出第 j 部门的平均受教育年限系数的计算公式：

$$\mathrm{ed}_j = \frac{\sum_{h=1}^{5} \eta_h l_{hj}}{\sum_{h=1}^{5} l_{hj}}, \quad j = 1, 2, \cdots, n \qquad (2\text{-}15)$$

其中，ed_j 为第 j 部门的平均受教育年限系数；η_h 为第 h 类就业者的受教育年限；l_{hj} 为第 j 部门所占用的第 h 类就业者（按照受教育程度进行分类）。

受教育年限系数是一个衡量人力资本存量的运用较为广泛的指标，常在计量模型实证中作为重要变量。但是本节所提及的分学历就业投入占用产出模型不仅可以计算全国就业者的平均受教育年限系数，还可以考察三大产业、不同部门的人力资本存量，为宏观经济研究方法的微观应用提供较好的理论支撑工具。

本节仅从教育角度给出了受教育年限系数的测算公式，当然对就业者有不同的划分即可以有不同的系数。例如，按照专业技术职称分类的就业投入占用产出模型，根据获取职称的年限规定可以得到职称年限系数；按照技术等级划分的模型，根据技术熟练程度可以得到熟练系数；根据收入高低的划分标准，可以得到收入系数；按照城乡、性别等分类的就业投入占用产出模型，为城乡、性别等设定一定的等级评价标准，可以构建不同的系数。受教育年限系数只是就业投入占用产出模型的一个例子而已。

2. 有效劳动乘数的计算公式

为了分析教育对经济增长的贡献，需要引进生产函数，通过生产函数构建起生产要素与产出之间的桥梁。常见的生产函数是柯布-道格拉斯（Cobb-Douglas）生产函数（以下简称 CD 函数），也是应用最为广泛的函数之一，其最初始的一般形式如式（2-16）所示。

$$Y = AK^\alpha L^\beta \qquad (2\text{-}16)$$

其中，Y 为经济的衡量指标——总产出或增加值合计；K 为资本存量；L 为劳动力；α 为资本产出弹性；β 为劳动力产出弹性；A 为常数，常用来表示技术进步。

后续研究者对 CD 函数中所假设的技术进步恒定提出了很多质疑并进行了修改，发展了索洛模型、拉姆齐模型等。在实际生产过程中，L 不仅要反映劳动的数量，即人数和工时，而且要反映劳动的复杂程度，如马克思所说的复杂劳动应为简单劳动的倍加。目前在 CD 函数实证研究中，L 有两种度量：第一种是就业人数，其缺点是没有考虑劳动的复杂程度；第二种是工资总额，但工资总额大小取决于一系列因素，如垄断行业的平均工资远比一般行业高，如此劳动复杂程度仅是影响劳动报酬的因素之一，工资高低往往不能准确反映劳动复杂程度。如何选取"劳动"指标是进行生产函数研究的一个难点。受教育程度是一个反映劳动复杂程度的比较准确且为目前数据所支持的指标。结合本节提出的受教育年限系数的概念，将 CD 函数扩展为式（2-17）。

$$Y = AK^{\alpha}(\mathrm{ed} \cdot L)^{\gamma} \tag{2-17}$$

因为受教育年限系数 ed 是一个标准化后的系数，表示各部门就业者的平均受教育年限，所以 ed·L 为以教育年限为权数的就业人员的加权平均，表示有效劳动投入；γ 为有效劳动乘数，反映了以受教育年限加权表示的复杂劳动对产出的贡献。

同样，在不同的就业人员划分标准下可以得到不同的乘数关系。分学历的就业投入占用产出表是按受教育程度加权的，而分专业技术职称、分城乡、分性别等的就业投入占用产出表也可以根据专业技术职称、城乡、性别等计算权数，得到相应的有效劳动乘数。以投入占用产出表为基础，可以得到分部门的有效劳动乘数，可以进行行业维度的对比分析，同时也为计量实证模型提供了数据支撑。

本节主要介绍了基础的就业投入占用产出模型、基于模型的基本就业占用系数。其实，利用就业投入占用产出表中的就业与最初投入矩阵中的增加值、劳动者报酬等向量，还可以计算单位增加值需要的就业人数、平均劳动者报酬等基本的系数指标。就业投入占用产出模型不仅可以作为进行就业问题分析的重要量化模型，还可以作为分析就业等问题的基础数据库。

第三节　就业投入占用产出表的编制

就业投入占用产出模型的基础就是就业投入占用产出表，编制就业投入占用产出表则需要在投入产出表的基础上添加就业矩阵或向量，本节将主要介绍我国就业矩阵的编制方法。就业投入占用产出模型中就业向量体现的是各部门生产过程中占用的就业人数，最佳情况就是"就业人数"有分行业的调查数据，但是根据《中国统计年鉴》《中国劳动统计年鉴》《中国人口和就业统计年鉴》和中经网统计数据库、中国经济信息中心（China Economic Information Center，CEIC）数据库、万得（Wind）数据库等的数据资料，细分行业的就业人数的资料截至 2002 年。在没有其他数据可获得的情况下，合理的推算就成为编制后续年份的就业矩阵的重要途径。

一、就业相关指标的区分

由于资料较为缺乏，本节总结并对比就业相关指标及数据情况，区分就业、从业等指标的对研究就业问题、匹配就业数据具有重要意义。

1. 就业人员数

根据《中国统计年鉴 2024》中的主要统计指标解释，就业人员是指年满 16 周岁，为取得报酬或经营利润，在调查参考周内从事了 1 小时（含 1 小时）以上劳动的人员；或由于在职学习、休假、临时停工等原因在调查参考周内暂时未工作的人员。每年都能查到的数据有：就业人员数、按三次产业分就业人员数、城镇就业人员数、乡村就业人员数；2002 年及以前年份除了有上述数据外，还有分行业的就业人数，具体行业为农、林、牧、渔业，采掘业，制造业，电力、煤气及水的生产和供应业，建筑业，地质勘查业水利管理业，交通运输仓储和邮电通信业，批发零售贸易和餐饮业，金融、保险业，房地产业，社会服务业，卫生体育和社会福利业，教育、文化艺术和广播电影电视业，科学研究和综合技术服务业，国家机关、党政机关和社会团体，其他。另外《中国人口普查年鉴》中有细分行业、细分类型的就业数据。

2. 从业人员数

从业人员期末人数主要是指报告期最后一日在本单位工作，并取得工资或其他形式劳动报酬的人员数。该指标为时点指标，不包括最后一日当天及以前已经与单位解除劳动合同关系的人员数，是在岗职工人数、劳务派遣人员数及其他从业人员数之和。第二产业分行业的从业人员数据均可以在中经网统计数据库、CEIC 数据库、Wind 数据库找到，但是三个数据库在数据及时间序列长度上存在差别。另外，在《中国经济普查年鉴》上能够得到相应经济普查年份的细分行业从业人员数。

3. 城镇单位就业人员数

对于第三产业就业人员数，较为详细的数据就是《中国统计年鉴》给出的城镇单位就业人员数，但是该指标统计口径也分别在 2002 年、2013 年时发生了变化，前后行业分类变化如表 2-7 所示，2002 年及以前将第三产业分为 10 个行业，而后来则细分为 14 个行业，各行业所包含的范围大多都发生了变化，2013 年仍然保持了 14 个行业的分类，但是行业范围及名称也有所调整。以2002年及以前的批发零售贸易和餐饮业为例，2003年及以后的统计为两个行业：批发和零售业、住宿和餐饮业，除了将原来的批发零售贸易和餐饮业进行拆分外，还加入了原来社会服务业中的旅馆业。

表2-7   第三产业城镇单位就业人员行业分类变化

2002 年及以前	2003~2012 年	2013 年及以后
地质勘查业水利管理业	交通运输、仓储和邮政业	批发和零售业
交通运输、仓储和邮电通信业	信息传输、计算机服务和软件业	交通运输、仓储和邮政业
批发零售贸易和餐饮业	批发和零售业	住宿和餐饮业
金融、保险业	住宿和餐饮业	信息传输、软件和信息技术服务业
房地产业	金融业	金融业
社会服务业	房地产业	房地产业
卫生体育和社会福利业	租赁和商务服务业	租赁和商务服务业
教育、文化艺术和广播电影电视业	科学研究、技术服务和地质勘查业	科学研究和技术服务业
科学研究和综合技术服务业	水利、环境和公共设施管理业	水利、环境和公共设施管理业
国家机关、党政机关和社会团体	居民服务和其他服务业	居民服务、修理和其他服务业
	教育	教育
	卫生、社会保障和社会福利业	卫生和社会工作
	文化、体育和娱乐业	文化、体育和娱乐业
	公共管理和社会组织	公共管理、社会保障和社会组织

在上述三个指标中，就业人员数这一指标反映的是一定时期内全部劳动力资源的实际利用情况，是研究我国基本国情国力的重要指标，以住户和个人为调查对象，从劳动力供给方考虑，既包括正规就业人员数，也包括非正规就业人员数，因此就业投入占用产出模型中选用就业人员数作为就业分析基础数据；从业人员数是指在第二、三产业单位在岗和有证照的个体经营户，未包括无证照的个体经营户和家教、保姆、自由职业者等人员数，也未包括军队和武警在役人数。从业人员数以单位为调查对象，通过对单位或雇主进行调查而得到，是从劳动力需求方考虑的，侧重于正规就业人员数；单位就业人员数反映了各单位实际参加生产或工作的全部劳动力，该指标一般统计城镇单位就业人数，包括国有单位就业人数、城镇集体单位就业人数、股份合作单位就业人数等，以及分行业大类城镇单位就业人数。

上述概念中最难以区分的是从业人员数与就业人员数的概念，导致一些单位和研究者将就业人员数和从业人员数等同。《中国统计年鉴》公布的就业人数比经济普查公布的从业人数多近亿人。经过多次询问国家统计局相关人员并查阅相关资料，本节认为从业人员数与就业人员数的区别在于以下三点。

一是资料来源不一致。经济普查的从业人数是逐户登记汇总而成的。年鉴公布的就业人数是根据劳动力调查结果和利用相关部门的统计或行政登记资料推算而成的。

二是定义不一致。经济普查的从业人员数是指在第二、三产业单位在岗的从业人员数和有证照的个体经营户人员数。其中单位从业人员数是在本单位工作并取得劳动报酬或收入的年末实有人数。普查的定义强调的是年末实有人数。劳动力调查的就业定义是根据国际劳工组织（International Labour Organization，ILO）的推荐确定的：就业人员数是指为取得报酬或经营利润，在调查参考周内从事了 1 小时（含 1 小时）以上的劳动或由于学习、休假等原因在调查周内暂时处于未工作状态，但有工作单位或场所的人员数。为了数据的国际可比性，劳动力调查的就业定义强调的是国际劳工组织建议的 1 小时工作标准。劳动力调查的就业人员数既包括了常规工作的人员数，也包括一些从事临时性工作的人员数，家庭成员在自家经营的摊位、商店、门市部、工厂的劳动时间只要在调查周达到 1 小时，即使没有任何收入，也算作就业。

三是调查的对象和范围不一致。经济普查以单位为调查对象，通过对单位或雇主进行调查而得到从业人员数据，是从劳动力需求方考虑的，侧重于正规就业；而劳动力调查以住户和个人为调查对象，是从劳动力供给方考虑的，既包括正规就业人员数，也包括非正规就业人员数。就调查范围来说，经济普查公布的是单位在岗的从业人员数和有证照的个体经营户人员数，未包括无证照的个体经营户和家教、保姆、自由职业者等人员数，也未包括军队和武警在役人数。通过劳动力调查得到的年鉴数据则包括了这些人员数。

二、就业矩阵的编制方法

编制当年度就业矩阵，最简单的方法就是结合当年度的经济普查年鉴或者人口普查年鉴提供的资料进行编制。《中国经济普查年鉴》给出了分行业的从业人员数据，《中国人口普查年鉴》给出了分行业、分年龄、分性别的就业人员数据，通过合理的合并、推算等，可以获得就业矩阵或向量。如果没有当年度普查数据，就需要将当年度三大产业就业数据作为控制量，临近年度的经济或人口普查数据作为结构，进行合理推算得到就业矩阵或向量。本节介绍就业矩阵（或向量）的编制方法，仅供参考。

（一）单年度就业矩阵的编制

本节选择以 2020 年为例对某年就业矩阵的编制进行说明。2020 年是我国进行第七次人口普查的年份，我国逢"0"进行人口普查，因此在国家统计局网站可以查到《中国人口普查年鉴 2020》，其中册第二部分"长表数据资料"中第四卷即为"就业"。需要注意的是普查长表是在全部住户中抽取10%的住户填报的，因此普查长表中提供的就业数据也仅仅是本节编制就业矩阵的结构依据。同时，每次人口普查提供的数据资料不尽相同，需要根据数据情况进行合理使用。

本节将主要采用《中国人口普查年鉴 2020》中册第四卷"4-5 全国分年龄、性别、行业大类的就业人口"。4-5 中提供的行业有 97 个，与国家统计局公布的 2020 年全国投入产出表 153 部门进行对比分析，坚持不拆分只合并的原则，最终确定 2020 年就业投入占用产出表的部门分类为 88 个，其中第一产业 5 个子部门，第二产业 44 个子部门，第三产业 39 个子部门。本节为表示方便，进一步简化为三大产业进行说明，表 2-8 显示了《中国人口普查年鉴 2020》和《中国统计年鉴 2021》两种口径下三大产业就业人数的差异，需要将人口普查长表数据根据不同产业结构进行调整，以得到 2020 年就业投入占用产出表所需要的就业向量。

表 2-8　两种口径下三大产业就业人数对比

产业	《中国人口普查年鉴 2020》口径就业人数/人	《中国统计年鉴 2021》口径就业人数/万人
合计	65 631 786	75 064
第一产业	13 496 012	17 715
第二产业	20 395 331	21 543
第三产业	31 740 443	35 806

《中国人口普查年鉴 2020》还提供了分行业、分年龄、分性别的数据，因此可以按照行业就业向量的推算方法编制分年龄、分性别的就业矩阵，需要注意的是按照行业结构扩大后的数据无法保障总数加和与就业总数相等，需要进一步通过行列平衡关系等一系列的推算得到 2020 年就业投入占用产出表中的就业矩阵部分。本节为了展示方便，将 88 部门合并为三大产业部门，简化为三部门的投入产出表，具体数据如表 2-9 所示。

表 2-9 给出了中间流量为 3×3 的矩阵形式，最终需求、增加值矩阵都给出了三大产业的数据，并且补充了三大产业的就业数据，区分了性别、年龄，构成了简化的就业投入占用产出表。

表 2-9　2020 年就业投入占用产出表简表

投入		中间需求				最终需求			进口	总产出
		第一产业	第二产业	第三产业	合计	最终消费	资本形成	出口		
中间投入	第一产业/亿元	18 313	69 055	8 117	95 485	35 044	7 248	1 817	6 426	133 168
	第二产业/亿元	23 325	829 918	161 134	1 014 378	133 309	356 886	149 171	138 012	1 515 732
	第三产业/亿元	9 355	236 212	327 175	572 742	389 280	69 388	36 938	18 221	1 050 127
	中间投入合计/亿元	50 994	1 135 186	496 426	1 682 606	557 634	433 521	187 926	162 659	2 699 028
增加值	固定资本消耗/亿元	2 305	54 149	94 128	150 582					
	劳动者报酬/亿元	82 111	155 026	292 429	529 566					
	生产税净额/亿元	−4 553	56 645	37 488	89 580					
	营业盈余/亿元	2 312	114 726	129 657	246 694					
	增加值合计/亿元	82 175	380 546	553 702	1 016 422					
总投入/亿元		133 168	1 515 732	1 050 127	2 699 028					
总就业/万人		17 715	21 543	35 806						
性别	男/万人	9 585	15 178	19 705						
	女/万人	8 130	6 365	16 101						
年龄	16～19 岁/万人	131	278	473						
	20～24 岁/万人	423	1 252	2 741						
	25～29 岁/万人	739	2 300	4 944						
	30～34 岁/万人	1 238	3 622	6 587						
	35～39 岁/万人	1 205	2 893	5 162						
	40～44 岁/万人	1 443	2 753	4 456						
	45～49 岁/万人	2 273	3 329	4 624						
	50～54 岁/万人	2 968	2 798	3 536						
	55～59 岁/万人	2 626	1 541	2 119						
	60～64 岁/万人	1 777	456	608						
	65～69 岁/万人	1 670	238	375						
	70～74 岁/万人	798	62	125						
	75 岁及以上/万人	423	22	56						

资料来源：国家统计局公布的 2020 年全国投入产出表（https://data.stats.gov.cn/ifnormal.htm?u=/files/html/quickSearch/trcc/trcc01.html&h=740）及本书编制的就业矩阵

编制非人口普查年份的就业矩阵时，首先需要确定当年是不是经济普查年份，如果是经济普查年份，可以将经济普查提供的分行业从业人员数据作为基础数据，进行就业矩阵的编制，也可以将《中国统计年鉴》给出的就业人员总数以及三大产业就业人员数据作为控制量，利用分行业从业人员数据计算产业内部行业就业人员结构，进行部门对应，得到就业矩阵。如果不是经济普查年份，可以将普查或者相邻普查年份的数据作为结构，进行三大产业就业数据的拆分。《中国经济普查年鉴 2018》提供了分行业的从业人员数据，但是未提供细分类（学历、专业技术职称、技术等级等）的数据，因此本书只能根据《中国经济普查年鉴 2013》编制按学历、专业技术职称、技术等级分类的就业矩阵，方法与前述类似，在此不再赘述具体的编制方法。就业向量的编制相较于就业矩阵的编制要容易一些。

（二）时序年度就业矩阵的编制

编制长时间序列的就业投入占用产出表依赖于投入产出表的可得年份，在表式基础上附加相应的就业向量，就可以得到相应年份的就业投入占用产出表。通过对比分析近些年的投入产出表数据，可以看出我国部门分类发生了较大变化。本节以逐年度都可得的 42 部门投入产出表式为例，阐释如何编制时序就业向量。

具体看投入产出表数据，表 2-10 列出了进行投入产出普查的四个年份对应的投入产出表中有区别的部门分类，这四个年份具有非常强的代表性。在表 2-10 中，2002 年、2007 年的通用、专用设备制造业为一个部门，但是在 2012 年及之后的表式中其被分为两个部门进行了独立显示；2002 年、2007 年交通运输及仓储业、邮政业是两个部门，但是 2012 年及之后则合并为一个部门；2002 年旅游业是一个单独的部门，但是 2007 年及以后旅游业是租赁和商务服务的一部分；2002 年、2007 年、2012 年、2017 年对科学研究和技术部门的体现有所不同，如若进行时间序列对比分析，则需要将四个年份中的相应部门分别合并为一个；2012 年、2017 年新增了金属制品、机械和设备修理服务部门，该部门包含了金属制品、通用设备、专用设备、运输设备、电气设备、仪器仪表、其他机械和设备的修理服务，而该类修理服务在之前年份的投入产出表核算中都是直接放在相对应的制造业部门，且之前投入产出表无法进行拆分，只能将相应表中该部门与制造业部门进行合并，于是将金属制品、机械和设备修理服务与金属制品、通用设备、专用设备、交通运输设备、电气机械和器材、通信设备计算机和其他电子设备、仪器仪表七个制造业部门合并在一起，形成金属制品、机械和设备的制造及修理业部门。或者将 2012 年及之后年份的投入产出表中的该部门按照对应制造业的总产出比例进行摊分，将这个部门还原到七个制造业部门中。

表 2-10　部门分类的具体差异

2002 年	2007 年	2012 年	2017 年
通用、专用设备制造业	通用、专用设备制造业	通用设备	通用设备
交通运输及仓储业	交通运输及仓储业	专用设备	专用设备
邮政业	邮政业	金属制品、机械和设备修理服务	金属制品、机械和设备修理服务
旅游业	租赁和商务服务	交通运输、仓储和邮政	交通运输、仓储和邮政
科学研究事业	研究与试验发展业	租赁和商务服务	研究和试验发展
综合技术服务业	综合技术服务业	科学研究和技术服务	综合技术服务
	水利、环境和公共设施管理业	水利、环境和公共设施管理	水利、环境和公共设施管理

通过上述部门调整，得到可用于时间序列比较的 2002 年及以后年度的投入产出表部门分类，如表 2-11 所示，共 34 个部门。

表 2-11　调整后统一的投入产出表部门分类

部门代码	部门分类	部门代码	部门分类
1	农林牧渔产品和服务	11	石油、炼焦产品和核燃料加工品
2	煤炭采选产品	12	化学产品
3	石油和天然气开采产品	13	非金属矿物制品
4	金属矿采选产品	14	金属冶炼和压延加工品
5	非金属矿和其他矿采选产品	15	金属制品、机械和设备制造及修理业
6	食品和烟草	16	其他制造产品
7	纺织品	17	废品废料
8	纺织服装鞋帽皮革羽绒及其制品	18	电力、热力的生产和供应
9	木材加工品和家具	19	燃气生产和供应
10	造纸印刷和文教体育用品	20	水的生产和供应

续表

部门 代码	部门分类	部门 代码	部门分类
21	建筑	28	租赁和商务服务
22	批发和零售	29	科学研究和技术服务
23	交通运输、仓储和邮政	30	居民服务、修理和其他服务
24	住宿和餐饮	31	教育
25	信息传输、软件和信息技术服务	32	卫生和社会工作
26	金融	33	文化、体育和娱乐
27	房地产	34	公共管理、社会保障和社会组织

相应年份的就业向量的编制需要于当年及邻近年份的经济普查、人口普查数据，根据本节的编制方法进行相应的部门合并，即可得到时序的就业投入占用产出表。

第四节 本 章 小 结

本章按照如图 2-2 所示的逻辑框架展开。按照基础—模型—数据框架，环环相扣，抽丝剥茧，依次展开介绍。

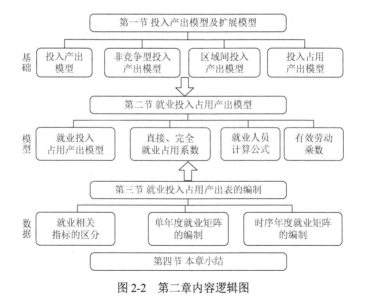

图 2-2 第二章内容逻辑图

　　具体来看，首先对投入产出模型及各类扩展模型进行了介绍，第一节介绍了静态价值型投入产出表基本表式、模型形式以及后续章节可能会用到的非竞争型表、区域间表、占用表等。本书作为"投入占用产出技术"的系列丛书之一，并没有对基本模型部分进行详细介绍，如需进一步了解，可以有针对性地参考《投入占用产出技术》《地区投入产出模型及其应用》《能源投入占用产出模型及应用》《投入产出模型在政策模拟分析中的应用》等书籍。

　　第二节详细介绍了本书的重点内容——就业投入占用产出模型，对占用的意义、模型形式、表式、基本系数及有效劳动乘数等进行了详细介绍，为本书其他章节的理论和实证分析奠定了模型基础。

　　第三节介绍了编制就业投入占用产出表的基本原则和方法。首先对就业人员数、从业人员数等就业相关指标进行了定义上的区分，确定了编制就业投入占用产出表所需要的基础数据。其次对单年度、时序年度的就业矩阵编制方法进行了详细介绍，为本书其他章节的研究奠定了数据基础。

第三章　宏观政策影响效应的投入产出分析

第二章介绍了就业投入占用产出模型及其表式的编制情况,本章将以第二章模型及表式为基础展开投入产出分析。首先进行模型的基本分析,其次进行宏观政策的影响效应分析,主要从最终消费、资本形成以及出口的规模或结构等宏观政策着手分析,量化相应政策对就业的影响效应。

由于在我国统计数据中,农业部门一直是就业人数的"大蓄水池",凡是非农产业未能吸纳的就业都被计入农业,非农就业人数被认为是观察社会经济和金融发展程度的重要指标。因此,本章第二节研究宏观政策对非农就业的影响。通过就业投入占用产出模型,测算消费、投资、出口等方面的宏观调控政策对非农就业的影响效应,提出相应的应对策略,对以稳就业为目标的宏观调控政策的出台具有重要的数据参考价值。

第一节　就业投入占用产出模型的基本分析

根据第一章提供的就业矩阵编制方法,本节编制了 2020 年 88 部门的就业投入占用产出表,主要资料来源是国家统计局公布的 2020 年全国投入产出表以及《中国人口普查年鉴 2020》。编制的就业矩阵有两个,一个是年龄就业矩阵,另一个是性别就业矩阵。基于就业数据的可得性,将 2020 年国家统计局公布的 153 部门投入产出表合并为 88 部门投入产出表,结合就业矩阵,得到 2020 年就业投入占用产出表,本节将基于此进行投入产出分析。部门分类见附表 1。

一、我国就业规模与结构的持续演化

改革开放以来,我国国民经济实现了持续快速增长,据国家统计局数据,1978~2021 年,GDP 年均增长 9.20%。与此同时,就业政策实现了积极转变,如从"统包统配"的就业政策到"劳动者自主择业、市场调节就业、政府促进就业"的就业方针,实施积极的就业政策,能够有效解决包括国有企业下岗职工在内的就业困难群体的失业问题。良好的经济发展环境和积极的就业政策为就业稳定提供了有力保障。据国家统计局数据,2021 年,我国

就业总人数为 74 652 万人，较 1978 年增加了 34 500 万人，年均增长 1.5%。如图 3-1 所示，我国就业情况自 1978 年至 2021 年大体可以分为扩张、分化、互补以及优化四个发展阶段，总量及内部的城乡结构、产业结构在每个阶段的特征差异较大。

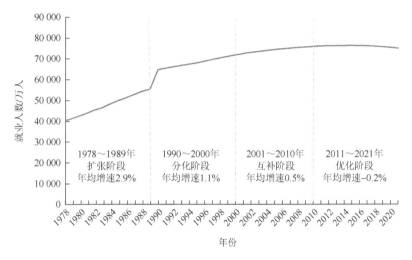

图 3-1　我国就业发展时序变化图

资料来源：《中国统计年鉴 2021》

1. 扩张阶段（1978～1989 年）

改革开放初期就业人数实现了年均增速 2.9% 的高速增长，从 1978 年的 40 152 万人迅速扩张到 1989 年的 55 329 万人，有 15 177 万人的增加。从产业结构来看，三大产业的就业均有 5000 万人左右的扩张，第一产业占比降低，第二、三产业占比提升；从城乡结构来看，这个时期城乡市场格局仍然相对较为独立，乡村就业增加了 10 301 万人，城镇仅有 4876 万人的扩张，城乡结构变动不大。

2. 分化阶段（1990～2000 年）

据《中国统计年鉴》，1990 年及以后的就业数据是人口变动抽样调查调整数，使得 1990 年与 1989 年的数据不可比，有 9420 万人的猛增。这一时期围绕着社会主义市场经济体制框架进一步加快了劳动力市场的建设步伐，城乡分割格局被打破，大量的农村劳动力迁移到城镇。这一时期的就业总量增速有所放缓，仅为 1.1%，但是产业、城乡结构有了较大变化。

产业结构方面，第一产业就业减少了 2872 万人，第二、三产业就业分别有 2363 万人、7844 万人的增加。这就使得第一产业就业人数占比在这一时期下降了 10.1 个百分点，第三产业就业人数占比提升了 9.0 个百分点，第二产业提升了 1.1 个百分点，第一、三产业结构出现了较为明显的分化发展趋势。城乡结构方面，城镇就业增加 6110 万人，农村就业仅有 1226 万人的增加，城乡就业两极分化发展。

3. 互补阶段（2001～2010 年）

这一时期围绕着和谐社会与全面小康社会建设，确立了就业优先的发展战略和市场导向的就业机制，形成了中国特色的积极就业政策体系。这一时期的就业总量增量再次减少，仅为 3308 万人，年均增速为 0.5%。农村劳动力加速转移，城镇就业总量变化的主要动力来源于农村劳动力的走出来，人口红利特征显著。这一阶段城镇就业增加了 10 564 万人，农村就业有 7256 万人的减少，城乡就业转移互补发展特征明显。产业结构方面，第一产业就业人数占比有了更大幅度的下降，降低了 13.3 个百分点，第二、三产业的就业人数占比分别提升了 6.4 个百分点、6.9 个百分点，农业向非农转移的互补发展也较为明显。

4. 优化阶段（2011～2021 年）

2011 年之后，就业总量增速逐渐降低，2015 年就业总量开始减少，2011～2021 年就业规模年均增速为−0.2%，我国劳动力市场进入总量减少、结构优化的新发展阶段。这一时期，就业总量减少了 1544 万人，其中第一产业减少了 9400 万人，农业劳动力持续流出，第二产业出现了就业人数的首次减少，减少了 827 万人，而第三产业则继续吸引了 8683 万劳动力流入，这就使得第三产业的就业人数占比接近 50%，成为吸纳就业的主要阵地，在我国就业发展中发挥了最为主要的作用。城镇就业人数增幅大涨，占比提高了 15.4 个百分点，受全国一体化劳动力市场建设及更为积极的就业优先战略的影响，2021 年城镇就业人数占比为 62.7%，快速发展的城镇化为该指标的提升奠定了基础。

二、就业占用矩阵分析

（一）按年龄、性别分组的就业占用矩阵分析

根据第二章的编制方法得到 2020 年的就业占用矩阵，编制了 2020 年就业投入占用产出表。从总量上来看，2020 年我国就业人数为 75 064 万人，较 2019 年减少了 383 万人。分年龄来看（图 3-2），占比最大的是 30～34 岁的就业人群，占比为 15.3%，人数超过了 1 亿人。第二个就业人数超过 1 亿

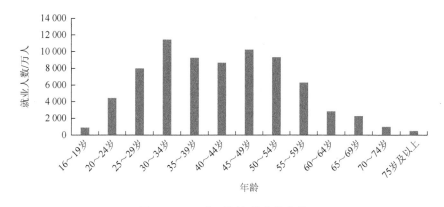

图 3-2　2020 年不同年龄就业人数

资料来源：本书编制的 2020 年就业投入占用产出表

人的年龄段是 45～49 岁，占比为 13.6%。就业人数呈现出的基本趋势为：35 岁前随着年龄的增长而增加，35 岁后随着年龄的增长而减少，较为特殊的是 45～54 岁阶段。30～50 岁人群仍然是在就业市场中占据半壁江山的主力军。

分性别来看（图 3-3），男性就业人数占比为 59.2%，较女性高 18.4 个百分点，而观察同期的人口性别差异，男性仅较女性高 2.5 个百分点。这充分说明确实有较多的适龄女性没有进入就业市场中。具体从性别维度分产业来看，就业的男性中有 34.1% 从事的是第二产业，从事第三产业的有 44.3%，而同期女性从事第二产业的仅有 20.8%，较男性低 13.3 个百分点，但是有 52.6% 的女性从事第三产业，较男性高 8.3 个百分点，体现出了较大的产业性别差异。

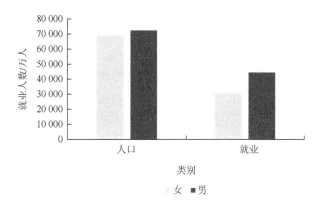

图 3-3　2020 年不同性别就业人数

资料来源：本书编制的 2020 年就业投入占用产出表

具体分产业来看（图3-4），2020年我国第一产业就业人数占比为23.6%，第二、三产业的就业人数占比分别为28.7%和47.7%，第三产业是仍然是我国的主力就业产业。图3-4还给出了增加值的产业结构，以对比就业人数与增加值的产业结构差异。从图3-4中可以看出，无论是从增加值角度看还是从就业人数角度看，2020年我国支柱产业仍然是第三产业。两者第一产业数据有较大差异，原因在于：第一，就业数据存在误差，我国农业就业数据一直无法进行有效统计，很多时候将无法调查或不好处理的数据都集中在第一产业农业上；第二，第一产业生产效率确实较低，23.6%的就业人数仅创造了7.7%的增加值，相较于第二、三产业来说，第一产业单位就业人数创造的增加值较少，或有较大的提升空间。

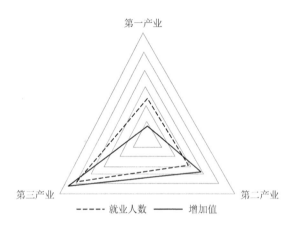

图 3-4   2020 年就业人数与增加值的产业结构差异

资料来源：本书编制的 2020 年就业投入占用产出表

从性别维度来看，第二产业的性别结构差异最大，第一、三产业的差异相对较小。第二产业的男性占比高达 70.4%，远高出该产业中女性占比40.8 个百分点，尤其体现在建筑安装业（男性占比 89.9%）、煤炭开采和洗选业（男性占比 88.2%），以及金属制品、机械和设备修理业（男性占比87.0%），这与行业的特殊性密切相关。同时也注意到第二产业中的纺织服装、服饰业，纺织业，皮革、毛皮、羽毛及其制品和制鞋业等制造业的男性占比低于女性，说明女性在第二产业主要从事的是轻工业生产，在该行业有自己的性别优势。第一产业的性别差异主要体现在渔产品部门，男性占比为 74.7%，其次是男性占比为 67.8%的林产品部门。第三产业的性别差异体现在道路运输业（男性占比 88.1%）、租赁（男性占比 85.7%）以及装卸搬运和仓储（男性占比为 81.0%），而在居民服务、卫生、社会工作、教育等部门中女性占比超过了 60%。因此，行业间的性别差异具有较强的行业属性，男女分工确有不同。

分年龄和产业来看（图 3-5），不同产业的就业人数随着年龄的增长都呈现出先上升后下降的趋势，只是出现拐点的年龄阶段不同。第一产业的就业人数随着年龄的增大而增加，直到 50～54 岁这一年龄段才出现下降，也就是第一产业的就业人群年龄偏大，50～59 岁的就业人数较多，占该产业全部就业人数的 37.7%。对比来看第二、三产业，两者峰值出现的年龄段基本相同，都是在 30～34 岁，该年龄段的就业人数最多，且就业人数在 50 岁之后呈现出了较快的下降速度。因此从年龄上来看，第一产业以 50 岁之后的老年人为主，但是第二、三产业则以 50 岁之前的中青年人为主。

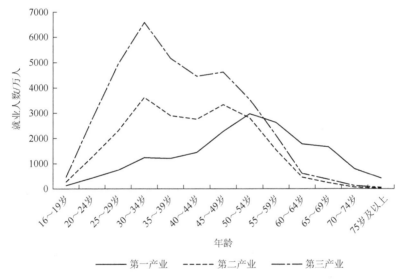

图 3-5 2020 年不同年龄在不同产业的就业人数

资料来源：本书编制的 2020 年就业投入占用产出表

（二）按学历分组的就业占用矩阵分析

鉴于《中国人口普查年鉴 2020》、《中国经济普查年鉴 2018》和《中国经济普查年鉴 2013》不再提供就业、从业等分行业、分学历的数据，因此本节根据《中国经济普查年鉴 2008》，结合中国 2007 年投入产出表数据，编制了 2007 年按学历分组的就业占用矩阵，得到 2007 年分学历就业投入占用产出表，42 部门分类的列表如附表 2 所示。以便于后续对第二章所提出的受教育年限以及有效劳动乘数进行分析。

表 3-1 给出了 2007 年按学历分组的三大产业就业人员情况，总的就业人员中只有 0.8%具有研究生及以上学历，7.1%具有大学本科学历，11.2%具有大专学历，19.3%具有高中学历，剩余的 61.6%只是初中及以下学历。2007 年我国仍然有超过六成的就业人员仅具有初中及以下文化程度，就业人员的文化素质偏低。低教育程度的就业人员主要集中于第一产业，第一产业就业人员中具有初中及以下文化程度的达到 30 640 万人，占全国同等文化程度就业人员的 66.1%。

表 3-1　按学历分组的就业人员数　　　　　　　单位：万人

学历	全国	第一产业	第二产业	第三产业
就业人数	75 320	30 732	20 185	24 403
研究生及以上	601	0	110	491
大学本科	5 344	7	970	4 367
大专	8 448	19	2 088	6 341
高中	14 540	66	6 512	7 962
初中及以下	46 387	30 640	10 505	5 242

资料来源：本书编制的 2007 年分学历就业投入占用产出表

分产业来看，第一产业就业人数为 30 732 万人，其中 99.7%的就业人员仅具有初中及以下文化程度。农业就业人员受教育程度偏低，严重影响着我国的农业生产，使得我国第一产业劳动生产率偏低，但是这又与第一产业就业人员的年龄和性别有较大关系；第二产业就业人数为 20 185 万人，其中 52.0%的就业人员仅具有初中及以下文化程度，32.3%的就业人员具有高中学历，10.3%具有大专学历，4.8%具有大学本科学历，仅有 0.5%具有研究生及以上学历。从第二产业就业人员的学历构成来看，虽然低学历就业人数仍然占据了一半，但是高中及以上学历就业人数均远大于第一产业，较第一产业有较大的学历优势，但仍有非常大的可提高空间；第三产业就业人员的学历构成更加均衡，其中 21.5%的就业人员具有初中及以下学历，32.6%具有高中学历，26.0%具有大专学历，19.9%具有大学本科及以上学历。第三产业的高学历就业人数为三大产业之榜首，主要集中在第三产业的教育、公共管理和社会组织、批发和零售业以及金融业等。

从产业维度对分学历就业人员的分析，反映出我国产业间学历分配不均衡的状态，即使不同行业对就业人员的要求有具体的行业差异，但当前我国的高学历就业集中在第三产业的个别行业，仍然是不均衡、非最优的发展路径。在提高全民文化素质的基础上，合理、有效倡导学历分布的均衡化，提高各行各业的人力资本水平，是保障我国经济高质量发展的重要基础之一。

三、就业投入产出系数矩阵分析

基于就业投入占用产出表，可以计算得到直接就业占用系数矩阵和完全就业占用系数矩阵，直接就业占用系数表示单位产出生产需要的就业人数，而完全就业占用系数则是在考虑了产业间复杂的关联关系后得到的单位产出生产完全需要的就业人数。本节将对第二章提出的就业占用系数进行描述统计。

（一）分年龄、性别的直接就业占用系数矩阵分析

2020 年全国直接就业占用系数为 0.028 人/万元，也就是说我国单位万元总产出需要 0.028 人，即人均 35.71 万元的总产出。具体分产业来看，如表 3-2 所示，第一产业的直接就业占用系数远高于第二、三产业，也就是第一产业的劳动效率较低，第二产业的劳动效率最高。注意到三大产业的直接就业占用系数矩阵不是相应部门的简单相加，而是通过定义由三大产业的就业人员与对应的产值相除得到。

表 3-2　分年龄、性别三大产业直接就业占用系数　单位：人/万元

年龄&性别		第一产业	第二产业	第三产业
合计		0.133	0.014	0.034
年龄	16~29 岁	0.010	0.002	0.008
	30~44 岁	0.029	0.006	0.015
	45~59 岁	0.059	0.005	0.010
	60 岁及以上	0.035	0.001	0.001
性别	男	0.072	0.010	0.019
	女	0.061	0.004	0.015

资料来源：本书编制的 2020 年就业投入占用产出表

分产业来看，第一产业的直接就业占用系数是 0.133 人/万元，劳动生产率是 7.52 万元/人，即第一产业的就业人员平均每个人生产 7.52 万元的生产总值，劳动生产率远低于其他产业，第一产业单位万元总产值的生产需要 0.133 个就业人员，且大部分是 45 岁及以上的就业者，性别上差异不大。

第二产业的直接就业占用系数为 0.014 人/万元，低于其他产业，也就

意味着第二产业的劳动生产率最高，为 71.43 万元/人，每个就业者创造 71.43 万元的总产值，是第一产业的 9.50 倍。第二产业创造单位万元总产值的就业者有 17.77%是 16～29 岁，43.01%是 30～44 岁，35.61%是 45～59 岁，3.61%是 60 岁及以上；有 70.44%是男性，29.56%是女性。第二产业的男性就业者居多，具有较大的行业性别差异。

具体从第二产业内分部门来看，建筑装饰、装修和其他建筑业的直接就业占用系数最大，是 0.10 人/万元，生产该行业每万元总产值的就业人员中有 15.47%是 16～29 岁，41.80%是 30～44 岁，39.30%是 45～59 岁，3.43%是 60 岁及以上；有 84.82%是男性，15.18%是女性，建筑装饰、装修和其他建筑业的就业人员中超过八成劳动者都是男性。建筑装饰、装修和其他建筑业的劳动生产率是第二产业中最低的，建筑装饰、装修和其他建筑业平均每个就业人员生产 9.79 万元的总产值，较第二产业的平均水平低 61.64 万元，体现出该行业劳动生产率过低的现状；其次是纺织服装、服饰业，其直接就业占用系数为 0.04 人/万元，劳动生产率为 25.00 万元/人，仍然低于第二产业的平均水平，也低于全国平均水平。第二产业中直接就业占用系数最小的是烟草制品部门，其直接就业占用系数为 0.0026 人/万元，劳动生产率为 384.62 万元/人，远高于第二产业的平均水平。该部门生产每万元总产值的劳动者中，有 11.56%是 16～29 岁，40.63%是 30～44 岁，45.94%是45～59 岁，1.87%是 60 岁及以上；有 63.54%是男性，36.46%是女性。烟草制造部门的高产值、高劳动生产率的行业特性明显，这与该部门的高生产税有一定的关系。

第三产业的直接就业占用系数为 0.034 人/万元，高于第二产业、低于第一产业，第三产业的劳动生产率为 29.41 万元/人，仅为第二产业的 41.17%。在生产单位万元总产值所需要的 0.034 个就业者中有 22.79%是 16～29 岁，45.26%是 30～44 岁，28.70%是 45～59 岁，3.25%是 60 岁及以上，从年龄分布上看较第二、三产业更趋于年轻化；有 55.03%是男性，44.97%是女性，性别分布更为均衡。

具体从第三产业分部门来看，直接就业占用系数最高的是零售业，其直接就业占用系数为 0.12 人/万元，劳动生产率为 8.33 万元/人，平均每个就业人员生产 8.33 万元总产值。该部门生产每万元总产值的劳动者中，有 21.53%是 16～29 岁，48.28%是 30～44 岁，27.10%是 45～59 岁，3.09%是 60 岁及以上；有 46.40%是男性，53.60%是女性，女性从业者多于男性。其次是餐饮部门，其直接就业占用系数为 0.09 人/万元，劳动生产率为 11.11 万元/人，平均每个就业人员生产 11.11 万元总产值。该部门生产每万元总产值的劳动者中，有 24.24%是 16~29 岁，42.99%是 30~44 岁，30.09%是 45~59 岁，2.68%是 60 岁及以上；有 51.15%是男性，48.85%是女性。第三产业中劳动生产率最高的部门是管道运输，其直接就业占用系数为 0.0027 人/万元，劳动生产率为 370.37 万元/人，平均每个就业人员生产 370.37 万元总产值。该部门生产每万元总产值的劳动者中，有 14.00%是 16~29 岁，47.52%是 30~44 岁，36.50%是 45~59 岁，1.98%是 60 岁及以上；有 75.15%是男性，24.85%是女性。

（二）分学历直接就业占用系数矩阵分析

据本节第二部分中对分学历就业数据的描述性统计，三大产业分学历直接就业占用系数如表 3-3 所示。2007 年全国平均水平下的直接就业占用系数是 0.09 人/万元，即创造单位万元的总产值需要 0.09 个劳动力。全国平均水平的劳动生产率为 11.11 万元/人，即 2007 年平均每个就业人员可以生产 11.11 万元的总产值。受限于数据问题，无法区分不同学历的就业者所创造的总产值，因此无法计算比较不同学历就业者的劳动生产率。

表 3-3　三大产业分学历直接就业占用系数　　单位：人/万元

学历	全国	第一产业	第二产业	第三产业
就业人数	0.09	0.63	0.03	0.13
研究生及以上	0.00	0.00	0.00	0.00
大学本科	0.01	0.00	0.00	0.02
大专	0.01	0.00	0.00	0.02
高中	0.02	0.00	0.01	0.04
初中及以下	0.05	0.63	0.02	0.03

资料来源：本书编制的 2007 年就业投入占用产出表

分产业来看，第一产业的直接就业占用系数为 0.63 人/万元，即每人生产的总产值为 1.59 万元，仅为全国平均水平的 14.31%，劳动生产率较低。第一产业单位万元总产值的生产需要 0.63 个就业人员，且其基本全部是初中及以下学历。相较于 2020 年的每人生产 7.52 万元，第一产业部门每人生产的总产值在 13 年间增长了 5.93 万元（不考虑价格因素的变动），劳动生产率有了巨大的提升。

第二产业的直接就业占用系数为 0.03 人/万元，低于全国平均水平，也就意味着第二产业的劳动生产率较高，为 33.33 万元/人，每个就业者创造 33.33 万元的总产值，是全国平均水平的 3 倍。第二产业创造单位万元总产值的就业者有 66.67%具有初中及以下学历，33.33%具有高中学历。对比 2020 年第二产业的劳动生产率来看，第二产业劳动生产率提升了 38.10 万元/人，是 2007 年的 2.14 倍。

具体从第二产业分部门来看，建筑业的直接就业占用系数最高，为 0.09 人/万元，生产每万元总产值的就业人员中有 55.87%具有初中及以下学历，28.72%具有高中学历，10.43%具有大专学历，4.70%具有大学本科学历，0.28%具有研究生及以上学历，建筑业的就业人员中仍然有超过一半的劳动者仅具有初中及以下学历。建筑业的劳动生产率也是第二产业中最低的，建筑业平均每个就业人员仅生产 11.11 万元的总产值；其次是纺织服装鞋帽皮革羽绒及其制品业，其直接就业占用系数为 0.07 人/万元，劳动生产率为 14.29 万元/人，仍然低于第二产业的平均水平，但是高于全国各行业的平均水平。

第二产业中直接就业占用系数最小的是废品废料业，但是该部门主要是负责金属、非金属废料和碎屑的加工处理，在投入产出表中是一个平衡部门，不起主要作用，部门分析中不对废品废料业做进一步分析。那么，第二产业中直接就业占用系数最小的是石油加工、炼焦及核燃料加工业，其直接就业占用系数为 0.01 人/万元，劳动生产率为 100 万元/人，该部门生产每万元总产值的劳动者中有 35.36%具有初中及以下学历，37.63%具有高中学历，17.05%具有大专学历，9.16%具有大学本科学历，0.80%具有研究生及以上学历，高学历就业人员所占比例较大；劳动生产率次高的前五名依次是电力、热力的生产和供应业，石油和天然气开采业，非金属矿及其他矿采选业，金属冶炼及压延加工业，燃气生产和供应业。劳动生产率较高的部门均是资源型部门，并且这些部门的就业人员中高中及以上学历拥有者约占 60%。

第三产业的平均直接就业占用系数为 0.13 人/万元，高于全国各行业的平均水平，远高于第二产业的直接就业占用系数，进而第三产业的劳动生产率较低，为 7.69 万元/人，仅为第二产业的 23.07%。生产单位万元第三产业产值所需要的 0.13 个就业者中有 23.08%具有初中及以下学历，30.78%具有高中学历，23.08%具有大专学历，15.38%具有大学本科学历。第三产业就业者的学历水平普遍高于第二产业，但是其高学历并没有带来高的劳动生产率。相较于 2020 年的第三产业的劳动生产率 29.41 万元/人，第三产业 13 年间增长了 2.82 倍，增幅达到 21.72 万元，远高于第二产业劳动生产率的提高速度。

具体从第三产业分部门来看，直接就业占用系数最高的是水利、环境和公共设施管理业，0.31 人/万元，平均每个就业人员生产 3.23 万元总产值；其次是教育部门，平均每个就业人员生产 4.17 万元，直接就业占用系数是 0.24 人/万元，每生产万元单位产值的就业者中仅有 4.37%具有初中及以下学历，16.35%具有高中学历，36.73%具有大专学历，37.78%具有大学本科学历，4.77%具有研究生及以上学历，教育部门的就业者学历极高，但是其生产率却非常低。第三产业中劳动生产率最高的部门是金融业，其直接就业占用系数为 0.05 人/万元，平均每个就业者创造 20.00 万元总产值，金融业也是高学历就业者比例较高的部门，其中大专及以上学历的就业者占68.35%，仅有 5.28%的就业者具有初中及以下学历；劳动生产率较高的部门依次为交通运输及仓储邮政业，信息传输、计算机服务和软件业，房地产，租赁，商务服务，其中信息传输、计算机服务和软件业的就业人员中仅有 7.06%具有初中及以下学历。另外，高学历就业者比例较高的还有卫生、社会保障和社会福利业，其初中及以下文化程度者仅占 9.80%，大专及以上学历者占 57.43%。

（三）分年龄、分性别的完全就业占用系数矩阵分析

完全就业占用系数矩阵是考虑生产关联关系的各部门单位产值对就业人员的占用，据式（2-12）计算各部门的完全就业占用系数。表 3-4 给出了三大产业的完全就业占用系数，该系数是以三部门就业投入占用产出表为基础，根据式（2-12）计算得到的，而不是利用 88 部门表计算各部门就业占用系数后求平均得到的，两种计算方法所得结果略有差异。完全就业占用系数可以解读为生产单位总产值对就业人员的完全占用，据式（2-13）、式（2-14）又可以解读为单位最终需求变动对就业的完全拉动系数，单位最终需求变动可以具体表示为农村居民消费变动、城镇居民消费变动、政府消费变动、固定资本形成变动以及出口变动等。因此在完全就业占用系数分析中，本节采用第二种解释，即单位最终需求变动对就业的完全拉动。

表 3-4　完全就业占用系数　　　　单位：人/万元

年龄&性别		第一产业	第二产业	第三产业
合计		0.174	0.072	0.068
年龄	16~29 岁	0.015	0.012	0.014
	30~44 岁	0.042	0.028	0.029
	45~59 岁	0.075	0.026	0.021
	60 岁及以上	0.042	0.006	0.004
性别	男	0.096	0.045	0.039
	女	0.078	0.027	0.029

资料来源：本书编制的 2020 年就业投入占用产出表

第一产业最终需求增加一万元可以完全拉动就业 0.174 人，其中有8.62%是 16～29 岁就业者，24.14%是 30～44 岁就业者，43.10%是 45～59 岁就业者，24.14%是 60 岁及以上就业者；有55.17%是男性就业者，44.83%是女性就业者。与直接就业占用系数相比，单位万元最终需求对就业的拉动增加了 0.041 人，而且对不同年龄段和性别的就业的拉动作用均是增大的。第一产业完全劳动生产率为 5.75 万元/人，即考虑完全生产关联关系的条件下，第一产业就业人员平均每人每年仅生产 5.75 万元总产值。

第二产业最终需求增加一万元可以完全拉动就业 0.072 人，其中有16.67%是 16～29 岁就业者，38.89%是 30～44 岁就业者，36.11%是 45～59 岁就业者，8.33%是 60 岁及以上就业者；有 62.50%是男性就业者，37.50%是女性就业者。与直接就业占用系数相比，单位万元最终需求对就业的拉动增加了 0.058 人，而且对不同年龄段和性别的就业的拉动作用均是增大的。第二产业完全劳动生产率为 13.89 万元/人，即考虑完全生产关联关系的条件下，第二产业就业人员平均每人每年仅生产 13.89 万元总产值。

进一步计算 88 部门就业投入占用产出表的完全就业占用系数，用以分析第二产业的细分部门，完全占用系数较高的前三个部门依次是农副食品加工业，建筑装饰、装修和其他建筑业，纺织业。农副食品加工业最终需求增加一万元可以带来 0.15 个就业岗位，其中 16～29 岁就业者占9.25%，30～44 岁就业者占 25.84%，45～59 岁就业者占 42.28%，60 岁及以上就业者占 22.63%；男性就业者占 54.55%，女性就业者占 45.45%。建筑装饰、装修和其他建筑业最终需求增加一万元可以带来 0.15 个就业岗位，其中 16～29 岁就业者占 16.06%，30～44 岁就业者占 41.79%，45～59 岁就业者占 37.80%，60 岁及以上就业者占 4.35%；男性就业者占 78.21%，女性就业者占 21.79%。纺织业最终需求增加一万元可以带来 0.13 个就业岗位，其中 16～29 岁就业者占 11.32%，30～44 岁就业者占 31.20%，45～59 岁就业者占 40.20%，60 岁及以上就业者占 17.28%；男性就业者占53.53%，女性就业者占 46.47%。

对比直接、完全就业占用系数可以看出，直接就业占用系数最大的建筑装饰、装修和其他建筑业，在完全就业占用系数中仍名列前茅，排在第二位。农副食品加工业、纺织业在直接就业占用系数中的排名分别为第十七位、第十位，但是在完全就业占用系数中却排在了第一位、第三位，足以说明，这需要较多的原材料投入，而这些原材料部门是就业占用系数较高的部门，应该是第一产业，也就是产业间的生产关联关系提高了这两个部门的就业占用系数。

完全就业占用系数最小的部门是废弃资源综合利用业,由直接就业占用系数的分析可知,它在投入产出表中是一个平衡部门,不起主要作用。完全就业占用系数次低的部门是黑色金属矿采选产品,其最终需求增加一万元可以带来 0.025 个就业岗位,其中 16~29 岁就业者占 15.28%,30~44 岁就业者占 44.89%,45~59 岁就业者占 36.01%,60 岁及以上就业者占 3.82%;男性就业者占 68.42%,女性就业者占 31.58%。

第三产业最终需求增加一万元可以完全拉动就业 0.068 人,其中有 20.59% 是 16~29 岁就业者,42.65% 是 30~44 岁就业者,30.88% 是 45~59 岁就业者,5.88% 是 60 岁及以上就业者;有 57.35% 是男性就业者,42.65% 是女性就业者。与直接就业占用系数相比,单位万元最终需求对就业的拉动增加了 0.034 人,而且对不同年龄段和性别的就业的拉动作用均是增大的。第三产业完全劳动生产率为 14.71 万元/人,即考虑完全生产关联关系的条件下,第三产业就业人员平均每人每年仅生产 14.71 万元总产值。

从第三产业分部门数据来看,完全就业占用系数较高的前三个部门依次是餐饮、公共设施及土地管理以及居民服务,其完全就业占用系数依次是 0.17 人/万元、0.13 人/万元以及 0.12 人/万元,即各部门最终需求增加一万元可以拉动的就业人数分别为 0.17 人、0.13 人以及 0.12 人。餐饮部门最终需求增加一万元带来的就业岗位中,16~29 岁就业者占 18.31%,30~44 岁就业者占 36.84%,45~59 岁就业者占 34.69%,60 岁及以上就业者占 10.16%;男性就业者占 53.33%,女性就业者占 46.67%。公共设施及土地管理部门最终需求增加一万元带来的就业岗位中,16~29 岁就业者占 10.74%,30~44 岁就业者占 29.60%,45~59 岁就业者占 41.93%,60 岁及以上就业者占 17.73%;男性就业者占 58.32%,女性就业者占 41.68%。居民服务部门最终需求增加一万元带来的就业岗位中,16~29 岁就业者占 22.62%,30~44 岁就业者占 39.95%,45~59 岁就业者占 30.90%,60 岁及以上就业者占 6.53%;男性就业者占 38.86%,女性就业者占 61.14%。直接就业占用系数最大的零售和餐饮部门的完全就业占用系数排名分别为第四位、第一位,说明完全就业占用系数和直接就业占用系数排名靠前的部门差别不大。完全就业占用系数较小的三个部门依次是货币金融和其他金融服务、房地产以及资本市场服务,分别为 0.02 人/万元、0.03 人/万元以及 0.30 人/万元,与直接就业占用系数排名相差不大。对比直接、完全就业占用系数,第三产业细分部门与其他部门的产业关联,低于第二产业细分部门的产业关联,这也与服务业的行业特性相关,即需要较多的劳动力和相对较少的原材料投入。

（四）分学历完全就业占用系数矩阵分析

根据 2007 年的就业投入占用产出表计算就业完全占用系数，并将投入产出表合并为三部门表进行计算得到如表 3-5 所示的三大产业分学历完全就业占用系数，可以看出考虑了复杂的产业关联后，与2020 年 88 部门就业投入占用产出表的结果相同，完全就业占用系数比直接就业系数有较大的提高。

表 3-5   三大产业分学历完全就业占用系数   单位：人/万元

学历	第一产业	第二产业	第三产业
就业人数	0.81	0.25	0.25
研究生及以上	0.00	0.00	0.00
大学本科	0.01	0.01	0.03
大专	0.01	0.02	0.05
高中	0.02	0.05	0.07
初中及以下	0.77	0.17	0.10

资料来源：本书编制的 2007 年分学历就业投入占用产出表

第一产业最终需求增加一万元可以完全拉动就业 0.81 人，其中包括 95.06% 的初中及以下文化程度就业者。与直接就业占用系数相比，单位万元最终需求对就业的拉动增加了 0.18 人，而初中及以下文化程度就业者的比例减小了 4.94 个百分点，高中学历者占比增加了 2.47 个百分点，即增强第一产业与第二、三产业的生产关联关系，使得生产单位万元产值的高学历就业者比例提高。第一产业完全劳动生产率为 1.23 万元/人，即考虑完全生产关联关系的条件下，第一产业就业人员平均每人每年仅生产 1.23 万元总产值。

第二产业最终需求增加一万元可以完全拉动就业人员 0.25 人，其中包括 68% 的初中及以下文化程度就业者，20% 的高中学历者，8% 的大专学历者，4% 的大学本科学历者。与直接就业占用系数相比，第二产业完全就业占用系数有了极大的提高，由 0.03 人/万元，提高到 0.25 人/万元，这使得完全劳动生产率仅为直接关系的 12.12%。第二产业的完全就业占用系数中初中及以下文化程度者占比较直接就业占用系数有所提高，但高中学历者占比较直接就业占用系数有所减小。这主要与第二产业对第一产业的生产消耗密切相关，使用第一产业部门产品作为中间产品，提高了第二产业的就业占用系数，降低了就业人员的平均学历水平。

从根据细分部门的就业投入占用产出表计算出的就业完全占用系数来看，第二产业分部门数据中，完全就业占用系数较高的前三个部门依次是食品制造及烟草加工业、纺织业、纺织服装鞋帽皮革羽绒及其制品业。食品制造及烟草加工业最终需求增加一万元可以带来 0.47 个就业岗位，其中初中及以下学历者占 88.78%，高中学历者占 6.77%，大专学历者占 2.85%，大学本科学历者占 1.43%，研究生及以上学历者占 0.17%；纺织业最终需求增加一万元可以拉动 0.36 个就业岗位，纺织服装鞋帽皮革羽绒及其制品业增加一万元最终需求可以拉动就业 0.34 人。完全就业占用系数较直接就业占用系数增加最大的部门依然是食品、纺织、服装三个部门，分别增加了 0.44 人/万元、0.31 人/万元以及 0.27 人/万元。直接就业占用系数最大的建筑业部门在完全就业占用系数中排在第七位，而食品、纺织、服装三大部门在直接就业占用系数中的排名分别为第十三位、第八位、第二位。完全就业占用系数较低的三个部门依次是石油和天然气开采业，石油加工、炼焦及核燃料加工业，燃气生产和供应业，增加一万元最终需求所带来的就业人员的增加分别为 0.07 人、0.09 人、0.10 人。

对比直接、完全就业占用系数，从部门分析可以看出，单位最终需求变动所带来的就业人员增加最多的部门是与第一产业紧密相连的食品制造及烟草加工业、纺织业、纺织服装鞋帽皮革羽绒及其制品业等行业，而对就业拉动最小的部门依然是资源性产品生产部门，直接、完全就业占用系数变化不大。

第三产业增加单位万元最终需求可以完全拉动就业增加 0.25 人，与第二产业持平，但是就业人员的学历构成比例较第二产业更加均衡。第三产业单位最终需求拉动的就业人员中，仅有 40%具有初中及以下学历，28%具有高中学历，20%具有大专学历，12%具有大学本科学历。与直接就业占用系数相比，第三产业完全就业占用系数增加了 0.12 人/万元，即生产单位万元产值所需要的就业人员增加了 0.12 人，也可以说单位最终需求变动所能拉动的就业人员增加了 0.12 人。

从第三产业分部门数据计算结果来看，完全就业占用系数较高的前三个部门依次是住宿和餐饮业，水利、环境和公共设施管理业，公共管理和社会组织，其完全就业占用系数依次是 0.44 人/万元、0.43 人/万元以及 0.34 人/万元，即各部门最终需求增加一万元可以拉动的就业人数分别为 0.44 人、0.43 人以及 0.34 人，分别较直接关系增加了 0.28 人、0.13 人、0.11 人。通过产业间关联使其对就业拉动增加较大的是住宿和餐饮业，文化、体育和娱乐业，以及租赁和商务服务业。直接就业占用系数最大的水利、环境和公共设施管理业，教育的完全就业占用系数的排名分别为第二位、第四位，完全就业占用系数最大的住宿和餐饮业在直接就业占用系数中排名第五位；第三产业完全就业占用系数较小的三个部门依次是房地产业，金融业，信息传输、计算机服务和软件业，分别为 0.09 人/万元、0.11 人/万元以及 0.13 人/万元，与直接就业占用系数排名相差不大。

从三大产业及其相应部门的直接、完全就业占用系数的对比分析来看，第一产业依然是劳动密集型产业，其就业人员主要以初中及以下文化程度为主，低技术低生产率是制约第一产业发展的关键因素之一；第二、三产业的完全就业占用系数均在直接就业占用系数上有很大的提高，尤其是直接就业占用下的劳动密集型产业在完全就业条件下单位产值所占用的就业人员不再位居前列。如果政府部门以稳定就业、扩大就业为目的，则其不仅要加大对劳动密集型产业的投入力度，更要对产业关联较大的行业提供发展支持，因为对后者的支持能够带来更多的社会就业，对各行业就业人员均有较大的促进作用，有利于就业形势稳定。

四、受教育年限系数分析

受教育年限系数是衡量人力资本的重要指标（李忠强等，2005），各部门受教育年限系数的不同也就意味着各部门的人力资本的不同，由此可以进一步计算人力资本在各部门生产中发挥的不同作用，即得到有效劳动乘数。

据式（2-15）计算得到 2007 年全国的受教育年限系数为 10.4，即全国就业人员的平均受教育年限为 10.4 年。三大产业中第三产业就业人员的平均受教育年限最长，为 12.6 年，其次是第二产业，为 10.6 年，最后是第一产业，为 8.4 年。根据分学历就业投入占用产出模型计算各部门的受教育年限系数，结果如表 3-6 所示，14 个第三产业部门中有 9 个部门位居受教育年限系数前 9 位，教育部门的就业人员受教育年限系数最大，为 14.4；其次是信息传输、计算机服务和软件业，为 14.1，这两个部门的受教育年限系数均达到了大专及以上学历年限。第二产业中受教育年限系数较高的部门是电力、热力的生产和供应业以及石油和天然气开采业，这两个部门就业人员的受教育年限均为 12.2 年，达到了高中及以上学历年限。

表 3-6 各部门受教育年限系数

部门	受教育年限系数	部门	受教育年限系数
教育	14.4	居民服务和其他服务业	11.2
信息传输、计算机服务和软件业	14.1	住宿和餐饮业	11.0
科学研究、技术服务和地质勘查业	13.9	通用、专用设备制造业	11.0
金融业	13.9	金属冶炼及压延加工业	11.0
卫生、社会保障和社会福利业	13.4	电气机械及器材制造业	10.9
公共管理和社会组织	13.1	化学工业	10.9
文化、体育和娱乐业	13.1	食品制造及烟草加工业	10.6
租赁和商务服务业	12.6	金属制品业	10.4
房地产业	12.2	建筑业	10.4
电力、热力的生产和供应业	12.2	造纸印刷及文教体育用品制造业	10.3
石油和天然气开采业	12.2	金属矿采选业	10.3
批发和零售业	12.1	煤炭开采和洗选业	10.2
燃气生产和供应业	12.0	废品废料	10.2
水的生产和供应业	11.7	工艺品及其他制造业	10.1
石油加工、炼焦及核燃料加工业	11.5	非金属矿物制品业	10.1
交通运输仓储邮政业	11.5	纺织业	10.0
水利、环境和公共设施管理业	11.5	木材加工及家具制造业	10.0
通信设备、计算机及其他电子设备制造业	11.4	纺织服装鞋帽皮革羽绒及其制品业	9.9
仪器仪表及文化办公用机械制造业	11.3	非金属矿及其他矿采选业	9.9
交通运输设备制造业	11.3	农林牧渔业	8.4

资料来源：本书编制的 2007 年分学历就业投入占用产出表

所有部门中受教育年限最短的是第一产业的农林牧渔业部门,为 8.4 年,仅为初中及以下学历年限,这主要因为农业部门就业人员中 99.7%具有初中及以下学历;次低的是非金属矿及其他矿采选业、纺织服装鞋帽皮革羽绒及其制品业,其受教育年限系数均为 9.9,比初中教育年限长不到一年。由此说明这两个部门的就业人员也多是低学历密集部门,进行着较为简单机械的低端生产活动。

五、有效劳动乘数分析

有效劳动乘数反映了以教育年限加权的劳动力对经济增长的贡献,由于缺乏时间序列投入占用产出表数据估计模型,故本节运用横截面数据做一示例分析。

2011 年 11 月国家统计局国民经济核算司编写《中国地区投入产出表 2007》一书出版，该书涵盖了 2007 年我国 30 个省份的投入产出表。地区投入产出表的编制为本书编制地区分等级的就业投入占用产出表提供了基础。因此在无法得到受教育年限系数、资本的时间序列数据的限制下，本节编制了 2007 年分地区的分学历就业投入占用产出表，采用全国及 30 个省份的数据对模型（2-16）、模型（2-17）进行估计。模型中各指标的选取情况如下所示。

Y ——增加值合计：全国及地区投入产出表中的增加值合计数据。

ed ——受教育年限系数：全国受教育年限系数根据本节第四部分"受教育年限系数分析"计算得到，各地区受教育年限系数则根据《中国经济普查年鉴 2008》中"1-12 按地区、学历分组的法人单位从业人员数"估计得到的就业投入占用产出表，按照式（2-15）计算得到。

L ——劳动力：全国及地区就业人数通过《中国统计年鉴》得到，并根据第五次人口普查的结果对 2007 年各地区的就业人数进行了调整。

K ——资本存量：资本存量一直是 CD 函数中较难获得的数据之一。本节将全国及地区投入产出表中的固定资产折旧作为基础数据，资本存量 = 固定资产折旧/折旧率，折旧率设为 8%（张军和章元，2003）。

通常假设式（2-16）中资本产出弹性 α、劳动力产出弹性 β 满足 $\alpha + \beta = 1$，规模效应不变，因此，令 $\beta = 1 - \alpha$，代入式（2-16）中整理可得

$$Y = AK^{\alpha}L^{1-\alpha} \tag{3-1}$$

式（3-1）两边取对数可得

$$\ln(Y) = C + \alpha\ln(K) + (1-\alpha)\ln(L)$$

$$\ln(Y / L) = C + \alpha\ln(K / L)$$

采用最小二乘估计方法，估计方程如下：

$$\ln(Y / K) = 0.81 + 0.88\ln(K / L)$$
$$(1.40) \qquad (16.87) \tag{3-2}$$

$$R^2 = 0.91 \qquad DW = 1.68$$

故而 $\alpha = 0.88$，$\beta = 0.12$。DW 为 Durbin-Watson（德宾-沃森）统计量，用于检验时间序列回归模型中误差项的自相关性，DW 值接近 2，则表示序列无自相关。

考虑到对教育年限进行加权得到的有效劳动乘数，即有效劳动产出弹性，令 Le = ed·L，整理可得

$$\ln(Y / \text{Le}) = 0.64 + 0.86\ln(K / \text{Le})$$

同样采用最小二乘估计方法得到如下方程：

$$\ln(Y / \text{Le}) = 0.64 + 0.86\ln(K / \text{Le})$$

$$（1.34） \qquad （15.68） \qquad\qquad （3\text{-}3）$$

$$R^2 = 0.89 \qquad \text{DW} = 1.64$$

故而 $\hat{\alpha} = 0.86$，$\hat{\beta} = 0.14$。

对比式（3-2）、式（3-3），劳动力与有效劳动对经济增长的贡献存在差异：仅考虑劳动力投入的 CD 函数所估计的劳动力产出弹性为 0.12，即劳动力人数增长 1%，使得增加值增加 0.12%；考虑有效劳动投入的 CD 函数所估计的有效劳动产出弹性为 0.14，即有效劳动投入提高 1%，使得增加值提高 0.14%。由此说明，考虑教育年限差异的有效劳动投入对经济增长的促进作用确实大于劳动力投入所起到的作用。

对于分学历就业投入占用产出模型，有效劳动乘数是以教育年限加权表示的人力资本对劳动力的影响。在就业等级划分的不同标准下，有效劳动可以有不同的加权方式，比如，以熟练程度加权、以收入加权、以城乡加权、以男女加权等，在数据支持的情况下均可以采用此方法计算有效劳动对经济增长的贡献。

本节根据第二章的编表原则分别编制了 2020 年分年龄、性别的就业占用矩阵，以及 2007 年分学历的就业占用矩阵，首先进行了就业发展阶段的分析，其次分析了就业矩阵，最后分析了就业占用系数，本节整体是对就业投入占用产出表的数据及系数的基本分析。

第二节 宏观政策对非农就业的影响分析

2020 年，我国 GDP 为 1 015 986 亿元，其中消费占 54.7%，资本形成占 42.9%，净出口占 2.4%。消费中占比最大的是城镇居民消费，占 GDP 的 29.6%；其次是政府消费，占 16.9%；消费占比最小的是农村居民消费，仅为 8.1%。农村居民消费占比如此低的主要原因在于城镇化进程加快，常住人口中农村居民少于城镇居民，且农村居民的人均可支配收入仅为城镇居民的 40% 左右，消费潜力也远低于城镇居民。我国 GDP 结构呈现出了消费＞资本形成＞净出口的格局。

由于一般投入产出表的中间流量矩阵并没有区分国内产品和进口产品，政策效应分析可能会有所偏颇，因此本节采用 2020 年非竞争型就业投入占用产出表进行分析。非竞争型就业投入占用产出表是在国家统计局公布的 42 部门的 2020 年非竞争型投入产出表式基础上，添加了根据《中国人口普查年鉴 2020》编制的 42 部门就业矩阵，该矩阵是在第一节 2020 年 88 部门竞争型就业投入占用产出表的就业矩阵基础上进行部门合并得到的。

依据理论公式，如式（2-14），即通过里昂惕夫模型计算最终需求变动对非农就业人员的影响。ΔF 为最终需求的变动，具体体现为最终消费、资本形成、出口的总量及结构的变动，具体如式（3-4）所示。

$$\Delta L = A^L (I - A^D)^{-1} \Delta F = A^L (I - A^D)^{-1} \Delta(SG) \tag{3-4}$$

其中，$F = SG$，F 为最终需求行向合计组成的列向量；S 为最终需求行向合计的行业结构，是 $n \times 1$ 维的列向量；G 为最终需求合计数，是一个数值。

本节首先计算了最终消费、资本形成、出口对所有部门（包括农业部门）就业的拉动情况，如表 3-7 所示，可以看到 2020 年我国共有 75 064 万人就业。从三大需求维度来看，最终消费所能带动的就业是最多的，占 52.2%，且对第一、三产业就业的影响最大；资本形成带动了 33.2% 的就业，对第二产业就业的影响最大；出口仅带动了 14.6% 的就业，对三大产业的影响较为均衡，第二产业受到的影响稍大一些。从三大需求的 GDP 构成来看，最终消费单位就业创造的增加值更大，为 0.07 万元/人，资本形成与出口类似，都为 0.06 万元/人左右。从对就业的贡献来看，仍然呈现出了最终消费＞资本形成＞出口的格局。

表 3-7   三大需求对就业的拉动

需求	拉动的就业人数/万人				对就业的贡献率			
	合计	第一产业	第二产业	第三产业	合计	第一产业	第二产业	第三产业
最终消费	39 189	12 485	4 636	22 068	52.2%	70.5%	21.5%	61.6%
资本形成	24 932	3 086	12 843	9 003	33.2%	17.4%	59.6%	25.1%
出口	10 943	2 144	4 064	4 735	14.6%	12.1%	18.9%	13.2%
合计	75 064	17 715	21 543	35 806	100%	100%	100%	100%

资料来源：根据本书编制 2020 年非竞争型就业投入产出表测算得到。需求对第三产业就业的贡献率加总不等于 100%，为修约所致

具体分产业来看，2020 年我国第一产业有 17 715 万人就业，其中最

终消费的贡献最大，达到 70.5%；第二产业就业人数为 21 543 万人，资本形成的贡献最大，为 59.6%；第三产业的就业人数最多，达到 35 806 万人，最终消费的贡献最大。如果仅考虑对非农就业的影响，三大需求仍然呈现出最终消费＞资本形成＞出口的格局，只不过相较于对全就业的影响，最终消费的贡献率明显下降，仅为 46.6%，资本形成的贡献率提高为 38.1%，出口的贡献率变动不大，为 15.3%。鉴于第一产业就业存在数据不准确、蓄水池作用明显等问题，本节余下部分将进行非农就业的影响分析。

一、三大需求规模调整对非农就业的影响分析

从需求维度研究非农就业的影响效应可以有力支撑就业目标下有限资源的分配问题。本部分主要考虑如下两个问题：在最终消费、资本形成、出口等三大需求的行业结构不发生变化的前提下，如果对三大需求的规模进行调整,给非农就业带来的影响冲击是否相同？本节将分两种场景进行分析：场景一，按照原有规模增加相同的幅度，即三大需求的规模都有 1%的增加；场景二，增加相同的规模，即三大需求规模都有 100 万的增加。两种不同的场景实则是比较三大需求对非农就业的影响力度的大小。具体测算公式如式（3-5）所示，三大需求的结构不发生变化，变化仅发生在总量维度。

$$\Delta L = A^L (I - A^D)^{-1} S_{最终消费} \Delta G_{最终消费}$$
$$\Delta L = A^L (I - A^D)^{-1} S_{资本形成} \Delta G_{资本形成} \qquad (3\text{-}5)$$
$$\Delta L = A^L (I - A^D)^{-1} S_{出口} \Delta G_{出口}$$

（一）规模变动相同的百分比

假设三大需求的规模都有 1%的增加，根据式（3-5）测算得到对非农就业的影响如表 3-8 所示。规模增加百分比相同的情况下，最终消费拉动的非农就业最多，贡献率为 46.5%，对服务业就业的拉动最为明显，为 221 万人，占消费总拉动人数的 82.8%；资本形成规模增加 1%带来了 219 万人的非农就业，是建筑业就业人数增加的主要拉动因素；出口规模增加 1%带来的非农就业为 88 万人，主要集中在工业和服务业两个行业，对建筑业的拉动为 0。综合来看，三大需求规模增加相同的百分比时，最终消费与资本形成拉动的非农就业人数相差不大，出口拉动得最少，这与三大需求的原始规模的差异密切相关。从非农行业维度来看，三大需求都对工业有较强的拉动作用，建筑业就业则主要依赖于资本形成的拉动,服务业就业的主要拉动力来自最终消费。

表 3-8 三大需求规模增加 1%对非农就业的影响

需求	拉动的就业人数/万人				对就业的贡献率			
	合计	工业	建筑业	服务业	合计	工业	建筑业	服务业
最终消费	267	45	1	221	46.5%	32.6%	1.3%	61.7%
资本形成	219	52	77	90	38.2%	37.7%	98.7%	25.1%
出口	88	41	0	47	15.3%	29.7%	0	13.1%
合计	574	138	78	358	100%	100%	100%	100%

资料来源:根据本书编制 2020 年非竞争型就业投入占用产出表测算得到。需求对服务业就业的贡献率加总不等于 100%,为修约所致

进一步,结合投入占用产出表中的就业矩阵,本部分继续计算了三大需求规模增加 1%对不同年龄、不同性别的非农就业的影响效应,如表 3-9 所示。分不同年龄来看,三大需求规模的增加都对 30～44 岁阶段的非农就业人群的影响最大,其次是 45～59 岁的非农就业人群,因为 30～44 岁就业人群是我国非农就业中的主力军,占比高达 44.4%,45～59 岁就业人群占比为 31.2%。从不同年龄的维度来看,每个年龄段均是对最终消费的贡献最为明显,且对不同年龄段从事服务业的就业人群的拉动作用最为显著,具体体现在批发和零售业、交通运输及仓储业、邮政业、住宿和餐饮业。但是需要注意的是最终消费规模增加 1%对教育就业拉动非常明显,仅次于批发和零售业,这与教育支出在最终消费中的占比较高以及教育行业就业人数占比较高有关,也说明了最终消费规模的增加对教育影响较大。

表 3-9 三大需求对不同年龄、不同性别非农就业的拉动 单位:万人

项目		最终消费	资本形成	出口
合计		267	219	88
年龄	16～29 岁	59	42	19
	30～44 岁	119	95	41
	45～59 岁	80	74	25
	60 岁及以上	9	8	3
性别	男	145	153	52
	女	122	66	36

资料来源:根据本书编制 2020 年非竞争型就业投入占用产出表测算得到

另外，分性别来看，最终消费、出口规模增长 1%带动的男、女性就业规模相差不大，但是资本形成规模增长 1%带动的非农就业中有 69.9%为男性，如此明显的差异主要体现在建筑业部门。资本形成带动了 77 万人的建筑业就业，其中 65 万人为男性，工业、服务业就业方面男女差异不大。

（二）规模变动相同的绝对量

假设三大需求的规模都有单位亿元的增加，最终消费、资本形成、出口都在绝对量上有同等幅度的增长，根据式（3-5）计算得到其对非农就业的拉动，具体如表 3-10 所示。

表 3-10　三大需求规模增加单位亿元对就业的拉动

需求	拉动的就业人数/万人				对就业的贡献率			
	合计	工业	建筑业	服务业	合计	工业	建筑业	服务业
最终消费	496	84	2	410	33.0%	19.6%	1.1%	46.3%
资本形成	529	125	186	218	35.2%	29.2%	97.9%	24.6%
出口	478	219	2	257	31.8%	51.2%	1.1%	29.0%
合计	1503	428	190	885	100%	100%	100%	100%

资料来源：根据本书编制 2020 年非竞争型就业投入占用产出表测算得到。需求对建筑业、服务业就业的贡献率合计不等于 100%，为修约所致

单位亿元最终消费能够带动 496 万人的非农就业，其中 82.66%拉动的是服务业；单位亿元资本形成拉动的就业相对较多，为 529 万人，对工业、建筑业也有较大幅度的拉动，尤其是对建筑业，拉动了 186 万人，是等额需求中对建筑业拉动的主力军；单位亿元出口带来的就业相对于其他两大需求稍弱但力度也不小，能够拉动非农就业 478 万人，对工业、服务业的拉动效应大体相当。从对分行业就业的贡献率来看，工业主要受到出口拉动影响，建筑业主要受资本形成拉动，服务业则主要是通过最终消费的增加得到带动。总体来看，单位亿元的最终消费、资本形成、出口分别带来的非农就业总量相差不大，但是行业增量差异较大，对行业的就业结构调整影响较大。

根据投入占用产出表的就业矩阵信息，可以进一步计算单位亿元三大需求对不同年龄、不同性别的非农就业群体的影响，结果如表 3-11 所示。分年龄来看，单位亿元的最终消费、资本形成、出口拉动的就业人数最多的年龄段均为 30～44 岁，占能拉动总人数的 40%以上，其次是 45～59 岁，占总拉动人数的 30%左右。建筑业的劳动主力是 45～59 岁，其他行业则是集

中在了 30～44 岁。从不同性别来看，单位亿元的最终消费和出口带动的性别差异较小，带动的男性占 50%以上，女性占 40%以上，但是单位亿元资本形成能够拉动的男性就业占 70%，女性仅占 30%，这也与资本形成所能拉动的工业、建筑业就业人员偏多密切相关。

表 3-11　三大需求对不同年龄、不同性别非农就业的拉动　单位：万人

需求	年龄				性别	
	16～29 岁	30～44 岁	45～59 岁	60 岁及以上	男	女
最终消费	110	221	148	17	269	227
工业	16	38	27	3	49	35
建筑业	0	1	1	0	2	0
服务业	94	182	120	14	218	192
资本形成	101	229	179	19	369	159
工业	24	57	40	3	84	40
建筑业	27	70	80	9	158	28
服务业	50	102	59	7	127	91
出口	103	223	138	14	280	198
工业	48	102	63	6	130	89
建筑业	0	1	1	0	2	0
服务业	55	120	74	8	148	109

资料来源：根据本书编制 2020 年非竞争型就业投入占用产出表测算得到

二、三大需求结构调整对非农就业的影响分析

本节第一部分从绝对量的维度进行了三大需求对非农就业的影响分析，本部分将进一步考虑从结构调整的维度进行影响分析。结构调整就分为两种情况：①GDP 的需求结构变化，即在 GDP 总量保持不变的前提下，最终消费、资本形成、出口三者的比重发生变化；②三大需求的行业结构变化，即最终消费支出、资本形成总额、出口的绝对量及三者的相对量都不变，但三大需求分别对应的行业结构发生变化。

（一）支出法 GDP 结构调整对非农就业的影响

从支出法 GDP 核算构成来看，2020 年我国 GDP 构成中最终消费、资本形成以及出口所占的比例分别是 47.4%、36.4%和 16.2%。与国家统计局发布的 2018 年非竞争型投入产出表中的数据进行对比，可以得到最终消费占比提升了 2.2 个百分点，资本形成下降了 1.8 个百分点，出口下降了

0.3 个百分点。本部分对支出法 GDP 结构调整对非农就业的影响进行分析，假设存在如下三种情景。

情景一：最终消费比重提高 1%，资本形成和出口按照绝对量占比相应下降，分别下降 0.7 个百分点、0.3 个百分点。

情景二：资本形成比重提高 1%，最终消费和出口按照绝对量占比相应下降，分别下降 0.7 个百分点、0.3 个百分点。

情景三：出口比重提高 1%，最终消费和资本形成按照绝对量占比相应下降，分别下降 0.6 个百分点、0.4 个百分点。

式（3-6）在式（3-4）的基础上将最终需求变动进一步拆分为部门结构 $S_{42\times3}$、支出法 GDP 结构 $H_{3\times3}$ 和 GDP $G_{3\times1}$，本部分讨论的就是 H 的变动带来的非农就业人数的变化。

$$\Delta L = A^L (I - A^D)^{-1} S \Delta H G \tag{3-6}$$

注意到式（3-4）、式（3-6）略有不同，S 在式（3-4）中表示的是 $n\times1$ 维的列向量，是不对最终消费、资本形成和出口进行区分的；但是在式（3-6）中，S 表示的是 $n\times3$ 维的列向量，三列数据分别表示了最终消费、资本形成、出口的行业结构。式（3-4）、式（3-6）中的 G 只是向量结构不同，数值是相同的，G 在式（3-4）中只表示一个数值，式（3-6）中的 G 就是把式（3-4）中的这一个数值乘以元素全为 1 的列向量，构成了一个 3×1 维的列向量。

三种情景的计算结果如表 3-12 所示，其中基础情景表示支出法 GDP 结构没有变化时对就业的拉动情况。与基础情景相比，只有情景二资本形成比重提高 1% 带来了总就业人数的增加，增长了 43 万人，主要拉动了建筑业就业人数的增加，单是建筑业就增加了 210 万人，对服务业具有负面影响，使其就业人数合计减少了 174 万人，服务业就业占比下降了 0.3 个百分点。情景一最终消费比重提高和情景三出口比重提高的最终结果都带来了就业总量的下降，但是行业布局的影响是不同的。

表 3-12　支出法 GDP 结构调整对非农就业的拉动

情景	拉动的就业人数/万人				行业贡献率		
	合计	工业	建筑业	服务业	工业	建筑业	服务业
基础情景	57 349	13 727	7 816	35 806	23.9%	13.6%	62.4%
情景一	57 330	13 648	7 672	36 010	23.8%	13.4%	62.8%
情景二	57 392	13 734	8 026	35 632	23.9%	14.0%	62.1%
情景三	57 312	13 859	7 726	35 727	24.2%	13.5%	62.3%

资料来源：根据本书编制 2020 年非竞争型就业投入占用产出表测算得到

具体从行业结构影响来看,情景一最终消费比重的提高使服务业就业人数增加了 204 万人,其中主要集中在教育以及公共管理和社会组织两个行业,但对批发和零售业有一定程度的负面影响,就业人数下降了 33 万人。情景三出口比重的提高则带来了更多工业就业,增加了 132 万人,主要集中在通信设备、计算机及其他电子设备,纺织服装鞋帽皮革羽绒及其制品,分别拉动了 36 万人、28 万人的就业,其次是纺织业和电气机械及器材制造业。情景一和情景三的相同点在于都给建筑业就业带来了消极影响,使得建筑业就业占比分别下降了 0.2 个百分点、0.1 个百分点。

(二)部门结构调整对非农就业的影响

部门结构调整带来的非农就业效应的计算公式基本符号与式(3-6)相同,不同点在于强调了最终消费、资本形成或出口的部门结构 S 发生变化带来的影响效应。鉴于三种最终需求的部门结构调整对应的计算方法及分析类似,本部分以资本形成的部门结构调整为例进行分析、讨论。

投入产出表中资本形成总额包括固定资本形成和存货变动,其中 95% 以上是固定资本形成,存货变动只占非常小的一部分。固定资本形成反映的是当年形成的各部门固定资产的数额,也就是当年该部门的产品用于形成固定资产的价值量,这并不等同于该部门的固定资产投资,前者是获得方、形成方,后者是支出方,两者没有完全的对应关系。以 2020 年非竞争型投入产出表为例,固定资本形成中第一位是占比为 66.4% 的建筑业,遥遥领先于其他行业,建筑业中一半左右的资本品为住宅房屋建筑,两成左右为铁路、道路、隧道和桥梁工程建筑;第二位是占比为 7.5% 的信息传输、软件和信息技术服务业,主要是该部门内的软件服务,包括基础软件、支撑软件、应用软件及其他软件的开发;第三位是交通运输设备制造业,占固定资本形成总额的 5.4%,其中七成以上是汽车整车制造,一成是铁路运输和城市轨道交通设备。

鉴于此,设置如下三个情景,固定资本形成的三个主要部门的占比分别有 1% 提高,其他部门占比按规模比例下降,由此对比分析固定资本形成部门结构调整带来的非农就业影响效应。

情景一:建筑业占比提高 1%,其他部门占比按照其规模比重结构分摊降低 1%。

情景二:信息传输、软件和信息技术服务业占比提高 1%,其他部门占比按照其规模比重结构分摊降低 1%。

情景三:交通运输设备制造业占比提高 1%,其他部门占比按照其规模比重结构分摊降低 1%。

三种情景的计算结果如表 3-13 所示，其中基础情景表示资本形成的部门结构不做任何调整时所能拉动的就业情况。对比三种情景分析，从总量上看，只有情景一建筑业占比的提升增加了就业总量，拉动建筑业就业增加了 117 万人，行业就业占比提高了 0.4 个百分点，服务业和工业就业人数都有所下降；情景二信息传输、软件和信息技术服务业占比提高和情景三交通运输设备制造业占比提高都带来了就业总量的下降，下降的主要原因是对建筑业的影响是负向的，都使得建筑业就业人数有 80 万人以上的减少。但是两种情景的不同在于，情景二带来服务业就业增加的同时，使得工业就业人员有类似规模量的减少，使得情景二对就业的拉动效应维持在了 84 万人的减少。情景三则是带来了交通运输设备制造业 45 万人的就业增加的基础上，并没有对服务业产生较大的负面影响，甚至带来了 8 万人的批发和零售业的就业增加，从而使得情景三对就业的拉动效应为 54 万人的减少，低于情景二的减少量。

表 3-13　部门结构调整对非农就业的拉动

情景	拉动的就业人数/万人				行业贡献率		
	合计	工业	建筑业	服务业	工业	建筑业	服务业
基础情景	21 846	5 159	7 684	9 003	23.6%	35.2%	41.2%
情景一	21 918	5 143	7 801	8 974	23.5%	35.6%	40.9%
情景二	21 762	5 125	7 601	9 036	23.6%	34.9%	41.5%
情景三	21 792	5 193	7 602	8 997	23.8%	34.9%	41.3%

资料来源：根据本书编制 2020 年非竞争型就业投入占用产出表测算得到

本节根据就业投入占用产出模型，采用情景分析方式对最终消费、资本形成、出口等最终需求的规模与结构的变动对非农就业的影响进行分析，为我国进行宏观调控提供了有力的数据支撑。得到的政策建议如下。

第一，经济发展仍然是拉动就业绝对量增长的主要动力。从本节第一部分绝对量的测算结果中可以看出，不管三大需求的绝对量按照怎样的设定情景有所增加，都对就业绝对量的增加有积极促进作用，尤其是对于劳动生产率较低的部门，如建筑业等。

第二，以调结构为导向的政策实施需考虑对行业就业影响的不均衡性。从本节第二部分结构调整的测算结果中可以看出，无论是支出法 GDP 三大需求结构的调整，还是以固定资本形成为例的三大需求行业结构的调整，对就业的增加所起的作用都非常有限，但是对就业结构的影响却非常明显，使得某些行业的就业人数出现了较大幅度的减少。因此经济发展中调结构需要提前预判对就业结构的影响，并提前出台相应政策，做好就业疏导。

第三节 本 章 小 结

本章在第二章就业投入占用产出模型及就业投入占用产出表编制的基础上进行了实证分析，包括两部分内容：基本系数解读和宏观政策模拟。如图 3-6 所示，在第二章所论述的模型及数据的基础上，本章进行了两大维度的统计分析。

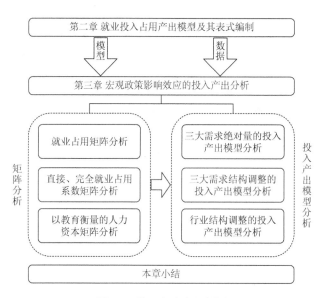

图 3-6   第三章内容逻辑图

第一节首先分析了我国 1978～2021 年的就业发展情况，将 1978～2021 年的就业发展分为四个阶段：扩张、分化、互补和优化，并针对每个阶段的不同特征进行了分析总结，可以看出我国就业规模不断扩大，就业结构持续优化。其次对第二章编制的就业占用矩阵进行了简单的描述统计分析，从年龄、性别、学历等三个维度进行了分产业的就业数据分析。再次，对就业投入产出系数进行了分析，包括直接就业占用系数和完全就业占用系数，既可以看到完全就业占用系数分析的必要性，也能看到不同产业就业效率的明显差异。最后，基于分学历的就业矩阵和投入产出表的流量数据，对比分析了不同行业的受教育年限系数以及有效劳动乘数，认为考虑到教育年限差异的有效劳动投入对经济增长的促进作用确实大于单纯的劳动力人数投入的作用。

　　第二节是对第二章构建的基本的就业投入占用产出模型的实证分析,利用就业投入占用产出模型测度了最终消费、资本形成和出口规模及结构变动带来的影响效应。如果规模增加相同百分比,则"三驾马车"都对工业就业有较强的拉动作用,建筑业依赖于资本形成的拉动,服务业依赖于最终消费的拉动。如果"三驾马车"在 GDP 中的结构发生变化,则对就业规模的影响不大,但对就业行业结构有较大的影响。

第四章　就业群体乘数模型的构建及应用

　　本书第二、三章建立了就业投入占用产出模型，并在该模型的基础上建立了区分年龄、性别、学历的直接、完全就业占用系数矩阵，并对受教育年限系数、有效劳动乘数进行了分析。本章将作为投入产出模型的乘数分析部分，基于就业投入占用产出模型提出一个新的乘数——就业群体乘数。就业群体乘数是对就业投入占用产出模型的一个重要理论突破，将就业矩阵与中间流量矩阵有机结合在一起，扩展了里昂惕夫逆矩阵和里昂惕夫模型。就业群体乘数也是实际经济应用中的一个重要创新，可以有效测算不同就业群体之间的相互影响关系，而且这种相互影响是通过复杂的生产关联关系测度得到的，例如，城镇就业增加一个单位对农村就业的影响，大学本科及以上就业岗位增加一个单位对其他受教育程度就业岗位的影响，等等。

第一节　就业群体乘数模型的构建

　　乘数又称为"倍数"或"乘子"，反映的是两个经济变量之间的一种比例关系，即一种变量值的增加或减少会引起的另一变量值倍数的增加或减少量。乘数理论概念是由英国经济学家 Kahn（1931）针对投资与就业关系提出的。随后其导师 Keynes（1933）做了进一步的集大成发展，真正将乘数概念用来分析投资对收入变化的影响，创立了凯恩斯乘数。Kahn 和 Keynes 均在乘数理论方面做出了巨大贡献，引发了乘数在宏观经济分析中的研究热潮。近十几年来凯恩斯乘数成为宏观经济学教材的必备内容，乘数也在财政、货币、外贸等理论之中，衍生出了财政收支乘数、货币乘数、外贸乘数等。凯恩斯乘数的理论发展综述见任泽平和潘文聊（2009）、吴西顺（2010）等的研究。

　　我国在乘数理论方面的研究也由来已久，侯荣华和张耀辉（1998）出版了《经济运行中的乘数效应》一书，系统地介绍了乘数的概念、由来以及应用情况，对投资乘数、税收乘数、财政收支乘数、货币乘数及外贸乘数的运行过程进行了全面分析，是中国乘数发展的又一里程碑。乘数是基于社会再生产循环得到的，最早可追溯到法国重农学派的创始人魁奈（Quesnay，1694～1774 年）编写的《经济表》，即投入产出表的前身。

凯恩斯乘数用总量分析的方法研究最终需求对国民收入和就业的影响，而实际政策分析中则需要研究不同最终需求结构对国民经济和就业的影响，从而需要将凯恩斯乘数结构化，由此投入产出分析就为乘数的发展提供了重要的分析路径。中国人民大学刘起运教授是研究投入产出乘数的大家，曾对投入产出乘数进行了详细的阐述，并提出了最终产品旁侧效应的概念，为消费、投资、净出口的产品关联关系提供了测算工具（刘起运，2003），其提出的二阶段投入产出模型为结构式投资、消费乘数模型提供了理论支撑（刘起运，2004）。夏明等（2010）、张红霞和刘起运（2011）等也在结构化凯恩斯乘数、投入产出局部闭乘数等方面做出了自己的贡献。

目前我国对就业问题的研究一直停留在各种经济因素对就业的影响上，但是就业内部各要素之间的关系如何至今没有明确的定量研究。农村劳动力大量转移到城镇，为城镇经济发展带来充足的人力资源的同时，也带来了许多问题，如公共资源缺乏、城市政府管理体制瓦解等。同时我国农村市场巨大，为何在农村增加就业岗位？在城镇增加一个就业岗位所带来的就业人数的增加是否会大于在农村增加一个就业岗位所带来的就业人数的增加呢？

改革开放以来我国教育投资不断增加，就业人员受教育程度的提高促进了我国经济的发展，有利于经济转型，那么对就业而言，受教育程度的提高是否促进了就业的增加？增加一个大学本科的就业岗位是否有利于其他受教育程度的就业岗位的增加？高技术人才的大量涌现是否增加了更多的就业岗位？增加一个高级技师的就业岗位对其他技能人才的就业岗位到底有什么影响？本章将提供解决这些问题的理论工具——就业群体乘数，为就业研究开辟一个新的领域，并进行实证研究。本节介绍理论模型部分。

一、宫泽乘数模型

就业群体乘数模型借鉴了宫泽乘数模型的概念，因此，本节要先介绍一下宫泽乘数模型。

宫泽乘数模型是由日本学者 Miyazawa 和 Massage 于 1976 年正式提出的，是在其 1963 年所做研究的基础上基于投入产出模型提出的收入群体间的影响乘数模型。他们在投入产出模型内生化的居民部门基础上，把收入分配问题引入投入产出乘数中，用以反映某一收入群体收入变化对其他收入群体的影响，具体做法如下。

将居民部门分为 r 个收入群体,对应于投入产出模型,则意味着将投入产出表中第三象限每个部门的增加值按收入群体分为 r 行,将第二象限居民消费也按照收入群体分为 r 列,如表 4-1 所示,在增加值矩阵和最终需求矩阵分别进行了居民收入、居民消费等维度的划分。表 4-1 中,f_{ik}^C 表示第 k 类收入群体对第 i 部门产品的最终消费,v_{hj}^M 表示第 h 类收入群体从第 j 部门获得的收入,v_j^Q 表示第 j 部门剔除收入后的最初投入,其他符号的含义均与表 2-1 中的相同。

表 4-1　宫泽乘数模型对应的投入产出表基本表式

投入			中间需求	最终需求					总产出
			1　2　…　n	居民消费		政府消费	资本形成	净出口	
				1　2　…　r					
中间投入		1 2 ⋮ n	z_{ij}	f_{ik}^C		f_{is}			x_i
最初投入	居民收入	1 2 ⋮ r	v_{hj}^M						
	其他		v_j^Q						
总投入			x_j						

令 $\sum\limits_{k=1}^{r} f_{ik}^C = f_i^C$,$\sum\limits_{j=1}^{n} v_{hj}^M = w_j$,则 f_i^C 表示第 i 部门的产品用于居民消费的数值,即居民部门对第 i 部门产品的消费,w_j 表示第 j 类就业群体的收入。

定义收入群体的增加值率矩阵 $A^{VM} = \left(a_{hj}^{VM}\right) \equiv \left(v_{hj}^M / x_j\right)$ 和消费倾向矩阵 $A^C = \left(a_{ik}^C\right) \equiv \left(f_{ik}^C / w_k\right)$,显然 A^{VM} 是 $r \times n$ 维矩阵,A^C 是 $n \times r$ 维矩阵。a_{hj}^{VM} 表示第 j 个产业部门中第 h 个收入群体所得的收入占第 j 部门总产出的比重,A^{VM} 的第 j 列体现了第 j 个部门的增加值在 r 个收入群体中的分配情况;a_{ik}^C 表示第 k 个收入群体的总收入用于消费第 i 部门产品的比例,A^C 的第 k 列体现了第 k 个收入群体分产业部门的消费倾向。$A^{VM} X$ 得到的是 r 个收入群体的收入列向量,用 r 个收入群体的消费倾向矩阵乘以其收入列向量,即 $A^C A^{VM} X$,就是居民消费列向量。于是将投入产出行模型改写为

$$AX + A^C A^{VM} X + \tilde{F} = X \tag{4-1}$$

其中，$\tilde{F}$ 为除居民消费之外的最终需求列向量。由式（4-1）得到宫泽乘数模型下的里昂惕夫模型：

$$X = (I - A - A^C A^{VM})^{-1} \tilde{F} \tag{4-2}$$

其中，$(I - A - A^C A^{VM})^{-1}$ 为宫泽乘数模型下的里昂惕夫逆矩阵，居民收入乘数为 $A^{VM}(I - A - A^C A^{VM})^{-1}$，收入群体的增加值率矩阵与里昂惕夫逆矩阵的乘积，表示某部门最终需求变动一单位对某一居民收入群体的收入的完全影响。

Miyazawa 定义的收入群体系数矩阵如式（4-3）所示。

$$M = (m_{ij}) = A^{VM} \tilde{B} A^C \tag{4-3}$$

其中，$\tilde{B} = (I - A)^{-1}$ 为一般投入产出模型中的里昂惕夫逆矩阵。宫泽定义的收入群体系数 m_{ij} 的含义是第 j 个收入群体的收入增加一个单位给第 i 个收入群体带来的收入的直接增加量。由矩阵乘积的含义可以看出，收入群体系数 m_{ij} 的传导路径如图 4-1 所示，在假设消费倾向、生产技术以及增加值率不变的前提下，收入群体收入增加带来消费增加，消费增加带来各部门产出增加，从而带动了收入再次增加，可以看出 m_{ij} 是直接收入传递。

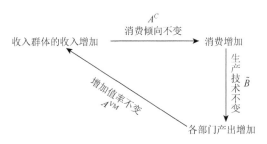

图 4-1　收入群体系数 m_{ij} 的传导路径

将居民收入乘数作如下变形：

$$
\begin{aligned}
A^{VM}(I - A - A^C A^{VM})^{-1} &= A^{VM}(I - \tilde{B} A^C A^{VM})^{-1} \tilde{B} \\
&= A^{VM} \left[I + \tilde{B} A^C A^{VM} + (\tilde{B} A^C A^{VM})^2 + (\tilde{B} A^C A^{VM})^3 + \cdots \right] \tilde{B} \\
&= A^{VM} \tilde{B} + M A^{VM} \tilde{B} + M^2 A^{VM} \tilde{B} + \cdots \\
&= (I + M + M^2 + \cdots) A^{VM} \tilde{B} \\
&= (I - M)^{-1} A^{VM} \tilde{B}
\end{aligned}
\tag{4-4}
$$

令 $N = (I - M)^{-1}$，则 N 体现了完全收入传递效应，其元素 n_{ij} 表示第 j 个

收入群体的收入增加一个单位给第 i 个收入群体所带来的收入的完全增加量。

二、就业群体乘数模型

宫泽乘数反映的是收入群体之间的互相影响,既然收入群体通过消费联系在了一起,那么下一步就要问,能否研究就业群体之间的相互关联关系?例如,农村就业增加一个岗位对城镇就业的影响,大学本科学历就业增加一个岗位对初中学历就业的影响,高级技师就业增加一个岗位对初级技师就业的影响,等等。

在第二章提到的就业投入占用产出表的基础上,得到就业群体乘数模型对应的就业投入占用产出表,如表 4-2 所示。与一般就业投入占用产出表相比,就业群体乘数模型对应的投入占用产出表将居民消费、居民收入按照就业群体分类标准划分为 m 类;与宫泽乘数模型相比,就业群体乘数模型对应的投入占用产出表添加了就业占用矩阵,并将就业人员按照居民消费、居民收入的就业群体分类标准分为 m 类。

表 4-2   就业群体乘数模型对应的占用投入产出表基本形式

投入			中间需求	最终需求				总产出
			$1\ 2\ \cdots\ n$	居民消费	政府消费	资本形成	净出口	
				$1\ 2\ \cdots\ m$				
中间投入		$\begin{matrix}1\\2\\\vdots\\n\end{matrix}$	z_{ij}	f_{ik}^{C}		f_{is}		x_i
最初投入	居民收入	$\begin{matrix}1\\2\\\vdots\\m\end{matrix}$	v_{hj}^{M}					
	其他		v_j^{O}					
总投入			x_j					
就业人员		$\begin{matrix}1\\2\\\vdots\\m\end{matrix}$	l_{pj}					

为了计算就业群体乘数,定义就业群体的消费倾向矩阵 A^C,平均收入

对角矩阵 W^L 以及直接就业占用矩阵 A^L，具体如式（4-5）、式（4-6）、式（4-7）所示。

$$A^C = \left(a_{ij}^C = f_{ij}^C / w_j \right) \qquad (4\text{-}5)$$

$$W^L = \mathrm{diag}\left(w_j^L = w_j / l_j \right) \qquad (4\text{-}6)$$

$$A^L = \left(a_{jk}^L = l_{jk} / x_k \right) \qquad (4\text{-}7)$$

其中，f_{ij}^C 为第 j 类就业群体对第 i 部门的消费；w_j 为第 j 类就业群体收入，$\sum_{j=1}^{n} v_{hj}^M = w_j$；$l_{jk}$ 为第 k 部门占用的第 j 类就业人员；l_j 为第 j 类就业群体的总人数，$\sum_{k=1}^{n} l_{jk} = l_j$；$x_k$ 为第 k 部门的总产值。

消费倾向矩阵 A^C 的系数 a_{ij}^C 表示第 j 类就业群体的总收入用于消费第 i 部门产品的比例，矩阵 A^C 的第 j 列表示第 j 类就业群体分产业部门的消费倾向，其合计表示第 j 类就业群体的消费倾向，矩阵 A^C 是分就业群体和产业部门的消费倾向矩阵；平均收入对角矩阵 W^L 的系数 w_j^L 表示第 j 类就业群体的平均收入；直接就业占用矩阵 A^L 的系数 a_{jk}^L 表示第 k 部门单位产出占用的第 j 类就业群体。

$A^L X$ 表示 m 个就业群体的就业列向量，用平均收入对角矩阵乘以就业群体的就业列向量，就得到 m 个就业群体的收入列向量，即 $W^L A^L X$。用 m 个就业群体的消费倾向矩阵乘以就业群体的收入列向量，就得到居民消费列向量，即 $A^C W^L A^L X$。于是将投入产出行模型改写为式（4-8）：

$$AX + A^C W^L A^L X + \tilde{F} = X \qquad (4\text{-}8)$$

经过矩阵转换得到的就业群体乘数的里昂惕夫模型如式（4-9）所示。

$$X = (I - A - A^C W^L A^L)^{-1} \tilde{F} \qquad (4\text{-}9)$$

其中，$(I - A - A^C W^L A^L)^{-1}$ 为就业群体乘数模型的里昂惕夫逆矩阵，在此模型下的就业完全占用矩阵如式（4-10）所示。

$$B^L(\mathrm{em}) = A^L (I - A - A^C W^L A^L)^{-1} \qquad (4\text{-}10)$$

$B^L(\mathrm{em})$ 的元素 $b_{ij}^L(\mathrm{em})$ 表示第 j 个部门的最终需求增加一单位所带来的第 i 个就业群体的就业增加量，其第 j 列表示第 j 个部门的最终需求增加一个单位所带来的 r 个就业群体的就业增加量。

（一）直接就业群体乘数

定义直接就业群体乘数矩阵（inter-employment-group multiplier matrix）为

$$S = (s_{hk}) = A^L \tilde{B} A^C W^L \tag{4-11}$$

其中，s_{hk} 为第 k 类就业群体增加单位就业所带来的第 h 类就业群体就业人数的直接增加量。直接就业群体乘数是在假设平均收入、消费倾向、生产技术以及劳动生产率不变的前提下得到的，具体的传导路径如图 4-2 所示。就业岗位增加在平均收入不变的前提下，会使收入增加，收入增加在消费倾向不变的前提下会使消费增加，消费增加在生产技术不变的前提下会使各部门产出增加，各部门产出增加在劳动生产率不变的前提下会需要更多的就业岗位，从而使就业岗位增加。

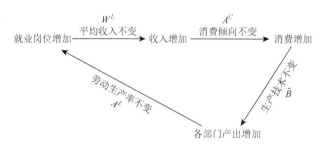

图 4-2　直接就业群体乘数的传导路径

直接就业群体乘数的四个假设是符合实际情况的，就业岗位的增加必然使得收入增加，付出劳动一定会有相应的报酬；消费倾向不变是较强的假设，据凯恩斯消费函数理论，收入是影响消费的最主要因素，随着收入的增加，消费支出会增加，但是增加的消费在增加的收入中的比例逐渐减少，此处我们假设消费倾向不变，是指随着收入的增加，消费也在成比例地增加，虽然过于强硬，但是收入增加必然会使消费增加，只是理论模型的条件加强；生产技术不变是短时期内的合理假定，短期内产品的生产技术不会有长足的进步，产品在生产过程中的消耗短时期内也不会发生较大的替代，而是保持基本稳定；劳动生产率不变也是较强的假设，因为实际情况中各部门增加产出首先想到的是要求已有的就业人员加班，而不是增加就业人员，但是就业人员加班其实也是一种就业岗位增加的表现，只是加班的人需要做大于一个人的工作，拿到大于一个人的工资而已，如果仅以就业岗位而言，就业岗位仍然是增加的。

（二）完全就业群体乘数

直接就业群体乘数矩阵 S 是一个 $r \times r$ 维的矩阵， r 代表了就业的分类。 S 考虑的是直接就业的传导关系，例如，农民就业的增加使农民收入提高，农民增加的收入进而用于消费，带来了城镇就业的增长，但这并没有进一步考虑城镇就业增长后再反作用于农村就业的关联关系。因此基于就业投入占用产出模型，可以把就业乘数进一步变形为式（4-12）。

$$
\begin{aligned}
A^L \left(I - A - A^C W^L A^L \right)^{-1} &= A^L \left(I - \tilde{B} A^C W^L A^L \right)^{-1} \tilde{B} \\
&= A^L \left[I + \tilde{B} A^C W^L A^L + \left(\tilde{B} A^C W^L A^L \right)^2 + \cdots \right] \tilde{B} \\
&= A^L \tilde{B} + A^L \tilde{B} A^C W^L A^L \tilde{B} + A^L \tilde{B} A^C W^L A^L \tilde{B} A^C W^L A^L \tilde{B} + \cdots \\
&= A^L \tilde{B} + \left(A^L \tilde{B} A^C W^L \right) A^L \tilde{B} + \left(A^L \tilde{B} A^C W^L \right)^2 A^L \tilde{B} + \cdots \\
&= \left(I - A^L \tilde{B} A^C W^L \right)^{-1} A^L \tilde{B}
\end{aligned}
\tag{4-12}
$$

令

$$
R = \left(I - A^L \tilde{B} A^C W^L \right)^{-1} = (I - S)^{-1}
\tag{4-13}
$$

其中， R 为完全就业群体乘数矩阵，体现了完全就业的传递效应，其元素 r_{hk} 表示第 k 类就业群体增加单位就业所带来的第 h 类就业群体就业人数的完全增加量。可以看到完全就业群体乘数的传导路径即为图 4-2 无限次循环后的结果，类似于里昂惕夫逆矩阵反映产业间复杂经济关联关系，完全就业群体乘数矩阵反映的是就业群体之间的复杂影响关系，这种影响包括了产业间的生产关联和收入消费关联。

就业群体乘数模型是对就业投入占用产出模型的扩展，其在分析不同产业部门就业结构的基础上，进一步分析就业内部结构之间的关系。不管是直接就业群体乘数，还是完全就业群体乘数，反映的都是就业群体之间的相互影响关系。例如，增加一个农村就业岗位对城镇就业的影响，增加一个城镇就业岗位对农村就业的影响，增加一个高学历就业岗位对低学历就业的影响，等等。对就业群体之间就业相互影响的定量测算不仅是投入占用产出技术领域的一个重要创新，也是投入占用产出技术在实际应用中的一个突破。

我国人口众多，就业问题是关系社会稳定的基石，尤其是目前我国处于新常态的发展阶段，就业任务极其艰巨，那么应该如何合理地做好就业导向工作、实现稳就业的目标是我国政府必须考虑的重要问题。如果能够测算就业群体之间的相互影响就可以集中力量安排高效的工作岗位，高效的工作岗位即对其他就业拉动作用较大的岗位,由高效的工作岗位自发带动其他岗位就业,这就需要测算就业群体乘数来判断岗位是否具有高效性。

目前我国城镇化进程深入推进,2023 年城镇人口已经占全部人口的 66.16%,已超过国民经济和社会发展"十四五"规划提出的常住人口城镇化率提高到 65%的目标,城镇化进程依然是伴随工业化发展的国家的重要任务之一。但是农民工进城仍然面临较多问题,如户籍制度的限制、养老就医问题、环境问题、治安问题等,农民工进城的负面影响或许会导致城镇人员对农民工的抵制和歧视。那么在人口红利逐渐消失的宏观背景下,如果不鼓励农民转移而使其在农村就业,在目前的发展水平下是否就会小于农民工在城镇就业对就业的促进作用呢?这也需要对就业群体乘数进行测算,定量考察农村和城镇人员就业的相互影响,进而影响国家制定发展战略和方针政策。

当然如果可以进一步得到不同受教育程度居民的消费数据,匹配第二章编制得到的不同受教育程度的就业占用矩阵,就可以根据就业群体乘数模型计算不同受教育程度的就业群体乘数,进而进行实证分析。理论上,可以对就业群体乘数进行更多、更深入的分析。但实际上,进行就业群体乘数分析,需要将居民消费、劳动者报酬以及就业三个指标进行相同维度的群体划分,这对数据的要求非常高。目前在数据上有较好支撑的是对城乡就业群体的划分,因为大部分投入产出表对居民消费列进行了农村、城镇的划分,且劳动者报酬和就业人员具有一定的相关关系。因此本章第二节将以城乡就业群体乘数为就业群体乘数模型的实例进行实证分析。

第二节 就业群体乘数模型的实证分析

本节将在第一节构建的就业群体乘数模型的基础上,对就业群体乘数模型进行实证研究。本节分为三个部分,首先编制方便于实证研究的就业群体乘数模型对应的就业投入占用产出表,其次分析全国城乡就业群体乘数,最后对各地区城乡就业群体乘数进行分析。

一、全国城乡就业投入占用产出表的编制

由表 4-2 可知,就业群体乘数模型要求对就业人员、居民收入、居民消费进行同样的群体划分。第三章已经将就业人员按照年龄、性别以及学历程度进行了分组,但是由于数据限制这三类群体划分方式无法在居民收入、居

民消费方面得以实行。鉴于一般投入产出表已经将居民消费划分为农村居民消费和城镇居民消费，我们考虑区分农村、城镇的群体划分，具体的城乡就业群体乘数模型对应的投入占用产出表基本形式如表 4-3 所示，将就业人员、居民收入、居民消费群体划分为农村、城镇两个群体。

表 4-3 城乡就业群体乘数模型对应的投入占用产出表基本形式

投入			中间需求	最终需求					总产出
			$1\ 2\ \cdots\ n$	居民消费		政府消费	资本形成	净出口	
				农村	城镇				
中间投入		$\begin{matrix}1\\2\\\vdots\\n\end{matrix}$	z_{ij}	f_{i1}^{C}	f_{i2}^{C}	f_{is}			x_i
最初投入	居民收入	农村	v_{1j}^{M}						
		城镇	v_{2j}^{M}						
	其他		v_{j}^{Q}						
	总投入		x_j						
就业人员	农村		l_{1j}						
	城镇		l_{2j}						

要想得到如表 4-3 所示的投入占用产出表，需要在第三章编制的就业投入占用产出表的基础上对居民收入进行农村、城镇的划分，需要对就业人员进行农村、城镇的划分。就业群体乘数模型中用到居民收入的部分是平均收入对角矩阵 W^L，其对角线上的元素为 $w_j^L = w_j / l_j$，即农村就业人员的平均收入和城镇就业人员的平均收入，没有用到具体产业部门的 v_{ij}^M，这无疑减小了模型编制的难度，减少了模型的假设。

但是对就业人员进行农村、城镇的区分尤为必要，因为 A^L 是各部门单位产出对不同就业群体的占用矩阵，是结构矩阵。因此编制农村、城镇的就业人员矩阵是计算就业群体乘数的第一步。

（一）数据基础

因为需要将就业分为城镇就业、农村就业，我们尽可能查阅了相关的年鉴和统计资料，仅在《中国劳动统计年鉴》中找到了"城镇单位使用的农村劳动力"相关指标，但只在 2008 年及之前的年鉴中存在，2009 年及之后的年鉴不再公布相关数据。因此数据更新确实受限，本节编制 2007 年全国及各地区的城乡就业矩阵，并以此为基础计算了城乡就业群体乘数。

《中国劳动统计年鉴 2008》中"1-21 分地区分行业城镇单位使用的农村劳动力年末人数（2007 年）"给出了第一产业、第二产业大类部门、第三产业细分部门的城镇单位中使用的农村劳动力，其中第二产业部门包括采矿业，制造业，电力、燃气及水的生产和供应业，建筑业，第三产业包括交通运输、仓储和邮政业，信息传输、计算机服务和软件业，批发和零售业等14 个部门。

《中国统计年鉴 2007》中"13-4 乡村从业人员（年底数）"给出了农林牧渔业、工业、建筑业，以及交通运输业、仓储及邮电通信业和批发零售贸易业餐饮业、其他非农行业等 6 个部门的乡村从业人员，但是该指标只统计到 2005 年，没有 2006 年及以后的数据。如图 4-3、图 4-4 所示，采用 1999～2005 年各行业的农村从业人数，通过多项式方程拟合得到 2006 年和 2007 年的各行业农村从业人数，图 4-3 和图 4-4 分别列出了各行业的拟合方程，可以看到拟合程度均达到 99%以上，方程的拟合效果很好。

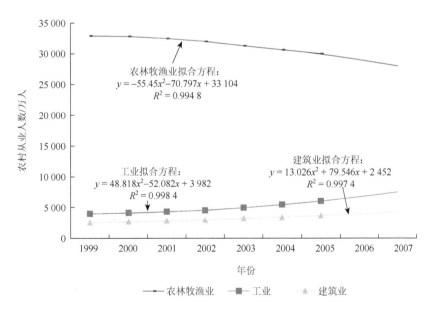

图 4-3 农林牧渔业、工业、建筑业的农村从业人数拟合

资料来源：《中国劳动统计年鉴 2008》《中国统计年鉴 2007》

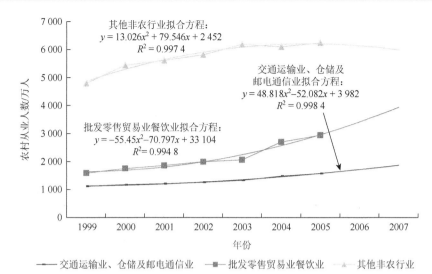

图 4-4　部分第三产业的农村从业人数拟合

资料来源：《中国劳动统计年鉴 2008》《中国统计年鉴 2007》

（二）全国农村、城镇就业向量

各部门的农村就业向量以根据《中国统计年鉴 2007》中"13-4 乡村从业人员（年底数）"推算得到的 2007 年各行业农村就业人数为基准，根据农村就业人员总数进行调整，得到 2007 年细分行业的农村就业人数，如表 4-4 所示，其中农林牧渔业农村就业人数占全部农村就业人数的 53.9%，在农村就业中仍然是 50% 以上的劳动力从事着农业生产活动。

表 4-4　推算得到的 2007 年细分行业的农村就业及从业人数　单位：万人

农村从业/就业人员	合计	农林牧渔业	工业	建筑业	交通运输业、仓储及邮电通信业	批发零售贸易业餐饮业	其他非农行业
农村从业人员	51 946	27 975	7 468	4 226	1 871	3 940	6 466
农村就业人员	44 368	23 895	6 378	3 609	1 598	3 365	5 523

资料来源：本书作者测算得到

首先，基于《中国劳动统计年鉴 2008》给出的城镇单位就业的农村劳动力结构将上述农村就业人员按比例进行拆分，得到 2007 年农村就业向量。

其次，基于《中国劳动统计年鉴 2008》中的"3-1 分行业就业人员和劳动报酬（2007 年）"和《中国劳动统计年鉴 2008》给出的城镇单位使用的农村劳动力数据，两者相减即为城镇集体单位中的城镇就业人员，再按照城镇就业人员总数进行调整得到 2007 年城镇就业向量。

最后，以 2007 年就业向量为控制量，对农村、城镇就业向量进行调平，使其加和与就业向量相等。

二、地区城乡就业矩阵的编制

中国地区投入产出表的编制也走在了世界前列，到目前为止，除西藏自治区和港澳台地区外，中国其他 30 个省（自治区、直辖市）均编制了地区投入产出表，地区投入产出表为研究当地的经济结构，预测经济发展趋势，编制中长期计划和政策模拟提供了丰富的数据基础。

（一）地区三大产业就业人数

《中国统计年鉴 2021》对 2007 年的全国就业人数进行了调整，调整后的全国就业人数减少了 1669 万人，占总就业人数的 2.2%左右，因此这种调整是不能忽视的。但是由于《中国统计年鉴 2021》上并没有公布最新的 2007 年各地区就业人数，因此需要根据全国就业人数的变化调整 2007 年我国 30 个省（自治区、直辖市）的就业人数。

根据全国就业人数以及三大产业就业人数前后调整的比例关系，调整得到各省（自治区、直辖市）就业人数及三大产业的就业人数，计算公式如式（4-14）所示。

$$l_i^{m1} = l_i^{m0} \cdot \frac{l_i^{\text{guo1}}}{l_i^{\text{guo0}}}, \ i = 0,1,2,3 \tag{4-14}$$

其中，$i = 0,1,2,3$ 分别为全国就业人数以及第一、二、三产业就业人数；$m0$、$m1$ 分别为 m 省（自治区、直辖市）变化前、后的就业人数；guo0、guo1 分别为全国变化前、后的就业人数。

另外，就业也存在着类似于 GDP 核算的问题，各省（自治区、直辖市）就业人数加和不等于全国就业人数，如表 4-5 所示。全国就业人数比 30 个省（自治区、直辖市）就业人数的加和多出 5517 万人，究其原因主要是统计问题。本书不因这个问题对就业数据进行调整，主要是因为地区就业投入占用产出模型主要用来分析当地的经济与就业特征，不涉及与全国表式的衔接。但是需要注意，在《中国统计年鉴 2021》中的"四、就业和工资"下的"4-3 分地区就业人员数（2020 年底数）"指标中，各省（自治区、直辖市）加和与全国数据不相符的问题就已经不存在了，之后公布的各省（自治区、直辖市）就业人数加和均与全国数据相符。

表 4-5　全国就业人数与各省（自治区、直辖市）就业
人数加和的差额　　　　　　　　　单位：万人

区域	就业人数	第一产业	第二产业	第三产业
全国	75 321	30 731	20 186	24 404
各省（自治区、直辖市）加和	69 804	28 480	18 708	22 616
相差	5 517	2 251	1 478	1 788

资料来源：《中国统计年鉴 2021》和《中国统计年鉴 2007》

（二）地区就业向量的编制

《中国经济普查年鉴 2008》给出了 2008 年全国、各省（自治区、直辖市）非常详细的分行业的从业人员数。本节分如下三步构建各省（自治区、直辖区）的就业向量。

（1）除了西藏自治区和港澳台地区外，其他 30 个省（自治区、直辖市）都有 2007 年投入产出表，分为 40 个部门。就业向量的构建按照各省（自治区、直辖市）2007 年投入产出表部门分类，将《中国经济普查年鉴 2008》上细分行业的从业人员归类为 40 部门。

（2）以全国、各省（自治区、直辖市）第一、二、三产业的就业人数为控制数，调整 40 部门的从业人员数，得到全国、各省（自治区、直辖市）的 40 部门就业向量。

（3）以全国就业数为控制数将各行业的就业人数差异在 30 个省（自治区、直辖市）内部进行调整，得到最终的 30 个省（自治区、直辖市）的 40 部门就业向量。

（三）地区就业向量的城乡结构拆分

将各省（自治区、直辖市）的就业投入占用产出表中的就业向量进一步拆分为城乡就业矩阵，数据基础是《中国统计年鉴 2008》中的"4-7 各地区按行业分城镇单位就业人员数（年底数）"以及《中国劳动统计年鉴 2008》中的"1-21 分地区分行业城镇单位使用的农村劳动力年末人数（2007 年）"。由于数据有限，假设各地区按行业分城镇单位就业人员数即为该地区城镇就业人员数；用总的就业向量减去该城镇就业人员数即得到各地区的农村就业人员数。用分地区分行业城镇单位使用的农村劳动力年末人数加以校对，即可得到各地区的城乡就业矩阵。

在编制全国及地区城乡就业矩阵过程中有较多的强假设，但受限于数据问题，目前编制的就业矩阵或有些许不足。后续可以进一步将宏观统计数据

与微观数据相结合，根据调查的微观数据进行宏观上就业向量的拆分。

三、全国城乡就业群体乘数分析

根据本节第一部分编制得到的全国城乡就业投入占用产出表进行就业群体乘数的分析。我国 2007 年总的就业人员中有 58.91% 为农村就业，有 41.09% 为城镇就业，农村就业仍然占据主要地位；第一产业以农村就业为主，占 97.26%，第二、三产业则是以城镇就业为主，分别占 65.23%、69.43%，由此看出我国农村就业仍然有较大的转移空间。分行业来看，我国就业人员最多的行业是农业（30 731 万人），其次是批发和零售业（6640 万人）和建筑业（6355 万人）。分城乡来看，农村就业人员最多的前三种行业是农林牧渔业（29 880 万人）、建筑业（3223 万人）、批发和零售业（2523 万人），而城镇就业人员最多的前三种行业是批发和零售业（4117 万人）、公共管理和社会组织（3351 万人）。

根据直接就业群体乘数矩阵的计算公式 $S = A^L \tilde{B} A^C W^L$，本节将从 A^L、$\tilde{B}$、A^C、W^L 以及 S 五个部分逐步分析。

（一）直接城乡就业占用系数

某部门的直接城乡就业占用系数是该部门在生产过程中占用城镇、农村就业人员的直接体现，三大产业的直接城乡就业占用系数如表 4-6 所示。单位万元的全国总产出占用 0.05 个农村劳动力，占用 0.04 个城镇劳动力，农村劳动力依然为生产主力军。分产业来看，第二产业的劳动生产率最高，每个劳动力生产 28.61 万元总产值，即每万元总产出的生产仅需要 0.03 个劳动力，其中需要 0.01 个农村劳动力和 0.02 个城镇劳动力；其次是第三产业，劳动生产率为 7.88 万元/人，即每万元总产出需要 0.13 个劳动力，其城乡劳动力构成为 9∶4；第一产业的劳动生产率最低，仅为 1.59 万元/人，即直接城乡就业占用系数为 0.63 人/万元，其中农村就业占 96.83%。

表 4-6　三大产业的直接城乡就业占用系数　单位：人/万元

城乡	全国	第一产业	第二产业	第三产业
就业人数	0.09	0.63	0.03	0.13
农村	0.05	0.61	0.01	0.04
城镇	0.04	0.02	0.02	0.09

资料来源：本书作者测算得到

分部门来看，直接农村就业占用系数最大的是第一产业，为 0.61 人/万元，这主要与我国目前农业就业规模较大以及农业生产效率低下有关。位居其后的是水利、环境和公共设施管理业，住宿和餐饮业，批发和零售业，居民服务和其他服务业等第三产业，第二产业中排名第一的是建筑业；直接农村就业占用系数最低的行业是电力、热力的生产和供应业，仅为 0.001 人/万元，其次是燃气生产和供应业、石油和天然气开采业等。直接农村就业系数的大小除了与直接就业系数所反映的劳动生产率大小有关以外，也在一定程度上反映了农村就业所集中的行业，可以看出农业、低端的服务行业、建筑业等体力劳动居多的行业是农村就业人员的主要聚集地，而高生产率、高技术难度的工业生产部门中农村劳动力较少。

直接城镇就业占用系数最大的部门是教育部门，为 0.22 人/万元，注意到教育部门的直接就业占用系数为 0.24 人/万元，正是因为教育部门的劳动生产率较高，而其占用的农村就业较少，所以直接城镇就业占用系数较大；位居其后的是公共管理和社会组织，水利、环境和公共设施管理业，批发和零售业，研究与试验发展业等第三产业部门。第二产业中直接城镇就业占用系数最大的是煤炭开采和洗选业（0.053 人/万元），其次是建筑业（0.050 人/万元）。排名靠后的部门分别是石油加工、炼焦及核燃料加工业（0.005 人/万元），金属冶炼及压延加工业（0.009 人/万元），石油和天然气开采业（0.01 人/万元）。

（二）完全城乡就业占用系数

完全城乡就业占用系数是在直接城乡就业占用系数基础上考虑产业间的完全生产关联消耗关系得到的。本节首先根据三大产业的城乡就业投入占用产出表计算得到三大产业的完全城乡就业占用系数，其次利用 40 部门城乡就业投入占用产出表计算分析各部门的完全城乡就业占用系数。三大产业的完全城乡就业占用系数如表 4-7 所示。第一产业每万元生产总值所完全占用的就业人员为 0.82 人，其中农村就业人员占 92.68%，较直接就业占用系数中农村就业人员比例有所降低；第二产业的完全城乡就业占用系数为 0.25 人/万元，较直接城乡就业占用系数提高 0.22 人/万元，其中完全农村就业占用系数提高了 0.14 人/万元，超越了完全城镇就业占用系数，成为第二产业生产过程的主力军；第三产业每万元生产总值所完全占用的就业人员为 0.25 人，其中城镇就业人员占 56%。

表 4-7 三大产业的完全城乡就业占用系数 单位：人/万元

城乡	第一产业	第二产业	第三产业
就业人数	0.82	0.25	0.25
农村	0.76	0.15	0.11
城镇	0.06	0.10	0.14

资料来源：本书作者测算得到

具体分部门来看，完全农村就业占用系数最大的仍然是第一产业，其次是第二产业中的食品制造及烟草加工业（0.40 人/万元）、住宿和餐饮业（0.34 人/万元）、纺织业（0.25 人/万元）等。第二产业中这些相关部门的完全农村就业占用系数排名靠前，主要是因为这些部门均在生产过程中大量消耗了第一产业的产品，第一产业的劳动生产率较低，由此拉高了这些部门的完全农村就业占用系数。排名最后的仍然是石油和天然气开采业（0.029 人/万元），石油加工、炼焦及核燃料加工业（0.037 人/万元），燃气生产和供应业（0.037 人/万元）等能源部门。

完全城镇就业占用系数最高的依然是第三产业的教育（0.262 人/万元），公共管理和社会组织（0.258 人/万元），水利、环境和公共设施管理业（0.22 人/万元）等，与直接城镇就业占用系数相差不大。第二产业中的纺织服装鞋帽皮革羽绒及其制品业、建筑业等部门排名靠前，其完全城镇就业占用系数分别为0.12 人/万元、0.13 人/万元。完全城镇就业占用系数的排名与直接系数排名的前几位相同，但是后几位发生了较为明显的变化，排名最后的是石油和天然气开采业（0.042 人/万元），房地产业（0.045 人/万元），农林牧渔业（0.046 人/万元），尤其是房地产业，其直接城镇就业占用系数为 0.03 人/万元，排在 40 部门的第 24 位，但是其完全城镇就业占用系数降至第 39 位，虽然广义上房地产业与其他部门的经济联系较多，譬如建筑业、金属冶炼及压延加工业、纺织业等，但是这些联系均不是生产过程中的技术联系，故而无法在投入产出框架下得以显示，这也是采用投入产出模型分析房地产相关行业关联的研究局限之一。

综上可以看出，采用城乡就业投入占用产出表分析直接、完全城乡就业占用系数，可以分析各产业、各部门单位产出中城镇、农村劳动力发挥的作用大小，比较分析城乡劳动力在生产中的贡献。主要研究结论如下。

第一，提升第一产业劳动生产率势在必行。第一产业部门无论是从直接角度分析还是从完全角度分析，其劳动生产率都非常低，这也就使得以第一产业为主要原材料的相关部门的劳动生产率也较低。

第二，加强农村劳动力的技能水平培训。从各部门的直接、安全就业占用系数分析中可以看出，农村劳动力主要集中在建筑业、低端服务业等需要体力劳动较多的部门，这就极大限制了农村劳动力收入的提高。因此加强农村劳动力的技能水平培训，提高农村劳动力就业的行业可选择性，有利于实现共同富裕。

（三）城乡居民消费倾向及平均收入分析

由城乡居民消费倾向矩阵计算式（4-5）可知，消费倾向是指居民收入用于消费的比例。消费倾向矩阵即为收入用于消费某一部门产品的比例。

据国家统计局国家数据库，2007 年城镇居民人均可支配收入为 13 603 元，农村居民人均可支配收入为 4327 元，2007 年城镇总人口为 60 633 万人，农村总人口为 71 496 万人，由此计算得到城乡居民可支配收入分别为 824 790 亿元、309 363 亿元。与城乡就业投入占用产出表中劳动者报酬合计相比，可支配收入合计高 3.06%。因为劳动者报酬要经过初次收入分配和二次收入分配，以及加上财产收入净额、经常转移净额才能得到可支配收入。按照城乡可支配收入的结构，得到城乡劳动者报酬，将其分别与城镇、农村总就业人数相比，得到平均收入对角矩阵 $W^L = \begin{pmatrix} 6766 & 0 \\ 0 & 25\,855 \end{pmatrix}$，农村就业人员平均劳动者报酬为 6766 元，城镇就业人员平均劳动者报酬为 25 855 元，后者是前者的 3.82 倍，城乡收入还是有较大的差距的。

城乡就业投入占用产出表中农村居民消费合计为 24 317.2 亿元，城镇居民消费合计为 72 235.3 亿元，由此得到农村、城镇居民的消费倾向分别为 81.01%、90.26%，城镇居民的消费比例较高。分部门来看，如表 4-8 所示，农村居民收入中的 17.4% 用于消费农林牧渔业产品，14.9% 用于消费食品制造及烟草加工业产品，7.7% 用于消费房地产业产品等，前十大部门消费占全部收入的 66.5%；城镇居民收入消费倾向排名前四位的部门与农村居民消费倾向相同，只是次序略有不同，消费比例最大的仍然是食品制造及烟草加工业、农林牧渔业，城镇居民对卫生、社会保障和社会福利业产品的消费比例较农村居民消费比例更高。

表 4-8　城乡居民收入消费倾向前十大部门

部门	农村	部门	城镇
农林牧渔业	17.4%	食品制造及烟草加工业	14.7%
食品制造及烟草加工业	14.9%	农林牧渔业	7.2%
房地产业	7.7%	批发和零售业	6.8%
批发和零售业	7.0%	房地产业	6.3%
教育	5.0%	纺织服装鞋帽皮革羽绒及其制品业	5.6%
住宿和餐饮业	4.4%	住宿和餐饮业	5.3%
纺织服装鞋帽皮革羽绒及其制品业	3.4%	卫生、社会保障和社会福利业	5.2%

部门	农村	部门	城镇
金融业	2.4%	金融业	4.1%
居民服务和其他服务业	2.2%	居民服务和其他服务业	4.0%
化学工业	2.1%	教育	3.4%

资料来源：本书作者测算得到

值得注意是，城镇、农村居民对房地产业产品的消费比例均较高，但并非购买房屋的消费。因为在国民经济核算中，购买房屋在统计上属于投资范畴，而在居民消费部分，居民对房地产业的消费，则主要是指对自有住房服务的虚拟消费，即城镇、农村居民因自己拥有住房而产生的虚拟住房服务消费支出。农村居民的自有住房比重较大，因此对房地产业的消费支出也较大。

（四）就业群体乘数分析

就业群体乘数描述的是不同就业群体之间的相互拉动作用，本节以城镇、农村就业为例进行测算，直接就业群体乘数矩阵 S、完全就业群体乘数矩阵 R 的测算结果如下：

$$S = \begin{pmatrix} 0.17 & 0.51 \\ 0.05 & 0.23 \end{pmatrix}, \ R = \begin{pmatrix} 0.25 & 0.83 \\ 0.08 & 0.35 \end{pmatrix}$$

从直接就业群体乘数来看，增加一个单位农村就业可以带来 0.17 个单位的农村就业，0.05 个单位的城镇就业；城镇就业增加一个单位可以带来 0.51 个农村就业，0.23 个城镇就业。增加一个单位城镇就业所带来的无论是农村就业，还是城镇就业，均大于农村就业所带来的拉动作用，并且增加单位城镇就业对农村就业的拉动作用大于对其本身就业的拉动作用。

从完全就业群体乘数来看，增加单位农村就业所能完全带来的农村新增就业为 0.25 个，城镇就业增加 0.08 个；而城镇就业增加一个单位能够拉动 0.83 个农村就业，拉动 0.35 个城镇新增就业。从完全就业群体乘数角度来看，仍然是城镇就业增加一单位对农村就业或城镇就业的拉动效果均大于农村就业增加一单位的拉动效果，并且城镇就业对其本身的拉动作用远小于对农村就业的拉动作用。

根据城乡就业群体乘数可以得到如下结论：增加城镇就业所能带来的效果是最优的。其原因可以从就业群体乘数的传导原理分析中探究到，从图 4-2 中可以看出，就业群体乘数的测算原理是通过就业增加带动收入增加、消费增加，各部门产出增加，进而再次带来对就业的拉动。从平均收入对角矩阵 W^L、消费倾向矩阵 A^C 中可以看出，城镇就业的平均收入远大于农村就业的平均收入，同时城镇居民的消费倾向比农村居民高 9.25 个百分点，由此增加单位城镇就业所能带来的收入、增加的消费远大于增加单位农村就业所带来的变化，进而增加城镇就业所产生的直接、完全拉动作用都是更大的。

（五）就业群体乘数模型下的完全就业占用系数分析

本节已从直接城乡就业占用系数、完全城乡就业占用系数、消费倾向矩阵等方面依次对就业群体乘数进行了详细的分析。对比式（4-15）与第二章普通投入产出模型框架下的里昂惕夫模型，即式（2-7）可以发现，式（4-15）是式（2-7）局部闭模型的一种特殊形式。

$$X = (I - A - A^C W^L A^L)^{-1} \tilde{F}$$
$$X = (I - A)^{-1} F \tag{4-15}$$

投入产出局部闭模型是指将居民部门作为一个特殊的生产部门纳入中间流量矩阵中，居民消费会引起生产部门产出的增加，产出增加会通过收入分配进一步增加居民收入，而居民收入增加又会引起消费的增加，如此循环产生乘数效应。投入产出局部闭模型的相关知识见陈全润和杨翠红（2011）的相关研究。式（4-15）将整个居民消费纳入中间流量矩阵中，而最终需求部分则去掉城镇居民、农村居民消费的向量。

由式（4-16）、式（4-12）得到的测算就业群体乘数的母体是完全就业占用系数，式（4-16）是在式（4-15）模型基础上得到的完全就业占用系数计算公式，那么普通投入产出模型框架下的完全就业占用系数如式（4-17）所示，式（4-17）即为完全就业占用系数（在第二部分已经进行了分析），因此式（4-16）即为就业群体乘数模型下的完全就业占用系数。

$$B^L(\mathrm{em}) = A^L (I - A - A^C W^L A^L)^{-1} \tag{4-16}$$

$$B^L = A^L (I - A)^{-1} \tag{4-17}$$

据式（4-16）计算得到的就业群体乘数模型框架下的完全就业占用系数，如表 4-9 所示。农村完全就业占用系数中仍然是农林牧渔业、食品制造及烟草加工业、住宿和餐饮业等部门的单位万元产值所完全占用的就业人数最多，城镇完全就业占用系数中也仍然是教育，公共管理和社会组织，水利、环境和公共设施管理业单位万元产值所完全占用的就业人数最多。排名后几位的部门是石油和天然气开采业，石油加工、炼焦及核燃料加工业，房地产业等部门，这与完全就业占用系数也相差无异。

表 4-9　城乡完全就业占用系数前十位的部门及对应的
完全就业占用系数　　　　单位：人/万元

部门	农村	部门	城镇
农林牧渔业	1.01	教育	0.35
食品制造及烟草加工业	0.56	公共管理和社会组织	0.35
住宿和餐饮业	0.51	水利、环境和公共设施管理业	0.30
水利、环境和公共设施管理业	0.46	批发和零售业	0.24
纺织业	0.40	卫生、社会保障和社会福利业	0.20
纺织服装鞋帽皮革羽绒及其制品业	0.36	研究与试验发展、综合技术发展服务业	0.19
木材加工及家具制造业	0.33	水的生产和供应业	0.18
公共管理和社会组织	0.33	纺织服装鞋帽皮革羽绒及其制品业	0.17
教育	0.32	文化、体育和娱乐业	0.15
批发和零售业	0.32	建筑业	0.15

资料来源：本书作者测算得到

对比式（4-16）、式（2-12）的计算结果，虽然前几位和后几位的排名基本相同，但是两者仍然有较大的差别，主要体现在教育，公共管理和社会组织，水利、环境和公共设施管理业，农林牧渔业等部门。教育部门在就业群体乘数模型下的完全农村就业占用系数为 0.32 人/万元，而在一般模型下仅为 0.08 人/万元，完全城镇就业占用系数分别为 0.35 人/万元、0.26 人/万元；公共管理和社会组织在就业群体乘数模型下的完全农村、城镇就业占用系数分别为 0.33 人/万元、0.35 人/万元，而在一般模型下分别为 0.08 人/万元、0.26 人/万元。这些部门的完全农村、城镇就业占用系数有了较大的增幅，主要是因为将消费作为一个部门纳入中间流量矩阵中，各部门对完全就业占用系数的计算增加了居民部门这一内生联系，进而增加了迭代次数，使得各部门对就业的完全占用均有所提高，而教育、公共管理和社会组织等部门的居民消费比例较高，使其在就业群体乘数模型下的完全就业占用系数增大较多。

四、地区城乡就业群体乘数分析

根据本节第二部分编制的 30 个省（自治区、直辖市）的城乡就业投入占用产出表，按照式（4-11）、式（4-13）计算得到各省（自治区、直辖市）的直接、完全就业群体乘数，其中所需要的农村、城镇总收入由人均可支配收入与总人口的乘积得到，人均可支配收入的资料来源是《中国统计年鉴2008》中"9-21 各地区农村居民家庭人均纯收入"给出的 2007 各地区的农村居民家庭人均纯收入，以及"9-15 各地区城镇居民平均每人全年家庭收入来源（2007 年）"给出的 2007 年各地区城镇居民家庭人均可支配收入；总人口的资料来源是《中国统计年鉴 2008》中"3-4 各地区人口的城乡构成（2007 年）"给出的各地区的城镇人口、乡村人口，《中国统计年鉴 2008》中"3-3 各地区人口数和出生率、死亡率、自然增长率（2007）"给出的 2007 年各地区的总人口，2010 年人口普查数据对前者的数据进行了修正，但是未修正城镇、乡村人口，由此以调整后的总人口为准，将原来的城乡人口按比例拆分得到 2007 年城镇人口、乡村人口。数据的处理与全国数据的处理类似。

为方便讨论，设定如下符号：直接就业群体乘数矩阵 $S = \begin{pmatrix} s_{11} & s_{12} \\ s_{21} & s_{22} \end{pmatrix}$，完全就业群体乘数矩阵 $R = \begin{pmatrix} r_{11} & r_{12} \\ r_{21} & r_{22} \end{pmatrix}$。其中，1 表示农村就业，2 表示城镇就业；$s_{11}$ 表示增加单位农村就业对农村就业的直接拉动作用；s_{12} 表示增加单位城镇就业对农村就业的直接拉动作用；r_{11} 表示增加单位农村就业对农村就业的完全拉动作用，包括所增加的单位农村就业本身；r_{12} 表示增加单位城镇就业对农村就业的完全拉动作用；其余类推。

（一）东部地区城乡就业群体乘数分析

东部地区多为经济较为发达的省市，其直接就业群体乘数如图 4-5 所示。可以看出，各省市的直接就业群体乘数呈现出的规律与全国的基本相同，

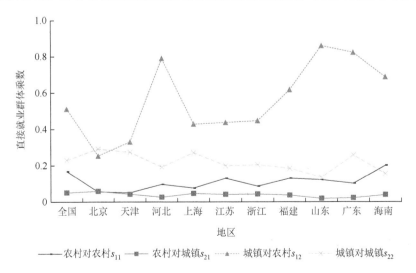

图 4-5 东部地区的直接就业群体乘数

即增加单位城镇就业对农村就业的直接拉动作用 s_{12} ＞增加单位城镇就业对城镇就业的直接拉动作用 s_{22} ＞增加单位农村就业对农村就业的直接拉动作用 s_{11} ＞增加单位农村就业对城镇就业的直接拉动作用 s_{21}，总体上看城镇就业所产生的就业拉动作用大于农村就业所产生的就业拉动作用。但是也有特殊情况存在，如北京，增加单位农村就业所带来的农村就业的增加与其带来的城镇就业的增加相当，但是增加单位城镇就业所带来的农村就业的增加小于其带来的城镇就业的增加，天津也存在较为类似的情况。

与全国平均水平对比而言，增加单位农村就业对农村就业的直接拉动作用只有海南（0.20）大于全国平均水平（0.17），东部地区除北京（0.06）外其他各省市增加单位农村就业对城镇就业的直接拉动作用均是小于全国平均水平（0.05）的。增加单位城镇就业对农村就业的直接拉动作用较全国平均水平（0.51）更大的省份有：河北（0.79）、福建（0.62）、山东（0.86）、广东（0.82）、海南（0.69）。增加单位城镇就业对城镇就业的直接拉动作用大于全国平均水平（0.23）的有：北京（0.29）、天津（0.27）、上海（0.27）和广东（0.26）。东部各省市城镇就业对农村就业的直接拉动作用明显大于全国平均水平，而农村就业对城镇就业的直接拉动作用则略小于全国平均水平，表明东部地区的城镇经济发展较好，城镇经济所起到的辐射扩散作用较强，对农村就业有较好的引导作用。

东部地区的完全就业群体乘数如图 4-6 所示，在此分析中将对角线元素减去 1，即为增加一单位就业对本身的新增拉动作用，可以看出完全就业群体乘数图与直接就业群体乘数图类似，但完全就业群体乘数均较直接就业群体乘数有不同程度的增加。各省市与全国平均水平的比较结果也与直接就业群体乘数类似，在此不再赘述。注意到河北、山东、广东、海南四个省份增加单位城镇就业对农村就业的完全拉动作用均在 1 以上，说明这四个省份增加一单位城镇就业所能带来的农村就业是大于一单位的，城镇增加就业具有很强的拉动农村就业的作用。

仔细观察图 4-5、图 4-6 可以看到，对于增加单位城镇就业对农村就业的拉动作用，图形在山东、广东的位置发生了变化，山东的直接就业群体乘数（0.86）大于广东（0.82），但是对于在投入产出局部闭模型中考虑了技术经济关联的完全就业群体乘数，广东（1.27）大于山东（1.15），且广东增大得更多。进一步对比直接就业群体乘数矩阵 S 和完全就业群体乘数矩阵 R，对于增加单位农村就业所带来的农村就业的增加，全国平均水平的 r_{11} 较 s_{11} 增加了 0.08，10 个省市中，增加最多的是海南，增加了 0.10；其次是福建，

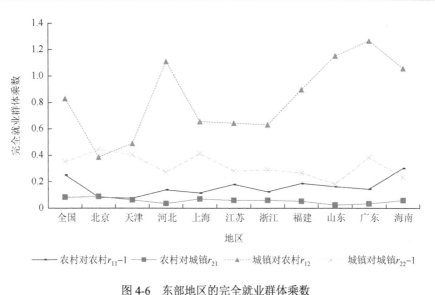

图 4-6 东部地区的完全就业群体乘数

农村对农村 $r_{11}-1$ 表示 $r_{11}-1$ 后的数据，意为新增就业效应。城镇对城镇 $r_{22}-1$ 同理

增加了 0.06；增加最少的是天津，增加了 0.02。对于增加单位农村就业所带来的城镇就业的增加，全国平均水平的 r_{21} 较 s_{21} 增加了 0.03，东部地区中增加最多的是北京，增加了 0.03，增加最少的是山东，增加了 0.006；增加单位城镇就业所带来的农村就业的增加是就业群体乘数四个部分中增加最多的，全国平均水平的 r_{12} 较 s_{12} 增加了 0.32，各省市中增加最多的是广东，增加了 0.44，其次是海南，增加了 0.37，增加最少的是天津，增加了 0.16。增加城镇就业对其本身的拉动作用虽然小于其对农村就业的拉动作用，但是仍然大于农村就业增加所产生的拉动效果，全国平均水平的 r_{22} 较 s_{22} 增加了 0.12，东部地区中增加最多的是北京，增加了 0.15，增加最少的是山东，增加了 0.05。

（二）中部地区城乡就业群体乘数分析

中部地区多为农业较为发达的劳动力输出大省，其直接就业群体乘数如图 4-7 所示。各省大体上依然呈现了 $s_{12}>s_{22}>s_{11}>s_{21}$ 的态势，新增城镇就业所带来的直接拉动作用最大。只有山西、江西出现了 $s_{22}<s_{11}$ 的现象，但是几近相等，说明这两个省的就业群体对自身的直接拉动作用相当。

由图 4-7 可以看出，增加单位城镇就业对农村就业的直接拉动效果特别显著，六个省份的 s_{12} 均大于全国平均水平，尤其是山西、安徽、河南三个省份，一单位城镇就业所能直接带来的农村就业分别为 1.20、1.47、1.17，也就意味着一单位的城镇就业所能直接带动的农村就业大于一单位。这种现象在中部地区的完全就业群体乘数中同样得以体现，山西、安徽增加单位城镇就业对农村就业的完全拉动高达2.51、2.69，即增加一个城镇就业岗位将会带动接近三个农村就业岗位，就业群体之间的就业传导效果非常明显。

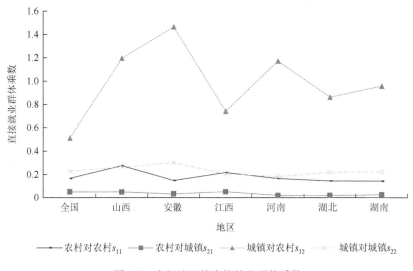

图4-7　中部地区的直接就业群体乘数

（三）西部地区城乡就业群体乘数分析

西部地区是我国经济相对不发达的地区，其直接就业群体乘数之间的差异更加明显，如图4-8所示。全国平均水平的s_{12}仅为0.51，而在西部地区11个省（自治区、直辖市）中s_{12}大于1的地区就有6个，大于0.9的地区有8个，其中贵州增加单位城镇就业对农村就业的直接拉动高达2.47，而其对应的完全就业群体乘数甚至高达6.12，即增加一单位城镇就业能完全带来6.12个单位的农村就业。

西部地区完全就业群体乘数的分布与直接就业群体乘数的基本相似。与全国平均水平对比而言，西部地区城镇就业的拉动作用远高于全国平均水平，增加单位城镇就业对农村就业的完全拉动作用只有内蒙古（0.47）、新疆（0.41）低于全国平均水平（0.83），其余9个地区均高于全国平均水平；增加单位城镇就业对城镇本身的完全拉动作用只有四川（0.30）低于全国平均水平（0.35）。足见增加西部地区城镇就业所能带来的就业群体效应非常显著，在西部地区创造一个城镇就业岗位所能带动的农村就业、城镇就业远高于东部、中部地区。

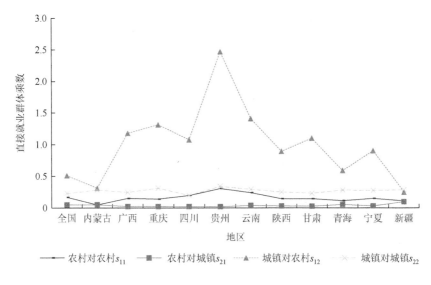

图 4-8 西部地区的直接就业群体乘数

（四）东北地区城乡就业群体乘数分析

东北地区的直接就业群体乘数如图 4-9 所示，东北三省均呈现出与全国非常一致的 $s_{12} > s_{22} > s_{11} > s_{21}$ 的态势，城镇就业的直接拉动作用仍然是最大的，尤其是吉林的城镇就业对农村就业、城镇就业的直接拉动作用大于全国平均水平，辽宁和黑龙江的城镇就业对农村就业的直接拉动作用小于全国水平，但是这两个省的城镇就业对自身的直接拉动作用大于全国平均水平。

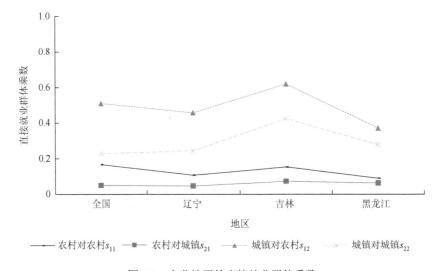

图 4-9 东北地区的直接就业群体乘数

增加单位农村就业对农村就业的直接拉动作用只有吉林大于全国平均水平，而三个省份增加单位城镇就业对城镇就业的直接拉动作用均大于全国平均水平。

东北地区的完全就业群体乘数如图 4-10 所示，虽然与图 4-9 有相似的走向，但是完全就业群体乘数更加震荡。主要体现在吉林增加单位城镇就业所带来的农村就业的增加高出全国平均水平 68.86%，其所带来的城镇就业的增加高出全国平均水平 1.59 倍。究其原因是全国、辽宁、黑龙江完全就业群体乘数较直接就业群体乘数有 50%左右的涨幅，吉林的增长幅度更大，$r_{11}-1$ 较 s_{11} 增加 96.43%，r_{21} 较 s_{21} 增加 126.24%，r_{12} 较 s_{12} 增加 126.24%，$r_{22}-1$ 较 s_{22} 增加 115.43%。对比三个省份的就业群体乘数模型发现，吉林的消费倾向矩阵列和分别为 1.26、1.20，也就意味着吉林农村居民的消费高出收入的 26.68%，城镇居民的消费高出收入的 20.68%，出现了超负荷支出现象。根据就业群体乘数的传导路径，同等收入增加的条件下，吉林的模型可以带来更多的消费，由此拉动就业的作用较辽宁、黑龙江大。

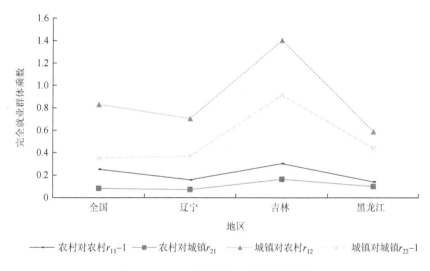

图 4-10　东北地区的完全就业群体乘数

综上，通过对各地区直接、完全城乡就业群体乘数的分析可以看出，就目前的生产技术水平、收入分配、消费水平等条件下，增加单位城镇就业所带来的就业促进效果是最优的，这同样也是全国模型框架下所得到的结论。无论是直接就业群体乘数还是完全就业群体乘数，各省（自治区、直辖市）增加单位城镇就业所带来的农村、城镇就业的增加效果总体上大于全国城乡就业投入占用产业表的计算结果，而增加单位农村就业对农村、城镇就业的拉动作用总体上小于全国城乡就业投入占用产业表的计算结果。由此可以看出，从各地区的投入产出模型着手计算当地的就业群体乘数有可能会低估本地农村就业的拉动作用，而高估城镇就业的拉动作用，也在一定程度上反映了地区投入产出表存在着与全国投入产出表不可衔接的问题。

较为遗憾的是，本节采用单省就业投入占用产出表进行了测算，无法看到省域间的劳动力流动性。因此，下一步研究中，我们将建立区域间城乡就业投入占用产出模型，编制区域间城乡就业投入占用产出表，通过区域间的生产关联关系，测度城乡就业群体乘数以及城乡就业乘数，与现有的研究结果进行对比分析，突出分析区域间生产关联关系对结果的影响机制。

第三节 本 章 小 结

本章以第二、三章的就业投入占用产出模型为基础提出了就业群体乘数的概念，就业群体乘数的测算实际上是对不同就业群体之间相互影响作用的定量测算，使就业研究领域不再仅局限于外部因素对就业的影响，而着重于内部不同的就业群体之间的直接拉动、完全拉动作用，为就业问题的研究开辟一条新途径。本章内容逻辑如图 4-11 所示，在第二、三章基础上，根据已有理论提出扩展模型，并进行了数据及实证的分析。

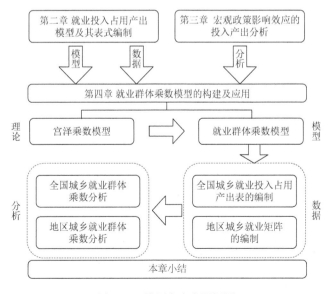

图 4-11 第四章内容逻辑图

在理论模型的基础上,本章构建了全国及分地区的城乡就业投入占用产出模型,计算得到全国及分地区的直接就业群体乘数、完全就业群体乘数,得到主要研究结论如下。

第一,就业群体间的拉动作用测算是可行的。通过城镇就业、农村就业两个不同就业群体之间拉动作用的实证测算,证实本章所提出的就业群体乘数不仅理论上可行,而且有较大的实际应用意义。进而在数据更加翔实的情况下,可以计算不同学历、不同专业技术职称、不同技术等级就业群体之间的相互拉动作用,为我国制定就业政策提供更为全面的数据支撑。

第二,增加城镇就业产生的就业群体拉动作用最大。无论是全国模型还是30个省(自治区、直辖市)模型,无论是直接就业群体乘数还是完全就业群体乘数,计算结果均表明增加城镇就业对农村就业的拉动作用最大,其次是增加城镇就业对城镇就业的拉动作用。在目前我国二元经济条件下,虽然农村就业人员占据总就业人员一半以上,但是城镇居民的收入、消费水平高,城镇就业所拉动的收入、消费也大于农村就业,故而新增一个城镇就业岗位所带来的经济效益更高,所能拉动的就业数量也就相应更多。

根据所得研究结论本章提出如下有针对性的政策建议。

第一,推进城镇化进程仍然是助力就业稳定发展的动力之一。无论是从全国还是从分地区的直接、完全就业群体乘数来看,增加单位城镇就业一直都是助推就业发展的最优模式。坚定不移地实施新型城镇化战略仍然是我国当前的重大发展战略,也将带来更多的城镇、农村就业岗位。

第二,提高农村居民收入水平、破解城乡二元结构有助于农村就业市场的发展。当前测算结果中增加农村就业的拉动效应之所以较低,主要是因为农村就业人员的收入水平偏低,提高农村就业人员的工资水平,加强农村就业人员的技能培训,从根本上加强农村就业人员的工资议价能力,将是促进就业增加、稳定就业市场的一剂良药。

虽然本章针对就业群体乘数得到了不错的实证结果,但是本章研究仍然存在一定的遗憾和缺陷,主要是实证分析数据方面的因素,体现在以下几点。

第一,就业群体统计口径划分不够统一。理论模型需要就业群体的划分与收入、消费群体的划分是一致的,但是限于目前的统计无力支撑如此细分行业、统一口径的数据,本章在实证分析时采用了较强的假设:居住地原则下的就业群体划分与常住人口原则下的消费群体划分是相近的。实际上居住地原则是指只要就业人口住在城镇范围内,无论其户口性质是农业还是非农业,户口所在地是本地还是外地,工作地是城镇还是农村,其均是城镇就业人口,包括有工作单位的就业人员,无工作单位的小摊贩、游商、家政服务人员和一些从事农业相关工作的就业人员。也就是说在这种统计口径下无法体现农民工进城打工的数量，虽然本章已经对城镇单位使用的农民工进行了区别处理，但是所介绍的城镇就业仅仅是在城镇地区增加一个就业岗位，农村就业仅仅是农村地区增加一个就业岗位，这与现实中的农民工概念有所不同。

第二，分行业城乡就业数据的推算假设性太强。数据的真实性很大程度上左右了实证结果，本章实证涉及了全国 40 个部门的城乡就业数据以及 30 个省（自治区、直辖市）40 个部门的城乡就业数据，数据基础较少，较大程度依赖于假设推算，由此会对实证结果产生一定影响。但是就目前的实证分析来看，模型结果具有一定稳定性。

第三，地区投入产出表数据的可靠性得进一步推敲。本章利用 30 个省（自治区、直辖市）的投入产出表进行实证分析，虽然最终结论一致，但是仔细探究异常点就会发现一些无法解释的现象：某些地区的直接就业群体乘数大于 1，完全就业群体乘数达到 6.12，这些均与投入产出表数据有关，可能是数据准确性较弱，比如，山西、吉林、贵州等地区的劳动者报酬合计远小于居民消费合计，吉林的劳动者报酬仅是居民消费的 79.84%，贵州仅为 73.65%。这也可能与这几个省的初次分配中财产收入净额或二次分配中的转移收入净额较大有关，还需要结合相关省份的资金流量表数据进行进一步校对。

第五章　基于结构路径分析的就业关联路径研究

国民经济各行业互相关联、相辅相成，共同构成了复杂的经济生产关系。例如，根据第二、三章测算结果可知，在消费、投资、出口等最终需求的冲击或影响下，不同行业的发展不仅会带动自身行业就业，还会间接影响其他行业就业。以制造业为例，制造业发展本身不仅吸收了大量的农村剩余劳动力，也带动了建筑业、服务业等行业的就业，进而增加了人均收入。随着生活水平的提高，人们对餐饮食材的要求越来越高，由此也将带动存储、加工、物流等相关行业的发展，最终与制造业相关的上下游行业将涌现大量的就业机会。因此，从产业关联的角度考察不同行业之间的就业链条，有利于识别我国的就业发展模式，对稳定就业、促进就业发展具有重要的现实意义。

本章将基于就业占用投入产出模型，提出便于进行就业产业关联分析的结构路径分析模型，介绍基础理论模型并对模型进行实证分析。实证分析方面，本章分别研究农村居民消费、城镇居民消费、政府消费、固定资本形成、出口等各项最终需求对非农就业的拉动路径，阐述就业关联关系，并通过比较各条就业路径中就业值的大小，找出主要就业链条，提出有针对性的政策建议。

第一节　结构路径分析模型的基本介绍

本节将主要介绍结构路径分析模型的提出、发展以及结构路径分析的基本方法。

一、结构路径分析的文献综述

一个经济系统可以理解为由多个相互依存的因子组成的庞大复杂的网络，当一个因子的最终需求发生变化时，会对生产网络的其他因子产生影响，被影响因子的变化又影响其他因子或反馈回最初的部门，如此循环往复，层层影响。本节主要介绍的结构路径分析方法，可以追踪部门之间相互影响的复杂关系,能够分解整个生产链条中对产品或组织具有重要影响的因子之间层层影响的路径。

结构路径分析方法主要用来测度产业部门间的关联关系,本章从国民经济系统中各行业生产关联性角度出发,提炼出了非农就业间的关联关系,考察了在不同类型(消费、投资、出口)的最终需求冲击下,各部门就业的传导路径和路径值大小,为就业的部门关联传导效应提供了理论支撑,也为就业投入占用产出模型的应用提供了新的视角。

在用投入产出模型探讨国民经济生产链的研究中,主要方法有两个,一个是平均传播长度(average propagation length,APL),另一个就是结构路径分析。荷兰学者 Dietzenbacher 等(2005)通过计算两部门之间的平均传播步长,提出了 APL 方法刻画影响社会生产的主要生产链条,以西班牙安达卢西亚自治区(Andalucía)的经济做了实证分析,Dietzenbacher 和 Romero(2007)进一步对 APL 进行了更为详细的论述。邓志国和陈锡康(2008)利用 APL 模型研究了 1978~2002 年我国国民经济中的重要生产链,认为这一时期的中国经济发展还很不成熟,与发达国家相比仍存在较大差距。钱明霞等(2014)采用 APL 方法衡量了产业部门的碳波及效应,并区分了后向碳 APL 和前向碳 APL;陈全润(2018)则基于传统的 APL,提出了可以对任意两部门 APL 进行测度的广义 APL;Li 等(2019)利用 2002~2015 年投入产出表分析了煤炭产业链,认为 2005 年、2007 年是煤炭产业链最为复杂的年份,2010 年之后煤炭产业链复杂性降低,行业间关系密切程度下降。综上可以看出,APL 模型从部门的生产关联关系出发,考察各部门之间的关联关系,并没有将外生变量的影响纳入研究范围。

结构路径分析方法的提出最早源于 Lantner 和 Gazon 两位法国学者的贡献,他们在各自的研究中阐明了经济影响效应的概念,并指出可以利用结构分析方法来刻画这种影响的传导路径。这种路径传导方法由此可以考察一个系统的外生变量对内生变量的作用机制。承接两位学者的工作,Defourny 和 Thorbecke(1984)将此方法应用于社会核算矩阵(social accounting matrix,SAM)框架,考察了经济系统中经济变量的影响传输路径,通过作用于韩国的社会核算矩阵,对比分析了结构路径分析方法与乘数分解方法的优劣,认为前者是有效的分析工具,能够提供可靠的政策建议。

后续的学者不断利用结构路径分析方法研究能源、水利等实物量在生态、经济网络中的传导路径。Lenzen(2003)通过能源消费、水资源利用、温室气体排放等资源、环境变量考察了澳大利亚经济运行系统中的产业内关联关系,并指出出口需求通过产业间的路径传导带给澳大利亚极大的环境、资源压力。Wood 和 Lenzen（2003）将衡量消费可持续性的生态足迹指标利用结构路径分析方法分解成了更为细致的贡献路径，并基于重要性对其排序，其指出绝大部分的影响都产生于生产链的上游，因此对生态足迹的整体评估和路径赋权工作是至关重要的。Peters 和 Hertwich（2006）从消费、生产以及结构路径分析三种视角考察了国际贸易对环境污染的影响，该文章的特色在于率先使用结构路径分析方法评估了国内消费与国外生产之间的结构联系给环境带来的负面效应。Lenzen（2007）研究了结构路径分析方法在生态网络系统中的有效性问题，指出对于绝大多数的线性耗散网络，有限长度的主要路径所带来的影响将占据全部影响的 99%，甚至更多，这些路径可以被提取和排序。

袁小慧和范金（2010）以江苏为案例，分析收入对居民消费影响的结构性路径。王芳（2013）利用结构路径分析方法分析人口年龄结构对居民消费的影响。Yang 等（2015）研究了中国基于碳排放的化石能源结构路径，其中涉及居民消费，但分析较为粗略。Meng 等（2015）和 Nagashima（2018）利用结构路径分析方法研究居民消费对 PM2.5 排放的影响，前者发现消费者对电力和交通的需求是直接排放的重要原因，对建筑业、工业和服务业的需求主要通过推动其上游部门的生产活动而产生间接排放；后者发现四川、山东、广西和安徽等地从事"其他服务业"、"农业"和"建筑业"等高收入行业的家庭主要贡献了自己的住宅 PM2.5 排放量。张聪等（2022）采用结构路径分析方法对广东及其部分行业碳排放情况进行分析，得出以下结论：能源强度效应是广东碳排放减少的主要因素，最终需求效应是碳排放增加的主要因素；直接碳强度和完全碳强度提高的部门主要是能源部门，其碳排放呈现增加状态，其中直接消耗产生的碳排放增加，间接消耗产生的碳排放集中在第 1 和第 2 生产环节上；能源强度效应是非能源部门碳排放降低的关键因素。

还有一些学者对结构路径分析方法的应用空间和应用条件做了扩展。Hong 等（2016）、Sonis 和 Hewings（1998）将结构路径分析方法应用在了多区域投入产出表中，考察了中国建筑业的能源供应链条和经济网络之间的传导路径问题。孙才志和郑靖伟（2021）基于 2017 年投入产出表和相关气象数据，在农业用水中加入水资源消耗量，利用投入产出模型和结构路径分析方法分析中国 42 个部门水资源消耗的总量和结构，以及水资源在生产链中消耗的具体路径。Skelton 等（2011）将结构路径分析方法进行扩展，提出了绘制全球生产系统中生产活动和消费活动隐含排放的方法。Sonis 等（1997）利用区块结构路径分析（block structural path analysis，B-SPA）方法研究了印度尼西亚的经济结构变化。Li 等（2018）借助结构路径分析方法比较了投入产出表和社会核算矩阵框架下印度的碳排放量。Su 等（2019）提出整体隐含强度指标，使用结构路径分析方法将投入产出分析结果分为不同生产层，提取出有关能源和排放之间的关系。阳立高等（2020）基于投入产出框架下的结构路径分析方法对两类要素收入进行追踪，提取出需求拉动劳动者报酬和资本收入的产业链，为相关政府部门合理制定调控政策提供依据。张琼晶等（2019）利用结构路径分析方法分析了中国城乡居民消费对碳排放的拉动作用，指出拉动作用靠前的部门有电力、热力的生产和供应业，其他服务业，农林牧渔和水利业，食品制造业，批发零售和住宿餐饮业，交通运输、仓储和邮政业。

综上，结构路径分析方法提供了进行最终需求与生产链条融合分析的模型，使得在进行最终需求拉动作用分析时可以看到最终需求在产业链条间的传导过程。本章在就业投入占用产出模型基础上，扩展了结构路径分析方法，研究了最终需求拉动作用对就业传导的链条关联关系，分析了在最终需求拉动作用下，就业的产业间关联关系，识别关键就业链条，为政策建议的提出夯实了数据支撑。

二、结构路径分析的基本方法

结构路径分析的基本思路是将投入产出模型中的里昂惕夫逆矩阵 $(I-A^D)^{-1}$ 进行泰勒展开，其中 A^D 是非竞争型投入产出模型的国内产品直接消耗系数矩阵，代入非农就业测度模型中，利用泰勒展开的信息判断最终需求与就业间的多阶段关联关系。

将 $(I-A^D)^{-1}$ 进行泰勒展开：

$$(I-A^D)^{-1} = I + A^D + (A^D)^2 + (A^D)^3 + \cdots \qquad (5\text{-}1)$$

进行泰勒展开后的里昂惕夫逆矩阵对于研究消费、投资等最终需求效应具有诸多优势。首先，便于测度与比较直接影响、n 次间接影响的大小（$n=1,2,\cdots$）。经济系统中，由消费、投资等直接引发的各部门就业量与由产业生产关联进一步引发的间接就业量，与部门的性质、各部门间联系的程度紧密相关，区分不同部门的直接就业、n 次间接就业有助于深度解读就业数据，更为清晰地了解消费、投资等与就业的关联关系。其次，能够展示就业的发展路径，展开后的里昂惕夫逆矩阵更加清晰明了地展示了国民经济的主要生产链条，便于阐述部门间的多层次关联关系。

将式（5-1）代入就业里昂惕夫模型得到式（5-2），与式（5-1）的区别在于增加了就业占用系数。

$$
\begin{aligned}
L &= \hat{A}_l \left[I + A^D + (A^D)^2 + (A^D)^3 + \cdots \right] F^D \\
&= \hat{A}_l F^D + \hat{A}_l A^D F^D + \hat{A}_l (A^D)^2 F^D + \hat{A}_l (A^D)^3 F^D + \cdots
\end{aligned}
\tag{5-2}
$$

其中，等号右侧第一项 $\hat{A}_l F^D$ 为最终需求带来的各部门的直接就业量，例如，消费批发零售业产品带来的批发零售业的就业量，称为 0 阶影响，对应的路径为 0 阶路径，如消费→批发零售业就业，共 n 条路径，n 为国民经济部门的分类个数；第二项 $\hat{A}_l A^D F^D$ 为最终需求所带来的各部门的一次间接就业量，例如，消费了批发零售业产品，批发零售业产品的生产对电力业产生了消耗，进而带动的电力业的就业量，称为 1 阶影响，对应的路径为 1 阶就业路径，如消费→批发零售业→电力业就业，共 n^2 条路径；第三项 $\hat{A}_l (A^D)^2 F^D$ 为最终需求所带来的各部门的二次间接就业量，例如，在 1 阶影响基础上电力业对煤炭业的消耗所带来的煤炭业就业，称为 2 阶影响，对应的路径为 2 阶路径，如消费→批发零售业→电力业→煤炭业就业，共 n^3 条就业路径。以此类推，可得到 3 阶、4 阶等多阶就业影响及对应的就业路径，用公式表达即为式（5-3）：

$$
\begin{aligned}
L &= \sum_{i,j=1}^{n} a_{li} \left[\delta_{ij} + (A^D)_{ij} + (A^D)_{ij}^2 + (A^D)_{ij}^3 + \cdots \right] f_j^D \\
&= \sum_{i=1}^{n} a_{li} f_j^D + \sum_{i=1}^{n} \sum_{j=1}^{n} a_{li} (A^D)_{ij} f_j^D + \sum_{i=1}^{n} \sum_{k=1}^{n} \sum_{j=1}^{n} a_{li} (A^D)_{ik} (A^D)_{kj} f_j^D \\
&\quad + \sum_{i=1}^{n} \sum_{l=1}^{n} \sum_{k=1}^{n} \sum_{j=1}^{n} a_{li} (A^D)_{il} (A^D)_{lk} (A^D)_{kj} f_j^D + \cdots
\end{aligned}
\tag{5-3}
$$

本节作为整章的理论方法介绍部分，首先对方法进行了文献综述，可以看出结构路径分析方法作为重要的产业链条、路径分析方法在很多领域中都有实证应用；其次介绍了结构路径分析的基本方法，基于就业投入占用产出模型，提出了最终需求与就业间的关联链条分析公式，便于本章第二、三节的实证分析。

第二节　就业关联传导的结构路径分析实证

本节以式（5-2）、式（5-3）为模型基础，首先构建非竞争型就业投入占用产出表，并以此表为基础进行最终需求对非农就业关联路径传导分析。

一、非竞争型就业投入占用产出表的编制

根据式（5-2），结构路径分析主要测度最终需求通过产业关联对就业的传导路径，如果采用竞争型表进行分析，则最终需求侧会受到进口的影响，反映产业关联的里昂惕夫模型中也会混入进口的影响，分析结果的可靠性将会受到影响。因此本章基于非竞争型就业投入占用产出模型进行分析。本节先介绍非竞争型表式的获取以及就业向量的编制。

（一）非竞争型表式的获取

调整后的投入产出表为非竞争型表，即中间投入品对国内产品与进口产品加以区分，进口产品带动的是国外就业，与本国就业无关。因此，本节将中间投入与各项最终需求（出口除外）按进口比例拆分，将中间投入分解为国内产品中间投入与进口产品中间投入，将各项最终需求（出口和进口除外）分解为对国内产品的最终需求和对进口产品的最终需求，从而将竞争型表式转化为非竞争型投入产出表。则第 i 部门进口产品的拆分比例为

$$\alpha_i = \frac{M_i}{X_i + M_i - E_i} \tag{5-4}$$

其中，M_i 为第 i 部门的产品进口；X_i 为第 i 部门的总产出；E_i 为第 i 部门的产品出口。经式（5-4）的拆分变换，非竞争型投入产出模型的里昂惕夫逆矩阵可以表示为

$$X = (I - A^D)^{-1} F^D \tag{5-5}$$

其中，X 依然为总产出列向量；A^D 为非竞争型投入产出模型的国内产品直接消耗系数矩阵，其元素 A_{ij}^D 为 j 部门生产一单位产值需要直接消耗 i 部门国内生产的产值数；F^D 为对国内产品的最终需求列向量，其元素 F_{ij}^D 为对 j 部门国内产品的最终需求。竞争型与非竞争型投入产出模型的关系如下：

$$A_{ij}^D = (1 - \alpha_i) A_{ij}, \quad F_{ij}^D = (1 - \alpha_i) F_{ij}$$

据此，本章在实证分析部分将完全采用非竞争型表式，并以非竞争型投入产出模型［式（5-5）］为基础模型进行非农就业的测度和结构路径分析的实证。

（二）就业向量的编制

根据本书第二章内容相应编制当年的就业向量。本章在进行实证分析时采用了国家统计局公布的 2012 年投入产出表，理论方法适用于任何年

份的表式数据，如有需要可以进行更多年份的分析。本节根据《中国经济普查年鉴》《中国统计年鉴》等资料中的就业相关数据对各部门就业进行推算。将《中国经济普查年鉴 2013》提供的分行业从业人员数，作为计算部门就业结构的基础数据，对《中国统计年鉴 2013》中公布的 2012 年第二、三产业的就业总量进行拆分，得到各部门的就业人数，然后将推算后的就业人数与调整后的投入产出表中的劳动者报酬进行比对，通过该方法所得的各部门就业人数较为合理，方法可行。

二、对就业的直接和间接拉动效果分析

据就业投入占用产出表式，2012 年最终需求共拉动非农就业 50 931 万人，根据式（5-3）中，可以测得由最终需求直接拉动的就业人数和通过部门关联关系间接拉动的就业人数。图 5-1 呈现了 2012 年最终需求对非农就业的前 6 阶影响情况。可以看出，最终需求对非农就业的拉动作用随着阶数的升高逐级递减，呈收敛态。其中直接拉动作用最大，由最终需求通过 1 次部门传导拉动的就业人数为 9657.4 万人，通过 2 次部门传导拉动的就业人数为 5325.2 万人，1 阶、2 阶的就业总人数达到 14 982.6 万人，占非农就业总人数的 29.4%。

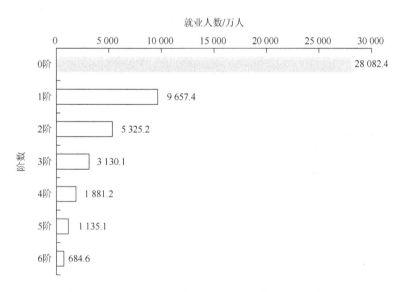

图 5-1　2012 年最终需求对非农就业的前 6 阶影响情况

分行业来看，建筑部门就业人数最多，达到 6415 万人，排在第 2 位、第 3 位的分别是批发和零售部门以及金属制品、机械和设备制造及修理业，

就业人数分别达到 5793 万人和 5792 万人，公共管理、社会保障和社会组织部门以 4734.6 万人的就业规模紧随其后。图 5-2 列举了第二、三产业中位列就业人数前五的典型行业在最终需求冲击的影响下各阶就业人数的占比情况。

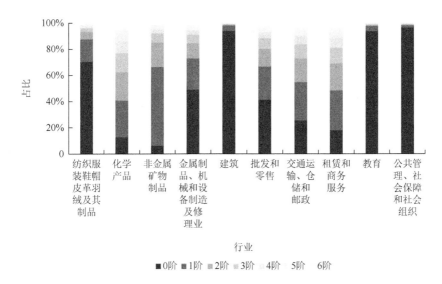

图 5-2 典型行业中最终需求在各阶对非农就业的拉动占比情况

图 5-2 显示，无论是属于第二产业还是属于第三产业，最终需求对不同行业的就业拉动作用都显示出了不同的发展模式。其中建筑部门，教育部门，公共管理、社会保障和社会组织部门以及纺织服装鞋帽皮革羽绒及其制品部门的就业受最终需求的直接影响较大，分别拉动就业 6014.5 万人、3134.1 万人、4560.7 万人和 1009.8 万人，超过各自就业总数的 70%；而非金属矿物制品部门，租赁和商务服务部门，交通运输、仓储和邮政部门受最终需求的 1 阶影响较大，分别在 1 阶上实现就业 1059.6 万人、708.6 万人和 667 万人，占到各自就业总数的 60.2%、30.5%、29.2%；化学产品部门的就业主要由最终需求通过一次部门传导和两次部门传导带来，在 1 阶和 2 阶共实现就业 900 万人，占其就业总数的 49.8%。

通过总量关系的比较分析可以看出，最终需求对就业的拉动效应呈现出直接、间接递减的规律，且直接拉动作用占到了 55% 左右。增加最终需求能够对就业产生较大的直接影响，但是由产业关联带来的 45% 左右的间接影响仍然不容小视。进一步在具体的行业分析中，发现了较大的行业差异，建筑、教育等劳动密集型产业的就业受到的直接影响较大，中间产品占比较大的化工、交通运输等部门受间接拉动效应较大，为了满足其他部门的最终需求而扩大了本部门的生产和就业规模，行业属性具有较大差异。

三、非农就业的关联传导路径分析

利用式（5-3）中等号右侧的第二项和第三项可以分别测算出最终需求对各部门就业拉动的 1 阶路径值和 2 阶路径值，其中 2012 年投入产出表的 34 部门分类与第二章的表 2-11 相同。经计算可以得出，2012 年由最终需求通过 1 次部门传导间接拉动的就业人数为 9657.4 万人。在全部 1156 条 1 阶就业路径中，批发和零售部门的就业人数最多，达到 1465.1 万人，其次是金属制品、机械和设备制造及修理业，共拉动就业 1370 万人。其中金属制品、机械和设备制造及修理业，建筑部门，食品和烟草部门，以及纺织服装鞋帽皮革羽绒及其制品部门对批发和零售部门的影响较大，共拉动就业 896.7 万人，占其 1 阶就业总数的 61.2%；金属制品、机械和设备制造及修理业受本部门自身需求影响较大，实现就业 959.1 万人，为 1 阶最大就业路径。此外最终需求通过建筑部门拉动该部门就业 198.9 万人；非金属矿物制品部门的 1 阶就业受建筑部门影响最大，此条路径的路径值为 939.4 万人，占该部门 1 阶就业总数的 88.7%，可认为该部分就业主要由建筑部门引起；交通运输、仓储和邮政部门的 1 阶最大就业路径有两条，分别为最终需求通过建筑部门传导带来的 141.9 万人就业和最终需求通过金属制品、机械和设备制造及修理业拉动的 127.9 万人就业；租赁和商务服务部门的 1 阶就业主要受到批发和零售部门以及金属制品、机械和设备制造及修理业的最终需求的影响，两条路径分别实现就业 164.1 万人和 119.2 万人；化学产品部门最大的 1 阶就业路径有两条，分别为最终需求通过金属制品、机械和设备制造及修理业带动的 109.8 万人就业以及卫生和社会工作部门拉动的 96.6 万人就业。

在 2 阶就业路径中，批发和零售部门的 2 阶就业人数最多，为 795.8 万人，主要就业路径为金属制品、机械和设备制造及修理业的拉动和建筑部门的最终需求通过非金属矿物制品部门的拉动，共实现就业 182.5 万人；金属制品、机械和设备制造及修理业的 2 阶就业位居其次，主要受本部门需求影响较大，共实现 323.8 万人就业；租赁和商务服务部门在 2 阶中的就业人数 476.5 万人，其中金属制品、机械和设备制造及修理业通过批发和零售部门、建筑部门通过金融部门、房地产部门通过金融部门三条路径对租赁和商务服务部门的就业影响较大，分别拉动 28.1 万人、20.3 万人和 17.8 万人就业。

　　针对以上就业分析，图 5-3 显示了最终需求拉动的我国主要就业链条及路径值，其中实线代表 1 阶就业，虚线代表 2 阶就业，箭头所指向的部门表示在该条路径上的就业人数。可以得到如下几个关键路径：建筑—金属制品、机械和设备制造及修理业—批发和零售—租赁和商务服务，建筑—批发和零售—租赁和商务服务，建筑—金属制品、机械和设备制造及修理业—化学产品。最终需求拉动建筑业，进而拉动了制造业、修理业和批发零售业，带来了较多的 1 阶、2 阶就业。

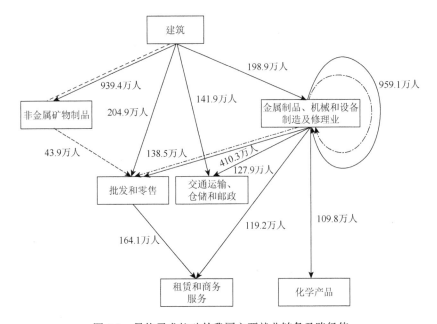

图 5-3　最终需求拉动的我国主要就业链条及路径值

　　本节通过结构路径分析方法分析了我国非农就业的行业关联路径，得到的主要结论如下。

　　（1）最终需求对就业的拉动主要通过直接影响和前三次间接影响实现，其中 1 阶和 2 阶影响的非农就业量占到非农总就业量的 29.4%。最终需求各细项的直接影响比例不同。

　　（2）不同行业的就业发展模式不同。建筑、教育、纺织服装鞋帽皮革羽绒及其制品以及公共管理、社会保障和社会组织部门的就业主要是由最终需求直接拉动的；非金属矿物制品、租赁和商务服务以及交通运输、仓储和邮政部门的就业主要由最终需求通过一次部门传导拉动；化学产品部门的就业受到多次部门传导的影响。

　　基于研究结论，本节认为，稳就业政策的制定可以有针对性地根据行业属性特点有所差异。建筑等劳动密集型产业部门需要消费、投资的直接拉动刺激效应来增加就业岗位，但是非金属矿物制品、化学产品等为其他行业提供中间产品的部门则可以通过满足其他行业发展的需求来带动自己行业的就业岗位的增加。在制定经济政策时可以考虑将消费、投资政策更多作用于直接效应较大的部门。

第三节 就业结构路径的进一步分析

本节将在上一节分析基础之上，将最终需求类型进行进一步细化，讨论分析农村居民消费、城镇居民消费、政府消费、固定资本形成和出口对非农就业的拉动效果。

一、直接和间接的非农就业拉动效果

据投入产出表的测算，2012 年固定资本形成对就业的影响最大，拉动就业 17 938 万人，占到总就业人数的 35.2%；政府消费、城镇居民消费和出口紧随其后，分别拉动 10 575 万人、9733 万人和 9489 万人就业。表 5-1 显示了按照支出法 GDP 核算的各项最终需求的 GDP 占比以及由其拉动的就业占总非农就业的比例。

表 5-1   各项最终需求的 GDP 占比和就业占比情况表

占比	农村居民消费	城镇居民消费	政府消费	固定资本形成	出口
GDP 占比	6.8%	23.1%	11.3%	35.5%	21.4%
就业占比	5.2%	19.1%	20.8%	35.2%	18.6%

资料来源：据《中国统计年鉴 2021》和本章编制的就业投入产出表测算得到

表 5-1 显示，固定资本形成占 GDP 的比重最大，为 35.5%，这一比例与其拉动的就业水平基本持平；政府消费拉动的就业占非农就业总数的 20.8%，低于固定资本形成 14.4 个百分点，鉴于政府消费占 GDP 的比重仅为 11.3%，其对就业的拉动效果更优；居民消费共拉动就业 12 360 万人，其中主要由城镇居民消费拉动；出口带动的就业人数比城镇居民消费带动的就业人数少 244 万人，其在 GDP 中的份额也略低。

进一步，可以测得农村居民消费、城镇居民消费、政府消费等各项最终需求的各阶就业影响，图 5-4 显示了 2012 年我国各项最终需求在前 6 阶就业影响中累计拉动的非农就业人数。可以发现，固定资本形成横跨纵轴的幅度最大，印证了表 5-1 中的结论，即固定资本形成是拉动就业的主导力量。

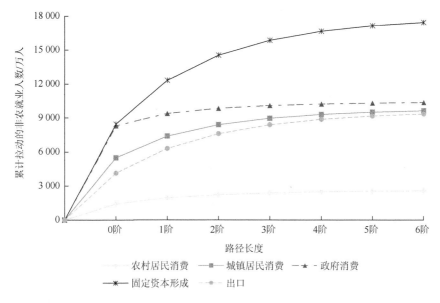

图 5-4　2012 年我国各项最终需求在前 6 阶就业影响中累计拉动的非农就业人数

　　此外，图 5-4 还反映出以下重要信息。首先，最终需求对就业的拉动作用主要体现在前三阶上，在第 3 阶，各项需求对就业的累计拉动率均已达到 87%以上，此结论与 Lenzen（2007）对生态网络研究的结论相互印证。此后，各阶就业的变化幅度减小，收敛速度减慢，到 6 阶时最终需求对就业的累计拉动率已达到 97%以上。固定资本形成在对就业的一次间接作用和二次间接作用中共拉动就业 6077 万人，占其拉动就业总数的 28.9%；出口前两次间接拉动就业 3473 万人，占其拉动就业总数的 36.1%；城镇居民消费的 1 阶、2 阶就业影响为拉动就业 2894 万人，占其拉动就业总数的 29.4%。基于以上两点，本书将在接下来的路径分析中具体探讨不同行业的就业路径及发展模式。

　　进一步还可以测算最终需求总量以及最终需求项对第二产业和第三产业的直接和间接就业影响。2012 年最终需求共拉动第二产业就业 23 241 万人，其中固定资本形成拉动就业 12 589.1 万人，其对第二产业的 1 阶就业影响为拉动就业 2293.3 万人，2 阶就业影响为拉动就业 1231.9 万人；出口拉动就业 5493 万人，其对第二产业就业的前两阶间接影响为拉动就业 1886 万人。2012 年最终需求拉动第三产业就业 27 690 万人，其中城镇居民消费、固定资本形成和出口分别拉动第三产业就业 6645.7 万人、5283.3 万人和 4123.8 万人，固定资本形成拉动第三产业 1 阶就业 1563.2 万人，拉动第三产业 2 阶就业

988.5 万人。图 5-5 和图 5-6 分别显示了固定资本形成和出口拉动第二、三产业 0～3 阶就业占比情况。

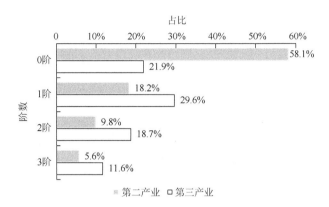

图 5-5 固定资本形成拉动第二、三产业 0～3 阶就业占比

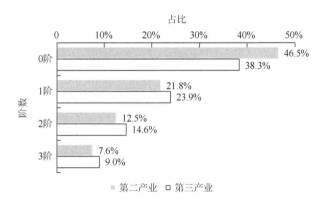

图 5-6 出口拉动第二、三产业 0～3 阶就业占比

从占比情况来看，固定资本形成和出口对第二产业的直接就业影响较大；固定资本形成对第三产业的就业影响主要为拉动 1 阶就业；出口拉动第三产业 1 阶和 2 阶的就业人数占其拉动的第三产业总人数的 38.5%，基本与出口的直接就业影响持平。因此，第三产业在各阶就业影响中的表现主要受到最终需求项的不同性质的影响。

二、非农就业的关联传导路径分析

根据以上分析，本节将着重对最终需求项拉动的 1 阶就业路径和 2 阶就业路径进行展开分析，将 2012 年投入产出表中的 34 部门分类细化为 139 部门，考察各项最终需求对就业的具体传导路径。

（一）最终需求项的 1 阶就业影响分析

在前文分析中，已知固定资本形成、出口、城镇居民消费、政府消费对非农就业的 1 阶影响较大，因此分别测算上述四类最终需求对各部门 1 阶就业的拉动效应。

1. 固定资本形成带动的 1 阶就业路径分析

2012 年固定资本形成共拉动 1 阶就业 3856.5 万人。在固定资本形成拉动的前十大 1 阶就业路径中共实现第二产业就业 756 万人，占固定资本形成拉动第二产业 1 阶就业总数的 33.0%；实现第三产业就业 409.7 万人，占其拉动第三产业 1 阶就业总数的 26.2%。图 5-7 显示了固定资本形成拉动的主要 1 阶路径和路径值。

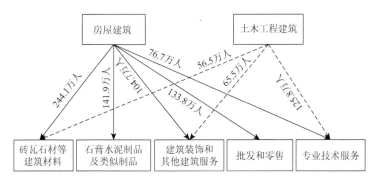

图 5-7　固定资本形成拉动的主要 1 阶路径和路径值

图 5-7 显示，固定资本形成对非农就业影响较大的 1 阶路径主要由房屋建筑和土木工程建筑部门实现，由房屋建筑部门拉动的砖瓦石材等建筑材料部门的就业最多，共 244.1 万人。在图 5-7 中的 5 个 1 阶就业部门中，砖瓦石材等建筑材料部门、石膏水泥制品及类似制品部门以及建筑装饰和其他建筑服务部门属于第二产业，其中砖瓦石材等建筑材料部门和石膏水泥制品及类似制品部门在 34 部门的分类中归为非金属矿物制品部门，其在房屋建筑和土木工程建筑部门的固定资本形成拉动下，共实现就业 442.5 万人，与前文分析的 34 部门中建筑部门对非金属矿物制品部门拉动的 939.4 万人的 1 阶就业相呼应；批发和零售部门、专业技术服务部门属于第三产业，共拉动 1 阶就业 336.3 万人。

2. 出口带动的 1 阶就业路径分析

2012 年出口拉动 1 阶就业 1199.1 万人，由出口拉动的前二十大 1 阶就业路径上共有就业人员 559.5 万人，占出口拉动 1 阶就业总数的 46.7%。其中计算机等电子通信设备的出口需求、纺织服装服饰的出口需求对其上游部门的就业拉动效果显著，图 5-8 显示了由这些部门出口拉动的主要 1 阶路径和路径值。

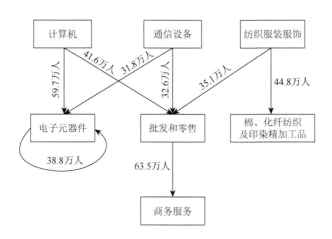

图 5-8　出口拉动的主要 1 阶路径和路径值

如图 5-8 所示，出口在 1 阶路径中对第二产业的电子元器件部门和棉、化纤纺织及印染精加工品部门的就业影响较大，其中电子元器件部门就业除受自身出口需求影响外，还受到计算机和通信设备出口的影响；棉、化纤纺织及印染精加工品部门就业主要由纺织服装服饰部门出口需求引起。在第三产业中，批发和零售部门以及商务服务部门的 1 阶就业人数较多，其中计算机、通信设备和纺织服装服饰部门的出口需求共拉动批发和零售部门就业 109.3 万人，批发和零售部门的出口需求带动了商务服务部门 1 阶就业 63.5 万人。

3. 城镇居民消费带动的 1 阶就业路径分析

2012 年城镇居民消费共拉动 1 阶就业 1893.4 万人，其中第二产业就业 766.9 万人，第三产业就业 1126.5 万人，批发和零售部门、商务服务部门受城镇居民消费影响分别拉动 373.2 万人和 220.7 万人就业。在城镇居民消费拉动的前十大 1 阶就业路径中，商务服务、医药制品、批发和零售部门的就业路径值较大，图 5-9 显示了这些部门的主要 1 阶路径和路径值。

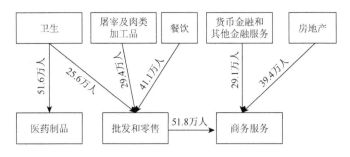

图 5-9　城镇居民消费拉动的主要 1 阶路径和路径值

4. 政府消费带动的 1 阶就业路径分析

2012 年政府消费共拉动 1 阶就业 1080.7 万人,其中第二产业实现就业 297.3 万人,第三产业实现就业 783.4 万人。第三产业中住宿、批发和零售、邮政、教育受公共管理、社会保障和社会组织部门的政府消费的影响较大,共有 236.9 万人就业。图 5-10 显示了政府消费拉动的主要 1 阶路径和路径值。

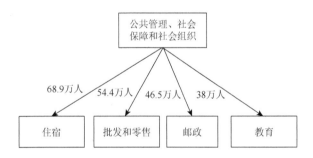

图 5-10　政府消费拉动的主要 1 阶路径和路径值

从 1 阶拉动效应来看,不同类型的最终需求所能影响的行业就业具有显著的差异性。固定资本形成作用于建筑业,进而拉动了建筑业的上游行业的就业;出口占比较大的计算机、纺织服装服饰等链条相对单一;政府消费则集中在服务部门,对第三产业的就业有较大影响。

（二）最终需求项带动的 2 阶就业影响分析

1. 固定资本形成带动的 2 阶就业路径分析

将 2012 年 139 部门的投入产出数据代入公式（5-3）测算固定资本形成对各部门拉动的 2 阶就业路径值。2012 年最终需求共拉动 2 阶就业 5325 万人,其中固定资本形成带动就业 2220.5 万人，占 2 阶就业总数的 41.7%；出口带动就业 1289.5 万人；城镇居民消费带动就业 1001 万人。

在 2 阶就业路径下，固定资本形成共拉动第二产业就业 1232 万人，拉动第三产业就业 988.5 万人。其中非金属矿物制品部门，金属制品、机械和设备制造及修理部门，批发和零售部门，以及商务服务部门的 2 阶就业人数较多，分别实现 255.7 万人、328.3 万人、281.6 万人以及 171.3 万人就业。图 5-11 显示了固定资本形成拉动的主要 2 阶路径和路径值。

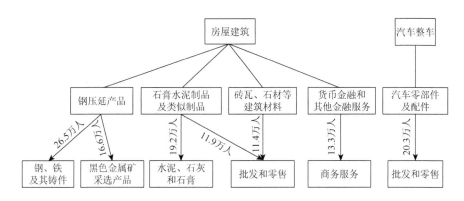

图 5-11　固定资本形成拉动的主要 2 阶路径和路径值

2. 出口带动的 2 阶就业路径分析

在 2 阶就业路径中，出口共拉动第二产业 687 万人就业，占出口拉动第二产业就业总数的 12.5%；拉动第三产业 602.4 万人就业。在 139 部门分类中第二产业的棉、化纤纺织及印染精加工品，电子元器件，木材加工品和木、竹、藤、棕、草制品部门的 2 阶就业人数较多，其主要受到下游行业出口需求影响；第三产业中批发和零售部门的 2 阶就业人数较多，该部门主要受纺织服装服饰、通信设备和计算机的出口需求影响，具体的传导路径如图 5-12 所示。批发和零售部门的主要 2 阶就业路径有两条：一是纺织服装服饰的出口需求通过棉、化纤纺织及印染精加工品的产品需求带动批发和零售部门就业；二是通信设备、计算机部门的出口需求通过电子元器件部门拉动批发和零售部门就业。

3. 城镇居民消费带动的 2 阶就业路径分析

2012 年城镇居民消费共拉动第二产业 2 阶就业 456.3 万人，拉动第三产业 2 阶就业 544.9 万人，对第三产业的批发和零售部门、商务服务部门的就

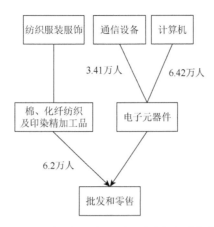

图 5-12　出口拉动的主要 2 阶路径和路径值

业影响较大，图 5-13 显示了城镇居民消费拉动的主要 2 阶路径和路径值。如图 5-13 所示，商务服务的 2 阶路径主要有两条：一是由房地产部门的城镇居民消费通过对货币金融和其他金融服务的产品需求拉动；二是由卫生部门通过对医药制品部门的关联关系拉动。

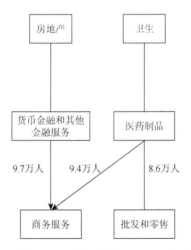

图 5-13　城镇居民消费拉动的主要 2 阶路径和路径值

　　从 2 阶拉动效应来看，在维持 1 阶最终需求类型不同的行业就业属性不同的基础上，在较多路径中出现了批发和零售部门，体现了这个部门的中介服务特征，该部门更多服务于实体经济发展。

　　基于以上研究分析，本书认为拉动就业最为直接的方式就是加大投资力度，但是固定资本形成增加带来的就业所属行业较为集中，对第三产业就业的拉动效果有限。刺激消费则会带来更多的第三产业就业。

第四节　就业投入占用产出模型的扩展

根据第三节的实证研究结果，本章实际上定义了一种就业模型，即将各部门的就业总数按照阶数划分成由最终需求拉动的 0 阶就业、1 阶就业、2 阶就业等，通过这种划分方式，可以依次考察最终需求对各部门就业的直接拉动效果和多次间接拉动效果，进而从宏观角度理解就业的主要形式与特点。表 5-2 是本章构建的就业矩阵。

表 5-2　基于结构路径分析计算的就业矩阵

项目	部门 1	部门 2	…	部门 n
就业人数/万人	0 阶	0 阶	…	0 阶
	1 阶	1 阶	…	1 阶
	2 阶	2 阶	…	2 阶
	3 阶	3 阶	…	3 阶
	⋮	⋮	⋮	⋮

在现实生活中，最终需求对就业的影响存在时滞效应，时滞是指最终需求对各部门就业的拉动是在一个较长时间跨度中多次、缓慢地连续实现的。时滞问题存在的最主要的原因在于生产活动对新增需求的反应存在延迟，例如：钢铁的出口订单增加会使钢铁企业首先启动存货供给以应对需求，一旦存货减少，钢铁企业将加大对钢铁的生产力度从而在首轮带动就业；而钢铁的生产又需要产业链上游的煤炭、铁矿石产品的供应，这些部门在扩大生产时会带动新一轮就业。由于煤炭、铁矿石部门根据钢铁需求调整生产，其拉动就业的时间就与钢铁企业带动就业的时间存在一定的间隔，一个产业链越长，涉及的相关生产部门越多，其拉动就业的时间就会越长。

基于就业的时滞特点，本书之前的理论假设不再适用，它强调就业的一次性完成，限制了一定时期内就业的增减变动。因此，本节提供了一种新思路，通过放宽假设，在就业的分析框架中加入时间维度，考察不同时间期限内的部门就业。将就业时滞定义为由生产依次进行造成的各部门生产时间错位引起的时滞，仅考虑部门生产时间内的就业拉动，不考虑部门间的产品流通时间、信息传递时间造成的时滞；仅考虑部门生产时间内的部门总体就业人数，不考虑单个劳动力摩擦性失业造成的时滞。

新的就业模型基于以下假设：①假定消费、投资、出口对就业的拉动时间相同；②假定各部门生产周期相同，因生产而拉动就业的时间无差异（刘鹏等，2017）；③生产根据产业上下游关系依次序进行。

现假设所有部门因生产带动就业的时间间隔为 λ，根据式（5-3），最终需求对 i 部门就业的直接拉动量（0 阶影响）为 $\sum_{i=1}^{n} a_{li} f_j^D$，时滞为 λ；对 i 部门一次间接拉动的就业量（1 阶影响）为 $\sum_{i=1}^{n}\sum_{j=1}^{n} a_{li}(A^D)_{ij} f_j^D$，时滞为 2λ；对 i 部门二次间接拉动的就业量（2 阶影响）为 $\sum_{i=1}^{n}\sum_{k=1}^{n}\sum_{j=1}^{n} a_{li}(A^D)_{ik}(A^D)_{kj} f_j^D$，时滞为 3λ，以此类推，如表 5-3 所示。

表 5-3　部门 i 的时滞就业模型

拉动就业阶数	最终需求拉动的 i 部门就业量 Q_i	时滞
0 阶	$\sum_{i=1}^{n} a_{li} f_j^D$	λ
1 阶	$\sum_{i=1}^{n}\sum_{j=1}^{n} a_{li}(A^D)_{ij} f_j^D$	2λ
2 阶	$\sum_{i=1}^{n}\sum_{k=1}^{n}\sum_{j=1}^{n} a_{li}(A^D)_{ik}(A^D)_{kj} f_j^D$	3λ
k 阶	$\sum_{i=1}^{n}\cdots\sum_{j=1}^{n} a_{li}(A^D)_{it}\cdots(A^D)_{kj} f_j^D$	$(k+1)\lambda$

该模型的含义是：最终需求拉动的部门 i 的就业量与就业时滞正相关，时滞越长，部门 i 的就业量就越大，且较长时滞内的就业量等于较短时滞内的就业量与新增就业量之和。当有足够的资料支持计算 λ 时，上述模型即可成立。

上述模型对不同部门的就业时长做了严格限定，这种假设在现实生活中是不合理的，例如，农业受自然条件影响，其生产周期普遍较长，而服务业的生产链较短，其生产时间也相对较短，因此对以上模型进一步改进的思路是可以将不同部门的生产时长设为不同。此外，还可以对不同最终需求拉动就业的时间相同这一假定进行扩展，一般认为固定资本形成拉动就业的时间要长于消费拉动就业的时间，因此 λ 也可以针对各项最终需求做相应变换。

第五节　本 章 小 结

本章基于就业投入占用产出模型介绍了结构路径分析的基本方法，相对于投入产出领域的产业关联研究方法,结构路径分析方法更适用于就业问题分析。如图 5-14 所示的内容逻辑图,本章首先将投入占用产出表分行业就业按照最终需求对就业的直接影响和各次间接影响进行划分,考察了就业的主要形式以及最终需求各细项带动就业的主要模式。其次将 34 部门分类扩展到 139 部门,利用结构路径分析方法将每种影响细化,考察每种影响下的具体传导路径并筛选出主要的路径结构。最后对模型进行扩展,通过放松假设,将时滞因素纳入模型。

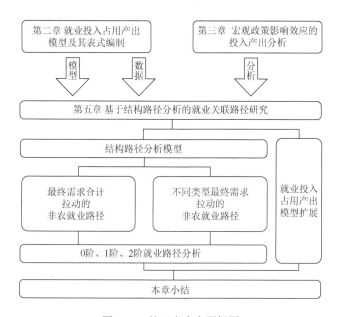

图 5-14　第五章内容逻辑图

本章得出的结论主要有以下四点。

第一,最终需求对非农就业的间接影响随着部门关联阶数的增加而逐级递减;最终需求对非农就业的直接影响和前 6 次间接影响的累计值覆盖非农就业总数的 90%以上。最终需求对就业的拉动主要是通过直接影响和前三次间接影响实现的,其中 1 阶和 2 阶影响的非农就业量占到非农总就业量的 29.4%。最终需求各细项的直接影响比例不同:固定资本形成和出口的间接就业影响大于 50%,而政府消费的直接就业影响达到 79.8%,居民消费保持在 55%左右。

第二,不同行业在直接就业和间接就业方面的发展模式不同。建筑、教育、纺织服装鞋帽皮革羽绒及其制品以及公共管理、社会保障和社会组织部门的就业主要是由最终需求直接拉动的;非金属矿物制品、租赁和商务服务以及交通运输、仓储和邮政部门的就业主要由最终需求通过一次部门传导拉动；化学产品部门的就业受到多次部门传导的影响。

第三，在最终需求各细项中，固定资本形成对就业的拉动作用最大，其次是政府消费，城镇居民消费和出口位列第三和第四。拉动第二产业就业较多的最终需求细项按照从大到小的顺序排列分别是固定资本形成、出口和城镇居民消费；第三产业分别是政府消费、城镇居民消费和固定资本形成。

第四，建筑部门的最终需求对我国就业影响较大。受影响较大的部门有第二产业的非金属矿物制品部门、化学产品部门和金属制品、机械和设备制造及修理业，第三产业的批发和零售部门、商务服务部门以及交通运输、仓储和邮政部门。固定资本形成主要通过建筑部门，金属制品、机械和设备制造及修理业拉动第二产业的非金属矿物制品部门、化学产品部门与第三产业的批发和零售部门、商务服务部门就业。固定资本形成对第三产业就业的影响主要通过间接拉动实现。城镇居民消费主要通过食品和烟草部门、住宿和餐饮部门拉动批发和零售部门就业。

第六章 非农就业的结构路径分解分析

本章将利用结构路径分解分析来研究总结我国非农就业的驱动力，有利于认清非农就业发展的现状、特点及原因，找准促进非农就业发展的政策施力点，为在经济新常态背景下稳定就业提出行之有效的政策建议。本章在结构路径分析的基础上，首先介绍了研究动态变化的结构路径分解分析方法，其次运用结构路径分解分析方法将 2002～2007 年和 2007～2012 年两个阶段我国非农就业的变动进行了因素分解，将分解因素细化到具体非农就业传导路径中，重点考察就业变动较大的路径以及对其影响较大的因素。

第一节 结构路径分解分析简介

本节将首先介绍结构路径分解分析方法的发展历程，其次详细介绍结构路径分解分析方法。

一、结构路径分解分析方法的文献综述

结构路径分解分析是由 Wood 和 Lenzen(2009)将结构分解分析(structural decomposition analysis，SDA)和结构路径分解分析方法相结合发明的一个方法，该方法可以用来研究两个时点上生产链的变化情况。区别于 SDA 模型简单地将变化分解为不同因素的影响，结构路径分解分析模型将这种驱动因素以生产链条的形式给出，细化了每种驱动因素的具体路径。

结构路径分解分析方法以 SDA 方法和结构路径分解分析方法为基础，结构路径分解分析方法在第五章已经进行了详细的介绍，下面简单介绍一下 SDA 方法。SDA 方法是国内外投入产出技术实证研究的重要工具，其基本思想是将经济系统中某因变量的变动分解为与之相关的各独立自变量变动的和，以测度其中每一自变量变动对因变量变动贡献的大小。由于投入产出技术能够分析部门间完全关联的特性，因此这里测算的贡献既包含了直接贡献，又包含了间接贡献。

对 SDA 的正式研究源于 Carter（1970）对投资和技术进步的动态分析，Rose 和 Casler（1996）对 SDA 进行了详细的文献综述，其后 Dietzenbacher 和 Los（1998，2000）等众多学者对 SDA 技术不断补充与完善。国内 SDA 的研究与应用源于 Chen（2000）等的介绍和研究，他们将国外 SDA 研究中对总产出的分解发展为对更常用的经济指标 GDP 的分解，并提出了一种按各因素贡献比例分解交互项的方法。李景华（2004）系统总结了国际上 SDA 研究的进展与缺陷，给出了一种基于合作博弈 Shapley（沙普利）值的 SDA 加权平均分解法。王会娟和陈锡康（2011）采用 SDA 方法研究了我国 1997～2002 年、2002～2007 年两个阶段的非农就业人数增长的背后因素；Zhang 等（2018）运用 SDA 对我国 1997～2002 年的汞排放进行分析，并进行各因素影响作用对比。刘庆燕等（2019）根据我国多区域投入产出表，采用 SDA 方法对 2001～2012 年山西省与国内其他省份的贸易隐含碳转移因素进行分析；Huang 等（2020）采用 SDA 方法对我国各行业进出口中的隐含金属消费进行分析，分别从整体、行业和子行业三个层面分析了驱动因素。许健等（2023）采用 SDA 方法测算了 2012～2017 年我国最终需求变动、进口变动以及技术进步对中国数字经济部门总产出增长的影响。可以看出，SDA 方法在经济、能源、碳排放、就业等领域都有了较为广泛的应用，是本章得以运用结构路径分解分析方法进行实证分析的基础。

目前对结构路径分解分析的研究也多集中在能源、碳排放等领域。Wood 和 Lenzen（2009）将结构路径分解分析方法应用于 1995 年和 2005 年澳大利亚的投入产出表分析中。Oshita（2012）利用结构路径分解分析方法研究了 1990 年和 2000 年日本供应链的碳排放变动原因。Oshita（2012）在结构路径分解分析的分解方法中选用了极分解法。de Boer（2009）认为在结构路径分解分析的分解方法上，Dietzenbacher 和 Los（1998）的分解技术比极分解技术更合适。Gui 等（2014）采用 SDA 和结构路径分解分析方法对比分析了我国 1992 年、1997 年、2002 年和 2007 年 35 部门碳排放变动的关键因素和关键路径。Owen 等（2016）在研究碳减排责任问题时，首次将结构路径分解分析方法运用在了不同的多区域投入产出数据库中，结果发现不同的数据库算出的碳减排责任的主要影响因素不同。谢锐等（2017）利用结构路径分解分析方法研究了从 1995 年到 2014 年我国碳排放量变动的影响因素和影响路径。结果显示，人均最终需求是碳排放增长的主要驱动因素，碳排放强度的变化在相当程度上抵消了碳排放的增长，固定资本形成—建筑部门—非金属矿物制品部门是主要的碳排放路径。张炎治等（2021）采用结构路径分解分析模型从总体、生产阶段、产业链三个层次对我国碳排放增长进行了递阶分解分析，识别出了 2010~2015 年我国碳排放增长的主要动因和路径。从已有文献可以看出，结构路径分解分析方法较多应用在碳排放领域，较少应用在就业领域，但是投入产出模型及相应的方法在就业领域的应用并不少见，因此将结构路径分解分析模型引入就业领域进行应用分析具有较强的实际应用价值。

二、结构路径分解分析方法的基本介绍

首先简单介绍一下 SDA，SDA 将两个不同时点上因变量的变动分解为 n 个自变量变动的影响，如式（6-1）所示，将非农就业的 SDA 分解为就业占用系数、技术系数以及最终需求三部分的影响。

$$\Delta L = L_1 - L_2 = \hat{A}_{l_1} B_1^D F_1^D - \hat{A}_{l_0} B_0^D F_0^D \tag{6-1}$$

由于 SDA 分解的结果具有不确定性，Dietzenbacher 和 Los（1998）表明当将考察变量分解为 n 个因素时，就会有 $n!$ 种可能的分解方式，$n!$ 种可能的分解方式的平均值是可以非常近似地用两级分解的平均值来估计的。de Boer（2008）也表示任何两个对称分解式的平均值都是很好的近似结果。

采用两极分解法将式（6-1）中的 $\hat{A}_{l_1} B_1^D F_1^D - \hat{A}_{l_0} B_0^D F_0^D$ 进一步展开，具体的两种分解形式如下：

$$\hat{A}_{l_1} B_1^D F_1^D - \hat{A}_{l_0} B_0^D F_0^D$$
$$= \hat{A}_{l_1} B_1^D F_1^D - \hat{A}_{l_0} B_1^D F_1^D + \hat{A}_{l_0} B_1^D F_1^D - \hat{A}_{l_0} B_0^D F_1^D + \hat{A}_{l_0} B_0^D F_1^D - \hat{A}_{l_0} B_0^D F_0^D$$
$$\hat{A}_{l_1} B_1^D F_1^D - \hat{A}_{l_0} B_0^D F_0^D$$
$$= \hat{A}_{l_1} B_1^D F_1^D - \hat{A}_{l_1} B_1^D F_0^D + \hat{A}_{l_1} B_1^D F_0^D - \hat{A}_{l_1} B_0^D F_0^D + \hat{A}_{l_1} B_0^D F_0^D - \hat{A}_{l_0} B_0^D F_0^D$$

进一步对两极分解法取均值得到如式（6-2）所示的 SDA 分解结果。

$$\Delta L = \frac{1}{2} \Delta \hat{A}_l \left(B_1^D F_1^D + B_0^D Y_0 \right) + \frac{1}{2} \left(\hat{A}_{l_1} \Delta B^D F_0^D + \hat{A}_{l_0} \Delta B^D F_1^D \right) + \frac{1}{2} \left(\hat{A}_{l_1} B_1^D + \hat{A}_{l_0} B_0^D \right) \Delta F^D \tag{6-2}$$

其中，l 的下角标 1 和 0 为两个不同时期；$B^D = (I - A^D)^{-1}$ 为国民经济部门间的技术联系；$\frac{1}{2} \Delta \hat{A}_l \left(B_1^D F_1^D + B_0^D Y_0 \right)$ 为单位产值占用就业系数的变动所拉动

的就业量,反映的是劳动效率变动对就业的影响;$\frac{1}{2}\left(\hat{A}_{l_1}\Delta B^D F_0^D + \hat{A}_{l_0}\Delta B^D F_1^D\right)$ 为完全消耗系数变动拉动的就业量,反映的是技术进步变动对就业的影响;$\frac{1}{2}\left(\hat{A}_{l_1}B_1^D + \hat{A}_{l_0}B_0^D\right)\Delta F^D$ 为最终需求变动拉动的就业量,反映了经济发展规模量的变化对就业的影响。式(6-2)将非农就业变动分解为单位产值占用就业系数变动效应、完全消耗系数变动效应和最终需求变动效应三大效应。

本章在对就业路径变化驱动因素的分析中,选择将经典的 SDA 技术与第五章所介绍的就业结构路径分析方法相结合,形成新的分析方法——结构路径分解分析方法。将就业变动的驱动因素分解为单位产值占用就业系数变动效应、最终需求部门结构变动效应、支出法 GDP 结构变动效应、GDP 变动效应以及直接和间接消耗系数变动效应。

根据就业投入占用产出模型以及结构路径分析方法,可以得到非农就业的路径结构关系,具体如式(6-3)所示。

$$L = \hat{A}_l[I + A^D + (A^D)^2 + (A^D)^3 + \cdots]SHG \qquad (6\text{-}3)$$

相较于式(6-1)非农就业的表达式,式(6-3)对最终需求列向量进行了进一步的展开分析,将最终需求列向量分解为三部分:部门结构效应、GDP 结构效应以及规模量。式(6-3)中 S 表示最终需求部门结构系数矩阵,H 表示支出法 GDP 结构系数矩阵,G 表示 GDP 列向量。

非农就业的结构路径分解式如式(6-4)所示。

$$
\begin{aligned}
\Delta L = {} & \left.\begin{aligned}
&\frac{1}{2}\Delta\hat{A}_l\left(S_0 H_0 G_0 + S_1 H_1 G_1\right) + \frac{1}{2}\left(\hat{A}_{l_1}\Delta S H_0 G_0 + \hat{A}_{l_0}\Delta S H_1 G_1\right) \\
&+ \frac{1}{2}\left(\hat{A}_{l_1}S_1\Delta H G_0 + l_0 S_0 \Delta H G_1\right) + \frac{1}{2}\left(\hat{A}_{l_0}S_0 H_0 + A_{l_1}S_1 H_1\right)\Delta G
\end{aligned}\right\}0\text{阶影响} \\[4pt]
& \left.\begin{aligned}
&+ \frac{1}{2}\Delta\hat{A}_l\left(A_0^D S_0 H_0 G_0 + A_1^D S_1 H_1 G_1\right) \\
&+ \frac{1}{2}\left(\hat{A}_{l_1}\Delta A^D S_0 H_0 G_0 + \hat{A}_{l_0}\Delta A^D S_1 H_1 G_1\right) \\
&+ \frac{1}{2}\left(\hat{A}_{l_1}A_1^D \Delta S H_0 G_0 + \hat{A}_{l_0}A_0^D \Delta S H_1 G_1\right) \\
&+ \frac{1}{2}\left(\hat{A}_{l_1}A_1^D S_1 \Delta H G_0 + \hat{A}_{l_0}A_0^D S_0 \Delta H G_1\right) \\
&+ \frac{1}{2}\left(\hat{A}_{l_0}A_0^D S_0 H_0 + \hat{A}_{l_1}A_1^D S_1 H_1\right)\Delta G
\end{aligned}\right\}1\text{阶影响}
\end{aligned}
$$

$$
\begin{aligned}
&+\frac{1}{2}\Delta\hat{A}_{l}\left(A_0^D A_0^D S_0 H_0 G_0 + A_1^D A_1^D S_1 H_1 G_1\right)\\
&+\frac{1}{2}\left(\hat{A}_{l_1}\Delta A^D A_0^D S_0 H_0 G_0 + \hat{A}_{l_0}\Delta A^D A_1^D S_1 H_1 G_1\right)\\
&+\frac{1}{2}\left(\hat{A}_{l_1}A_1^D\Delta A^D S_0 H_0 G_0 + \hat{A}_{l_0}A_0^D\Delta A^D S_1 H_1 G_1\right)\\
&+\frac{1}{2}\left(\hat{A}_{l_1}A_1^D A_1^D \Delta S H_0 G_0 + \hat{A}_{l_0}A_0^D A_0^D \Delta S H_1 G_1\right)\\
&+\frac{1}{2}\left(\hat{A}_{l_1}A_1^D A_1^D S_1 \Delta H G_0 + \hat{A}_{l_0}A_0^D A_0^D S_0 \Delta H G_1\right)\\
&+\frac{1}{2}\left(\hat{A}_{l_0}A_0^D A_0^D S_0 H_0 + \hat{A}_{l_1}A_1^D A_1^D S_1 H_1\right)\Delta G\\
&+\cdots
\end{aligned}
\left.\begin{aligned}\\ \\ \\ \\ \\ \\ \end{aligned}\right\} 2\text{阶影响}
$$

$$(6\text{-}4)$$

式（6-4）将普通 SDA 中的因素分解，扩展到了分别测度各因素带来的直接和间接影响。该式标注了 0 阶影响，即对直接效应的拉动进行了分解，分解成了没有技术联系的四个因素的影响。1 阶影响是考虑了一次生产消耗关系 A^D 之后对就业的一次间接拉动效应。2 阶影响是考虑了二次消耗关系 $A^D A^D$ 的影响，并且区分了 2 阶影响中的一次间接消耗所做的贡献，对二次消耗关联的两个矩阵乘积进行了依次分解分析。可以按照此思路进一步进行 3 阶影响、4 阶影响等更多分析。

总结来看，本节主要介绍了结构路径分解分析方法，从发展起源到模型构建，针对非农就业变动这一问题建立了较为完整的模型公式。

本章第二、三节将在第五章结构路径分析基础上进一步进行结构路径分解分析，基础的资料来源仍然是 2002 年、2007 年、2012 年的投入产出表。首先需要构建逐年的非竞争型就业投入占用产出表，根据第五章非竞争型投入产出表的处理方法和第二章的时序就业向量编制方法，编制我国非竞争型投入产出表，并进行价格处理。在对 2002～2007 年和 2007～2012 年两个阶段的非农就业变动做结构路径分解时，上述三个年份的投入产出表是以现价表示的，受价格因素影响，分解因素之一——GDP 变动效应对就业的影响较大，因此直接探讨就业的变动不具有可比性。本章利用 GDP 平减指数解决这一问题，以 2007 年的价格水平为基准，对 2002 年和 2012 年的投入产出表数据进行价格调整，从而剔除价格因素的影响。

第二节　最终需求对非农就业变动的影响分析

2002 年、2007 年、2012 年我国非农就业人数及各类最终需求拉动的非农就业人数占比情况如表 6-1 所示。我国非农就业十年间的年均增速高达 3.3%，年均增长 1429 万人，三个年份中固定资本形成、政府消费所拉动的非农就业人数最多，其次是城镇居民消费、出口，拉动非农就业人数最少的是农村居民消费及其他。

表 6-1　非农就业人数及各类最终需求拉动的非农就业人数占比情况

年份	非农就业人数/万人	各类最终需求拉动的非农就业人数占比					
		农村居民消费	城镇居民消费	政府消费	固定资本形成	出口	其他
2002	36 640	7.4%	20.8%	28.2%	26.5%	18.2%	−1.0%
2007	44 590	5.6%	18.5%	23.1%	28.8%	22.9%	1.2%
2012	50 931	5.2%	19.3%	20.5%	35.1%	18.89%	1.1%

资料来源：根据本章编制的就业投入占用产出表测算得到

注：占比加总不等于 100%，为修约所致

将第五章式（5-3）中的 f_j^D 替换为农村居民消费、城镇居民消费等各类最终需求，计算得到 2002 年、2007 年、2012 年最终需求拉动的在前 7 阶的累计非农就业情况，如图 6-1 所示（前 7 阶所拉动的就业人数已经达到总就业人数的 98.3%）。3 个年份对比来看，政府消费、农村居民消费拉动的就业量基本没有变化，城镇居民消费拉动的就业量呈现小幅增加趋势，出口拉动的就业量经历了先增后稳定的过程，变化最大的是固定资本形成，固定资本形成拉动的就业量显著增加。

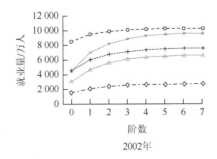

2002年

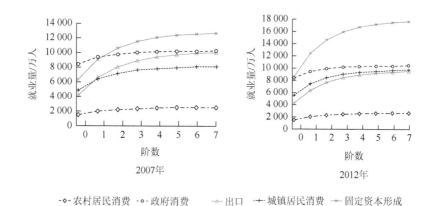

图 6-1 2002 年、2007 年和 2012 年最终需求拉动前 7 阶累计非农就业对比图

为进一步探究非农就业在两阶段中变化的原因以及不同种类的最终需求对非农就业的影响模式，本章将对 2002～2007 年和 2007～2012 年两阶段非农就业的变动进行因素分解。

一、各因素变动对非农就业的影响

由于最终需求对非农就业拉动的 2 阶影响已经覆盖非农就业总数的 80%以上，因此本书仅对前两阶就业变动进行分解。根据公式（6-3），进一步将非农就业的变动分解为六大影响因素，分别为单位产值占用就业系数变动效应、最终需求部门结构变动效应、支出法 GDP 结构变动效应、GDP 规模变动效应、一次间接就业的直接消耗系数变动效应（一次间接技术变动效应）以及二次间接就业的直接消耗系数变动效应（二次间接技术变动效应）。表 6-2 显示了在非农就业前两阶就业的变动中最终需求各因素变动对非农就业的影响。

表 6-2 最终需求各因素变动对非农就业的影响 　　　　单位：万人

影响因素	2002～2007 年	2007～2012 年
单位产值占用就业系数变动效应	−14 835	−15 289
最终需求部门结构变动效应	1 087	−61.2
支出法 GDP 结构变动效应	−2 422	1 058
GDP 规模变动效应	21 275	17 476
一次间接技术变动效应	373	900
二次间接技术变动效应	305	814

资料来源：根据本章编制的就业投入占用产出表测算得到

2002～2007 年非农就业在前两阶变动中共增加就业 5783 万人，如表 6-2 所示。GDP 规模变动效应是主要驱动力量，带动非农就业增加 21 275 万人；单位产值占用就业系数变动效应和支出法 GDP 结构变动效应共使非农就业减少 17 257 万人；在 1 阶就业的变动中，间接技术变动拉动非农就业增加 373 万人；在 2 阶就业的变动中，间接技术变动带动非农就业增加 305 万人。

2007～2012 年非农就业的前两阶就业增加了 4897.8 万人，较 2002～2007 年下降 885.2 万人，主要原因为此阶段单位产值占用就业系数变动效应的消极影响增强，拉动非农就业减少 15 289 万人，最终需求部门结构变动效应也使得非农就业少量减少；同时 GDP 规模变动效应减弱，拉动的非农就业比上一阶段减少 3799 万人；此阶段中间接技术变动对 1 阶就业和 2 阶就业的积极影响都在增强，其拉动的非农就业分别是 2002～2007 年的 2.41 倍和 2.67 倍。

从对比结果中可以看出，影响非农就业增加的主要因素还是经济总量的扩展，即 GDP 规模变动效应的提升，使得非农就业减少的因素主要是单位产值占用就业系数变动效应的下降，也就是劳动生产率的提高，因为单位产值占用的劳动力变少了，从而非农就业的总量有较大幅度的减少。同时，还可以看到，虽然规模量的增大使得非农就业有了较大幅度的增加，但是支出法 GDP 结构变动效应并不是一直在增加非农就业，其在前后两个阶段表现出了不同的作用。

二、支出法 GDP 结构变动对非农就业的影响

支出法 GDP 结构变动效应从 2002～2007 年的消极效应转变为 2007～2012 年的积极效应，将支出法 GDP 结构细分可以进一步考察农村居民消费、城镇居民消费、政府消费、固定资本形成以及出口的 GDP 占比变化情况对非农就业的影响。图 6-2 显示了两阶段各项最终需求占 GDP 的比重变动的就业效应。

2002～2007 年农村居民消费、城镇居民消费和政府消费占 GDP 的比重变动不利于非农就业增加，三者共导致前两阶非农就业减少 4639 万人，其中政府消费占比超过 50%；固定资本形成和出口占 GDP 的比重变动构成此阶段非农就业增加的积极因素，出口占 GDP 的比重变动为前两阶非农就业的增加贡献了 2316 万人，有效抑制了一部分由消极因素导致的非农就业的减少。

2007～2012 年城镇居民消费、政府消费占 GDP 的比重变动由消极影

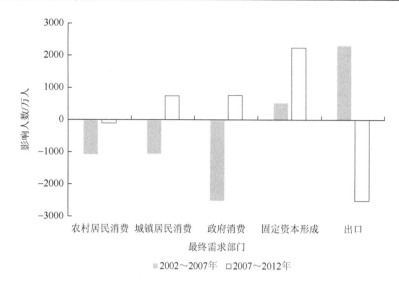

图 6-2　各项最终需求占 GDP 的比重变动的就业效应

响转为积极影响,固定资本形成占 GDP 的比重变动的积极影响加强,上述三个积极因素共拉动非农就业在前两阶中增长 3754 万人,其中约 60% 由固定资本形成带来;农村居民消费占 GDP 的比重变动对非农就业的消极影响减弱;出口占 GDP 的比重变动效应由积极转为消极。

综上可以看出,2002~2007 年和 2007~2012 年非农就业前两阶的就业变动中,单位产值占用就业系数变动是导致非农就业减少的主要消极因素,GDP 规模变动是推动就业增长的积极因素。单位产值占用就业系数变动对非农就业的负向效应在后一阶段加深,GDP 规模变动对非农就业的正向影响在后一阶段减弱。一次间接技术变动效应和二次间接技术变动效应在两阶段中对非农就业均具有正向影响,且后一阶段的正向影响增强。最终需求部门结构变动效应在两阶段中对非农就业存在正、反两方面影响,在 2002~2007 年带动就业增加,后一阶段导致就业减少。与之相反的是支出法 GDP 结构变动效应,该效应在 2002~2007 年对非农就业有较大负面影响,在 2007~2012 年推动就业增长。

在最终需求部门结构变动效应中,2002~2007 年农村居民消费的部门结构变动是非农就业的主要推动力量,政府消费、固定资本形成以及出口的部门结构变动共同导致非农就业减少。2007~2012 年,出口的部门结构变动效应由消极转为积极,农村居民消费、城镇居民消费部门结构变动效应转为消极。

2002~2007 年,支出法 GDP 结构变动对非农就业的负面影响由政府消费、农村居民消费、城镇居民消费占 GDP 的比重变动共同导致，其中政府消费占 GDP 的比重变动为主要因素。2007～2012 年，固定资本形成占 GDP 的比重变动是推动此阶段非农就业增长的主要力量，此外，城镇居民消费、政府消费占 GDP 的比重变动对非农就业有正向影响，但影响较弱。

第三节　非农就业关键路径分解分析

第五章介绍了关键路径的提取，本章第二节对 2002～2007 年和 2007～2012 年两阶段非农就业的变动进行了结构分解，考察非农就业的变动原因。本节将两种方法结合运用，首先找到在两阶段中就业变动较大的路径，并对该条路径值的变动原因进行探讨。

一、1 阶路径变动原因分析

2002～2007 年，最终需求对非农就业的 1 阶影响中，出口带动 754.2 万人就业，主要由金属制品、机械和设备制造及修理业的 218.6 万人就业增长拉动；固定资本形成使就业增加 298.3 万人，其中交通运输、仓储和邮政部门带来 143.6 万人就业。

2007～2012 年，最终需求 1 次间接拉动 1437 万人就业，固定资本形成带来 1118.5 万人就业，其中非金属矿物制品部门，金属制品、机械和设备制造及修理业，以及科学研究和技术服务部门分别拉动 297.3 万人、224.5 万人和 205.1 万人就业；出口使 1 阶就业减少 191 万人，金属冶炼和压延加工品部门就业减少 70 万人。

通过对 2002～2007 年和 2007～2012 年最终需求对非农就业的传导路径的变动分析发现，建筑部门的固定资本形成对非金属矿物制品部门的就业拉动作用明显，在两阶段中均呈增长状态；建筑部门的固定资本形成对交通运输、仓储和邮政部门的就业在前一阶段具有积极影响，在后一阶段具有消极影响；金属制品、机械和设备制造及修理业的就业主要受自身的固定资本形成影响。上述三条路径是固定资本形成对非农就业传导作用的主要变动路径，同时也构成了我国经济的主要就业链，下面将对这三条路径做进一步结构分解分析。

首先定义 dl 指单位产值占用就业系数变动效应，dA1 指一次间接技术变动效应，dS 指最终需求部门结构变动效应，dH 指支出法 GDP 结构变动效应，dF 指 GDP 规模变动效应。

路径 1，固定资本形成：建筑—非金属矿物制品。

2002～2007 年，建筑部门的固定资本形成一次间接拉动非金属矿物制品部门 106.6 万人就业，而在 2007～2012 年这一数字达到 283 万人。图 6-3 显示了各种因素对该条路径值的影响。2002～2007 年，拉动建筑—非金属矿物制品部门路径就业增长的原因，首要的是建筑部门对非金属矿物制品部门的一次间接技术变动，其拉动该部门就业增加 653 万人，此外 GDP 规模变动也带来 570 万人的就业。非金属矿物制品部门单位产值占用就业系数变动给就业带来较大的负面影响，使该部门就业减少 1032 万人。2007～2012 年，非金属矿物制品部门的单位产值占用就业系数变动、建筑部门对非金属矿物制品部门的一次间接技术变动以及固定资本形成中建筑部门的结构变动均不利于非金属矿物制品部门就业，但其影响较小；GDP 规模变动是该部门就业的主要推动力量。

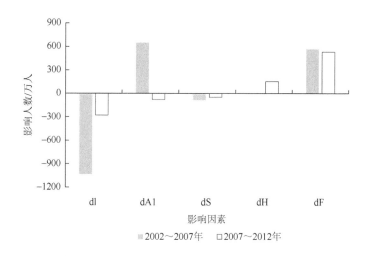

图 6-3 建筑—非金属矿物制品就业路径因素分析

路径 2，固定资本形成：建筑—交通运输、仓储和邮政。

2002～2007 年，建筑部门的固定资本形成一次间接拉动交通运输、仓储和邮政部门就业 131.2 万人，而在 2007～2012 年该条路径就业减少 116 万人。图 6-4 显示了两阶段中该条路径值变化的原因。

如图 6-4 所示，2002～2007 年，GDP 规模变动拉动建筑—交通运输、仓储和邮政路径就业增长 163.6 万人，是该时期主要的推动力量，其次建筑部门对交通运输、仓储和邮政部门的一次间接技术变动拉动就业增加 109 万人，交通运输、仓储和邮政部门的单位产值占用就业系数变动使本

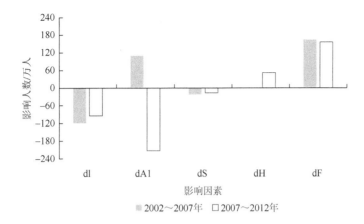

图 6-4 建筑—交通运输、仓储和邮政就业路径因素分析

部门就业减少 120 万人。2007～2012 年，该条路径就业减少主要由建筑部门对交通运输、仓储和邮政部门的一次间接技术变动引起。

路径 3，出口：金属制品、机械和设备制造及修理业—金属冶炼和压延加工品。

2007～2012 年，金属制品、机械和设备制造及修理业的出口需求带动金属冶炼和压延加工品部门的就业减少 53 万人，图 6-5 显示了 2007～2012 年各因素变动对该路径值的影响。

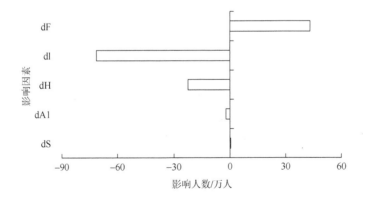

图 6-5 金属制品、机械和设备制造及修理业—金属冶炼和压延加工品就业路径因素分析

如图 6-5 所示，2007～2012 年阶段，金属冶炼和压延加工品部门的单位产值占用就业系数变动、出口占 GDP 的比重变动以及金属制品、机械和设备制造及修理业对金属冶炼和压延加工品部门的一次间接技术变动是影

响金属制品、机械和设备制造及修理业—金属冶炼和压延加工品该条路径值的三个负面因素，共使得就业减少 96 万人。GDP 规模变动带动该条路径就业增长 43 万人，但其积极作用较小。

二、2 阶路径变动原因分析

2002~2007 年，最终需求对非农就业的 2 阶影响中，出口带动就业增长 538 万人，固定资本形成带动就业增长 265 万人。

2007~2012 年，出口对非农就业的二次间接影响为导致就业减少 142.8 万人，固定资本形成、农村居民消费、城镇居民消费以及政府消费的 2 阶影响为积极影响，其中固定资本形成拉动 681 万人就业，城镇居民消费拉动 233 万人就业。

路径 1，出口：金属制品、机械和设备制造及修理业—金属制品、机械和设备制造及修理业—金属制品、机械和设备制造及修理业。

2002~2007 年，金属制品、机械和设备制造及修理业的出口需求通过两次部门自身的关联作用带动本部门就业增加 82.8 万人，为最主要的出口拉动路径。在该条路径中，单位产值占用就业系数变动拉动就业减少 107.6 万人，GDP 规模变动效应拉动就业增加 105.8 万人，两者作用相反，相互抵消。二次间接技术变动共拉动就业增长 59 万人，该部门的出口最终需求部门结构变动带动就业增加 25 万人。支出法 GDP 结构变动效应可忽略不计。

路径 2，固定资本形成：建筑—非金属矿物制品—煤炭采选产品。

2002~2007 年，在建筑部门的固定资本形成通过与非金属矿物制品部门的关联关系拉动煤炭采选产品部门就业的路径中，各因素共拉动就业增长 27.1 万人。在 2007~2012 年该条路径值减小了 8.2（万人）。图 6-6 显示了两阶段中该条路径的各种影响因素及效应大小。

如图 6-6 所示，2002~2007 年煤炭采选产品的单位产值占用就业系数变动是该条路径的主要负面因素，导致就业减少 34 万人。GDP 规模变动效应、建筑部门对非金属矿物制品部门的二次间接技术变动效应以及非金属矿物制品部门对煤炭采选产品部门的一次间接技术变动效应为就业的积极影响因素，正效应依次减弱，分别拉动就业增长 26.9 万人、25.6 万人和 12.4 万人。

2007~2012 年阶段使该条路径就业减少的负面影响因素依然主要为煤炭采选产品的单位产值占用就业系数变动效应，此外，建筑部门的固定资本形成占比变动、建筑部门对非金属矿物制品部门的一次间接技术变动以及非金属矿物制品部门对建筑部门的一次间接技术变动都使得该条就业路径值减小，但幅度较小。

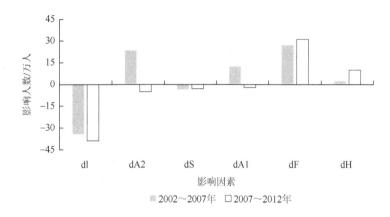

图 6-6 建筑—煤炭采选产品就业路径因素分析

dA2 指二次间接技术效应

第四节 本 章 小 结

本章在第五章结构路径分析方法的基础上，结合 SDA 构建了以就业为目标的结构路径分解分析方法，相对于 SDA，结构路径分解分析能够对重要传导路径进行分析，具有较强的链条分析优势。如图 6-7 所示，本章首先介绍了结构路径分解分析方法，其次进行了实证分析，将我国非农就业

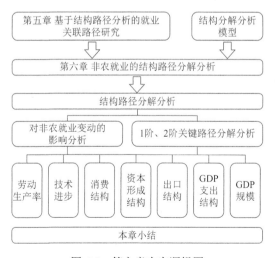

图 6-7 第六章内容逻辑图

的变动分解为单位产值占用就业系数变动效应、最终需求部门结构变动效应、支出法 GDP 结构变动效应、GDP 规模变动效应、一次间接技术变动效应、二次间接技术变动效应六大影响因素,考察六大因素的相互作用对非农就业的影响。最后通过第三节对在两阶段中就业路径值变化较大的路径进行因素分解分析,探究该路径值变动的主要原因。

鉴于本章的研究结论,提出如下政策建议。

第一,在制定经济政策时,仍要把稳增长放在首位,使中国经济继续保持中高速增长,以人民生活水平的提高带动人民生产积极性,进而带动就业。在 2002~2007 年和 2007~2012 年两阶段 GDP 规模变动效应对非农就业的增长始终起积极推动作用,但在后一阶段影响作用减弱。单位产值占用就业系数变动效应是非农就业的主要反向作用力,且这一力量在 2007~2012 年有所增强;一次间接技术变动效应和二次间接技术变动效应在两阶段中对非农就业具有积极正向影响,二者在后一阶段的影响力均增大。最终需求部门结构变动效应和支出法 GDP 结构变动效应在两阶段中对非农就业具有相反影响。

第二,在稳定经济增长的前提下,应切实把握好消费、投资、出口三者之间的关系,在供给侧结构性改革的大环境下,有计划、分步骤地扩大内需,减轻对外依赖程度,利用好的 GDP 结构创造更多就业。最终需求部门结构变动效应在 2002~2007 年带来的就业增长主要体现在农村居民消费的部门结构变动上。2007~2012 年农村居民消费、城镇居民消费、政府消费和固定资本形成的部门结构变动共同导致此阶段非农就业减少。支出法 GDP 结构变动效应在 2002~2007 年拉动非农就业增加主要为出口占 GDP 的比重变动所拉动的。2007~2012 年城镇居民消费、政府消费和固定资本形成占 GDP 的比重变动共同推动非农就业增加。

第三,重视建筑业所在的就业链条稳定性。在非农就业的变动中,由建筑部门的固定资本形成带动的非金属矿物制品部门的就业增长构成了就业变动的主要路径。在该条路径中,2002~2007 年就业的增长主要受 GDP 规模变动的影响和建筑部门对非金属矿物制品部门的一次间接技术变动的影响。在 2007~2012 年,非金属矿物制品部门单位产值占用就业系数变动的消极影响减弱。

第四,在劳动生产率的提升对非农就业的负面冲击不可改变的前提下,通过结构调整促进就业成为重要途径。2007~2012 年支出法 GDP 结构转好,消费和投资占 GDP 的比重上升,出口占 GDP 的比重下降,这种结构变动使非农就业增加。2002～2007年最终需求部门结构变动带动就业增加。2007～2012年最终需求部门结构恶化，就业人数减少。其中消费部门结构恶化严重，城镇居民消费部门结构恶化是主因，对就业人数减少起主要作用，而出口部门结构好转，带动就业。

第七章　就业投入占用产出价格模型及应用

价格管理是我国进行宏观调控的重要内容，价格调整则是价格管理中的主要内容。在较为完整的经济系统中，各部门间的产品价格也是存在着密切的关联关系的，一个或几个生产部门的产品价格变动会使其他部门的产品价格发生变化。这种价格间的传导很大程度上是通过部门间的相互消耗关系体现出来的，是通过成本变动进行的传导。当要考察一种或几种商品价格变动对经济系统各部门产品价格波动的影响时，就需要将产品间消耗关系体现出的连锁反应考虑在内，那么投入产出价格模型就成为测度价格变化连锁影响较为合适的方法。

新时代我国社会的主要矛盾已经转化为人民日益增长的美好生活需要和不平衡不充分的发展之间的矛盾。对社会中大多数劳动者而言，工资是满足其家庭生活需要的主要收入来源，同时，工资作为连接消费和生产的纽带，会影响消费需求与生产供给进而改变产业结构，是促进产业结构升级与经济增长的重要因素。提高工资水平有利于维护劳动者的合理报酬权益，使广大普通职工及其家庭成员能够分享经济发展的成果；有利于扩大国内消费需求，促进国民经济持续又好又快地发展；有利于改善工资分配关系，缩小收入分配差距，促进社会公平，实现共同富裕。"十四五"规划和党的二十大报告再次强调，提高劳动报酬在初次分配中的比重[①]。本章将首先介绍投入产出价格模型，其次通过区分加工出口的非竞争型就业投入占用产出模型，建立相应的价格模型，实证分析非农工资上涨带来的影响。

第一节　投入产出价格模型基本介绍

最为经典的投入产出价格模型包括价格形成模型、价格变动影响测算模型，价格形成模型是基于实物性投入产出表进行推导的，有价值表、实物-价值表的价格模型形式，具体可以参考陈锡康等（2018）的研究。本

---

① 《习近平：高举中国特色社会主义伟大旗帜　为全面建设社会主义现代化国家而团结奋斗——在中国共产党第二十次全国代表大会上的报告》，https://www.gov.cn/xinwen/2022-10/25/content_5721685.htm，2022-10-25。

节只介绍与本章关系最为密切的投入产出价格变动影响测算模型。这个价格模型主要用来测算部分产品价格变动对其他产品价格或整体物价水平的影响。根据前几章的介绍可以知道，投入产出模型全面体现了国民经济各部门之间的生产联系，在研究产业关联、关键路径等方面具有优势。那么本章所介绍的投入产出价格模型能充分考虑产业部门间的价格传导影响机制，对于进行价格形成、价格影响以及波及效应等方面的测算具有优势，并且计算出来的价格影响系数是一种考虑了产业间复杂消耗关系的完全影响系数。

任何数学模型均有其局限性，本章介绍的投入产出价格模型主要基于如下三点假设。

第一，各部门产品价格随成本的提高而提高，不考虑企业通过提高生产率、提高管理效率、降低营业盈余等方式对成本提高所进行的内部消化。

第二，假定其他条件，如直接消耗系数、利润、税收、固定资产折旧等均不变，也不考虑供求关系、政府价格调控等因素对产品价格的影响。

第三，不考虑价格传导时滞问题，价格产生的影响是通过产业链瞬时传递出去的，不存在价格波动的时间差问题。

本章投入产出价格模型所基于的投入产出表式如第二章的表2-6所示，各符号的含义也均与第二章相同。

一、单部门产品价格变动的影响

若在进行宏观调控时对某个部门产品价格进行了调整，则这个部门产品作为 A 部门的中间消耗品，必然使得 A 部门的生产成本提升，这属于某部门价格变动产生的直接影响效应。某部门价格变动直接使得 A 部门生产成本提升的同时，也使得采用 A 部门产品作为中间产品的 B 部门的生产成本上升，进而采用 B 部门产品作为生产成本的其他部门也会发生类似的连锁反应，这属于某部门价格变动产生的间接影响效应。

假设对国民经济部门中某单一部门产品的价格进行调整，该部门是投入产出表中的第 s 部门，那么通过矩阵中的初等行变换与初等列变换，总可以将第 s 部门调整至投入产出表的最后一个部门，即第 n 部门的位置。因此，本章假定第 n 个部门为进行价格调整的部门，测度前 $n-1$ 个部门产品价格受到的不同程度的影响。

根据表2-6，得到部门间的列向平衡关系：

$$\sum_{i=1}^{n} z_{ij} + v_j = x_j \tag{7-1}$$

其中，v_j 为 j 部门的增加值，是表 2-6 中第 j 部门的固定资本消耗、劳动者报酬、生产税净额、营业盈余的加和。

第 n 部门产品价格调整为 Δp_n，假设其他 $n-1$ 个受到影响的部门产品价格变化为 $\Delta p_i, i = 1, 2, \cdots, n-1$。在各部门产品价格调整完成，重新达到稳态后，新的列向平衡关系如式（7-2）所示。

$$\sum_{i=1}^{n}(1+\Delta p_i)z_{ij} + v_j = (1+\Delta p_j)x_j \tag{7-2}$$

式（7-2）减去式（7-1）得到

$$\sum_{i=1}^{n}\Delta p_i z_{ij} = \Delta p_j x_j \tag{7-3}$$

式（7-3）等式两边同时除以 x_j，令 $a_{ij} = z_{ij}/x_j$，得到式（7-4）所示的投入产出价格模型基础形式。

$$\Delta p_j = \sum_{i=1}^{n}\Delta p_i a_{ij}, j = 1, 2, \cdots, n-1 \tag{7-4}$$

为了测度出前 $n-1$ 个部门产品价格受到的影响，采用矩阵形式推导，令价格变动列向量 $\Delta P = (\Delta p_1, \Delta p_2, \cdots, \Delta p_n)^{\mathrm{T}}$，则式（7-4）可以写为矩阵形式：

$$\overline{A}\Delta P = \Delta P \tag{7-5}$$

其中，$\overline{A}$ 为投入产出模型中直接消耗系数矩阵 A 的变形，如式（7-6）所示，A 的前 $n-1$ 行和前 $n-1$ 列的转置构成了 $\overline{A}$ 的左上部分，$\overline{A}$ 的最后一行为最后一个元素为 1、其他元素为 0 的行向量，$\overline{A}$ 的最后一列的前 $n-1$ 个元素是 A 最后一行的前 $n-1$ 个元素。

$$\overline{A} = \begin{bmatrix} a_{11} & \cdots & a_{n-1,1} & a_{n,1} \\ \vdots & \ddots & \vdots & \vdots \\ a_{1,n-1} & \cdots & a_{n-1,n-1} & a_{n,n-1} \\ 0 & \cdots & 0 & 1 \end{bmatrix} \tag{7-6}$$

式（7-5）可以进一步写为

$$(I - \overline{A})\Delta P = 0 \tag{7-7}$$

将式（7-7）展开写成方程组的形式为

$$\begin{bmatrix} 1-a_{11} & \cdots & -a_{n-1,1} & -a_{n,1} \\ \vdots & \ddots & \vdots & \vdots \\ -a_{1,n-1} & \cdots & 1-a_{n-1,n-1} & -a_{n,n-1} \\ 0 & \cdots & 0 & 0 \end{bmatrix}\begin{bmatrix} \Delta p_1 \\ \Delta p_2 \\ \vdots \\ \Delta p_n \end{bmatrix} = 0 \tag{7-8}$$

因为第 n 部门产品价格变动 Δp_n 为主动调整方，所以式（7-8）等价为

$$\left(I_{n-1} - \overline{A}_{n-1}\right)\Delta P_{n-1} = \Delta p_n \overline{A}_{\cdot n} \tag{7-9}$$

其中，

$$I_{n-1} - \overline{A}_{n-1} = \begin{bmatrix} 1-a_{11} & \cdots & -a_{n-2,1} & -a_{n-1,1} \\ \vdots & \ddots & \vdots & \vdots \\ -a_{1,n-2} & \cdots & 1-a_{n-2,n-2} & -a_{n-1,n-2} \\ -a_{1,n-1} & \cdots & -a_{n-2,n-1} & 1-a_{n-1,n-1} \end{bmatrix}$$

$$\Delta P_{n-1} = \begin{bmatrix} \Delta p_1 \\ \vdots \\ \Delta p_{n-2} \\ \Delta p_{n-1} \end{bmatrix} \quad \overline{A}_{\bullet n} = \begin{bmatrix} a_{n,1} \\ \vdots \\ a_{n,n-2} \\ a_{n,n-1} \end{bmatrix}$$

$\overline{A}_{\bullet n}$ 即为 $\overline{A}$ 的第 n 列的前 $n-1$ 个元素组成的列向量。

进一步，利用线性代数中矩阵分析的相关知识可以求得 $I_{n-1} - \overline{A}_{n-1}$ 为可逆矩阵，根据式（7-9）可以进一步得到投入产出价格模型，如式（7-10）所示。

$$\Delta P_{n-1} = \Delta p_n \left(I_{n-1} - \overline{A}_{n-1} \right)^{-1} \overline{A}_{\bullet n} \tag{7-10}$$

二、多部门产品价格变动的影响

假设国民经济中有 k 个部门产品价格主动发生变化，在投入产出表中，总可以通过矩阵变换中的初等行变换与初等列变换，将这 k 个部门调至投入产出表的最后 k 个部门的位置（从第 $n-k+1$ 个部门到第 n 个部门）。因此，本节在考虑多部门产品价格变动的影响时，假设投入产出表中后 k 个部门为首先变化的部门，价格变动用向量表示为 $\Delta P_k = (\Delta p_{n-k+1}, \cdots, \Delta p_n)^{\mathrm{T}}$，进而通过投入产出价格模型来测度前 $n-k$ 个部门产品价格受到的波动影响情况，前 k 个部门的价格变动用向量表示为 $\Delta P_{n-k} = (\Delta p_1, \cdots, \Delta p_{n-k})^{\mathrm{T}}$。

类似于通过对式（7-1）～式（7-3）的推导得到式（7-4），本节也可以得到式（7-11）：

$$\Delta p_j = \sum_{i=1}^{n} \Delta p_i a_{ij}, \quad j = 1, 2, \cdots, n-k \tag{7-11}$$

为了求解方便，令直接消耗系数矩阵 A 的分块形式表示如下：

$$A = \begin{bmatrix} A_{n-k} & A_{n-k,k} \\ A_{k,n-k} & A_k \end{bmatrix} \tag{7-12}$$

则式（7-11）的矩阵形式为

$$\begin{bmatrix} A_{n-k}^{\mathrm{T}} & A_{k,n-k}^{\mathrm{T}} \\ 0 & I_k \end{bmatrix} \begin{bmatrix} \Delta P_{n-k} \\ \Delta P_k \end{bmatrix} = \begin{bmatrix} \Delta P_{n-k} \\ \Delta P_k \end{bmatrix} \tag{7-13}$$

可进一步写为

$$\begin{bmatrix} \left(I_{n-k}-A_{n-k}\right)^{\mathrm{T}} & -A_{k,n-k}^{\mathrm{T}} \\ 0 & 0 \end{bmatrix}\begin{bmatrix} \Delta P_{n-k} \\ \Delta P_k \end{bmatrix}=0 \qquad (7\text{-}14)$$

求解式（7-14）即可得到多部门产品价格变动时其他部门受到的影响效应：

$$\Delta P_{n-k}=\left[\left(I_{n-k}-A_{n-k}\right)^{\mathrm{T}}\right]^{-1}A_{k,n-k}^{\mathrm{T}}\Delta P_k=\left[A_{k,n-k}\left(I_{n-k}-A_{n-k}\right)^{-1}\right]^{\mathrm{T}}\Delta P_k \quad (7\text{-}15)$$

三、增加值变动带来的产品价格变动影响

一般来说，除了部门产品价格变化使其他部门产品价格发生变化，还有一种情况，就是增加值构成部分的劳动者报酬、生产税净额、营业盈余等发生变化，通过主动调整该部门的收益率来实现对其他部门价格的影响。如果对某部门的增加值进行调整，则其他对该部门有直接消耗关系的波动部门，以及通过部门间产业关联产生的间接波动部门，都会受到增加值调整带来的成本波动影响。

均衡状态下，各部门的列向平衡关系仍然如式（7-1）所示，仍然假设后 k 个部门的价格变化为 $\Delta p_{n-k+1}, \Delta p_{n-k+2}, \cdots, \Delta p_n$，对这 k 个部门的增加值进行调整，相应的增加值的变化率为 $\Delta v_{n-k+1}, \Delta v_{n-k+2}, \cdots, \Delta v_n$，则后 k 个部门实现对增加值的调整之后，其列向平衡关系如式（7-16）所示。

$$\sum_{i=1}^{n}\left(1+\Delta p_i\right)z_{ij}+\left(1+\Delta v_j\right)v_j=\left(1+\Delta p_j\right)x_j,\ j=n-k+1,\cdots,n \qquad (7\text{-}16)$$

前 $n-k$ 个部门的列向平衡关系如式（7-17）所示。

$$\sum_{i=1}^{n}\left(1+\Delta p_i\right)z_{ij}+v_j=\left(1+\Delta p_j\right)x_j,\ j=1,2,\cdots,n-k \qquad (7\text{-}17)$$

分别用式（7-16）和式（7-17）减去式（7-1），并在等式两边同时除以 x_i，得到式（7-18）、式（7-19）。

$$\sum_{i=1}^{n}\Delta p_i a_{ij}+\Delta v_j a_{vj}=\Delta p_j,\ j=n-k+1,\cdots,n \qquad (7\text{-}18)$$

$$\sum_{i=1}^{n}\Delta p_i a_{ij}=\Delta p_j,\ j=1,2,\cdots,n-k \qquad (7\text{-}19)$$

其中，$a_{vj}=v_j/x_j$，表示第 j 部门的增加值率。

将式（7-18）和式（7-19）共同用矩阵形式表示为

$$\begin{bmatrix} \Delta p_1 \\ \vdots \\ \Delta p_{n-k} \\ \Delta p_{n-k+1} \\ \vdots \\ \Delta p_n \end{bmatrix}^{\mathrm{T}} \begin{bmatrix} a_{11} & \cdots & a_{1,n-k} & a_{1,n-k+1} & \cdots & a_{1n} \\ \vdots & \ddots & \vdots & \vdots & \ddots & \vdots \\ a_{n-k,1} & \cdots & a_{n-k,n-k} & a_{n-k,n-k+1} & \cdots & a_{n-k,n} \\ a_{n-k+1,1} & \cdots & a_{n-k+1,n-k} & a_{n-k+1,n-k+1} & \cdots & a_{n-k+1,n} \\ \vdots & \ddots & \vdots & \vdots & \ddots & \vdots \\ a_{n1} & \cdots & a_{n,n-k} & a_{n,n-k+1} & \cdots & a_{nn} \end{bmatrix}$$

$$+ \begin{bmatrix} 0 \\ \vdots \\ 0 \\ \Delta v_{n-k+1} a_{v_{n-k+1}} \\ \vdots \\ \Delta v_n a_{v_n} \end{bmatrix}^{\mathrm{T}} = \begin{bmatrix} \Delta p_1 \\ \vdots \\ \Delta p_{n-k} \\ \Delta p_{n-k+1} \\ \vdots \\ \Delta p_n \end{bmatrix} \tag{7-20}$$

进一步整理，得到矩阵形式：

$$\left(0_{n-k}^{\mathrm{T}} \quad \Delta V_k^{\mathrm{T}} \right) (I-A)^{-1} = \left(\Delta P_{n-k}^{\mathrm{T}} \quad \Delta P_k^{\mathrm{T}} \right) \tag{7-21}$$

即

$$\left(0_{n-k}^{\mathrm{T}} \quad \Delta V_k^{\mathrm{T}} \right) \begin{bmatrix} \tilde{B}_{n-k} & \tilde{B}_{n-k,k} \\ \tilde{B}_{k,n-k} & \tilde{B}_k \end{bmatrix} = \left(\Delta P_{n-k}^{\mathrm{T}} \quad \Delta P_k^{\mathrm{T}} \right) \tag{7-22}$$

其中，$\Delta V_k = \left(\Delta v_{n-k+1} a_{v_{n-k+1}}, \cdots, \Delta v_n a_{v_n} \right)^{\mathrm{T}}$。

进一步化简式（7-22），得到式（7-23）。

$$\left(\Delta V_k^{\mathrm{T}} \tilde{B}_{k,n-k} \quad \Delta V_k^{\mathrm{T}} \tilde{B}_k \right) = \left(\Delta P_{n-k}^{\mathrm{T}} \quad \Delta P_k^{\mathrm{T}} \right) \tag{7-23}$$

根据对应相等关系，受后 k 个部门增加值的调整影响，这 k 个部门的价格变动为

$$\Delta P_k^{\mathrm{T}} = \Delta V_k^{\mathrm{T}} \tilde{B}_k \tag{7-24}$$

前 $n-k$ 个部门的价格变动为

$$\Delta P_{n-k}^{\mathrm{T}} = \Delta V_k^{\mathrm{T}} \tilde{B}_{k,n-k} = \Delta P_k^{\mathrm{T}} \tilde{B}_k^{-1} \tilde{B}_{k,n-k} \tag{7-25}$$

第二节　区分加工出口的非竞争型就业投入占用产出价格模型

出口作为拉动经济增长的重要一环对就业也产生了非常重要的拉动作用，但是作为出口的一种特殊形式，加工出口是指对其他国家或地区的产品

做最后的加工或装配，例如，我国加工装配出口的计算机中就包含了进口的芯片、存储器、驱动器、键盘、软件等，这种出口实际上是相关国家和地区的共同出口，对中国来说，加工出口所能产生的增加值是很低的，创造的就业岗位也是有限的（刘遵义等，2007）。王会娟和陈锡康（2011）曾计算得到加工出口所创造的增加值和非农就业岗位仅为非加工出口的43%和36%。因此在测算贸易对就业和GDP的影响时，区分加工出口、非加工出口两种方式是必需和必要的（齐俊妍和王岚，2015；段玉婉等，2018；高翔和张敏，2021）。

本节将首先介绍一下区分加工出口的非竞争型就业投入占用产出模型（以下简称新模型），其次进一步提出在此模型下的里昂惕夫模型和价格模型。

一、新模型的基本介绍

新模型的具体表式结构如表 7-1 所示。

表 7-1   区分加工出口的非竞争型就业投入占用产出表基本表式

投入			中间需求			最终需求					国内总产出或进口
			D	P	N	最终消费	资本形成	出口	其他	最终需求合计	
中间投入	国内产品	D	z_{ij}^{DD}	z_{ij}^{DP}	z_{ij}^{DN}	f_i^{DC}	f_i^{DI}	0		f_i^{D}	x_i^{D}
		P	0	0	0	0	0	f_i^{PE}		f_i^{P}	x_i^{P}
		N	z_{ij}^{ND}	z_{ij}^{NP}	z_{ij}^{NN}	f_i^{NC}	f_i^{NI}	f_i^{NE}		f_i^{N}	x_i^{N}
	进口产品		z_{ij}^{MD}	z_{ij}^{MP}	z_{ij}^{MN}	f_i^{MC}	f_i^{MI}	0		f_i^{M}	x_i^{M}
增加值			v_j^{D}	v_j^{P}	v_j^{N}						
总投入			x_j^{D}	x_j^{P}	x_j^{N}						
就业人员	1 2 ⋮ m		l_{hj}^{D}	l_{hj}^{P}	l_{hj}^{N}						

表 7-1 中，原模型中的中间流量矩阵被拆分九块，z_{ij}^{DD} 表示国内需求生产（D）中第 j 部门对国内需求生产（D）第 i 部门的直接消耗，z_{ij}^{DP} 表示加工出口生产（P）中第 j 部门对国内需求生产（D）第 i 部门的直接消耗，其他类似。最终需求矩阵中 f_i^{DC} 表示国内需求生产（D）第 i 部门产品被作为最终消费（C）的数值，f_i^{DI} 表示国内需求生产（D）第 i 部门产品被作

为资本形成（I）的数值，f_i^{PE} 表示加工出口生产（P）中第 i 部门产品被出口（E）的数值，其他类似。可以看出，加工出口生产（P）只能用于出口，非加工出口生产以及外商投资企业其他生产（N）则会有多种用途。v_j^D 表示国内需求生产（D）第 j 部门的增加值，x_j^D 表示国内需求生产（D）第 j 部门的总产出。

需要注意就业部分，表 7-1 中第 j 部门对第 h 类就业的占用 l_{hj} 区分为三部分，即 l_{hj}^D、l_{hj}^P 以及 l_{hj}^N，分别表示用于国内需求生产的第 j 部门、加工出口生产的第 j 部门、非加工出口生产以及外商投资企业其他生产的第 j 部门对第 h 类就业的占用，由此反映不同类型生产对不同类别就业的拉动。

相比于一般投入产出模型（以下简称原模型），新模型的特点有以下四个。

第一，新模型针对我国出口的特殊结构，将生产活动分为三部分：国内需求生产（D）、加工出口生产（P）、非加工出口生产以及外商投资企业其他生产（N）。

第二，新模型区分国内产品和进口产品在生产活动中的不同运用。把中间投入划分为两部分：国内产品用于中间投入和进口产品用于中间投入。同样把最终需求也分为两部分：国内产品用于最终需求和进口产品用于最终需求。

第三，考虑到外资企业在中国出口占主导地位和外资企业的产品分配结构与内资企业迥异，新模型把外资企业满足国内需求生产与其他国内需求生产分开，详细描述了外资企业产品在国内市场的分配情况，主要体现在非加工出口生产以及外商投资企业其他生产（N）上。

第四，增加了对不同分类下就业人员的占用部分。新模型不仅考虑了部门间产品的投入与产出的关系，还致力于研究不同性别、年龄或学历劳动力的占用与产出、占用与投入之间的数量关系。

新模型下的基本测算公式如式（7-26）所示，该式是新模型的核心部分——扩展的里昂惕夫模型。

$$\begin{pmatrix} X^D \\ X^P \\ X^N \end{pmatrix} = \begin{pmatrix} (I-AA^{DD}) & -A^{DP} & -A^{ND} \\ 0 & I & 0 \\ -A^{ND} & -A^{NP} & (I-A^{NN}) \end{pmatrix}^{-1} \begin{pmatrix} F^D \\ F^P \\ F^N \end{pmatrix} \quad （7\text{-}26）$$

令 $X^{DPN} = (X^D \quad X^P \quad X^N)^{\mathrm{T}}$，$\tilde{B}^{DPN} = \begin{pmatrix} (I-AA^{DD}) & -A^{DP} & -A^{ND} \\ 0 & I & 0 \\ -A^{ND} & -A^{NP} & (I-A^{NN}) \end{pmatrix}^{-1}$，

$F^{DPN} = \begin{pmatrix} F^D & F^P & F^N \end{pmatrix}^{\mathrm{T}}$，则式（7-26）可以简写为

$$X^{DPN} = \tilde{B}^{DPN} F^{DPN} \tag{7-27}$$

在新模型的框架下，直接就业占用系数矩阵如式（7-28）所示。

$$A^L = \begin{pmatrix} A^{DL} & A^{PL} & A^{NL} \end{pmatrix} \tag{7-28}$$

其中，$A^{DL} = \left(a_{hj}^{DL}\right) \equiv \left(l_{hj}^D / x_j^D\right)$，$A^{PL} = \left(a_{hj}^{PL}\right) \equiv \left(l_{hj}^P / x_j^P\right)$，$A^{NL} = \left(a_{hj}^{NL}\right) \equiv \left(l_{hj}^N / x_j^N\right)$。

完全就业占用系数矩阵如式（7-29）所示。

$$B^L = A^L \tilde{B}^{DPN} = \begin{pmatrix} A^{DL} & A^{PL} & A^{NL} \end{pmatrix} \begin{pmatrix} (I - AA^{DD}) & -A^{DP} & -A^{ND} \\ 0 & I & 0 \\ -A^{ND} & -A^{NP} & (I - A^{NN}) \end{pmatrix}^{-1} \tag{7-29}$$

可以看出新模型是对原模型的中间流量矩阵 Z 的进一步细化，由此引发的最为关键的变化是直接消耗系数矩阵的改变，进而使得里昂惕夫模型和价格模型都有所变化。

二、新模型下的价格模型

在原模型的假设条件下，设各部门产品的价格变动向量为 $\Delta P = \begin{pmatrix} \Delta P^D & \Delta P^P & \Delta P^N \end{pmatrix}$，$\Delta P^D$、$\Delta P^P$、$\Delta P^N$ 分别表示国内需求生产产品、加工出口生产产品和非加工出口生产以及外商投资企业其他生产产品的价格变动行向量。

根据投入产出价格模型，产品的价格变动 ΔP 等于中间投入成本的变动 $\Delta P A^{DPN}$ 加上各部门增加值的变动 ΔV：

$$\Delta P = \Delta P A^{DPN} + \Delta V \tag{7-30}$$

其中，$\Delta V = \begin{pmatrix} \Delta V^D & \Delta V^P & \Delta V^N \end{pmatrix}$，表示各部门的增加值变动向量，包括了可能的劳动者报酬变化、生产税净额变化、固定资本消耗变化以及营业盈余变化。一般会考察的工资变化、税收变化都会体现在 ΔV 中。

进一步将式（7-30）进行整理，得到价格模型：

$$\Delta P = \Delta V (I - A^{DPN})^{-1} \tag{7-31}$$

本章第三节欲测度非农就业工资上涨对价格的影响，那么本节进一步假设各部门劳动者报酬均以相同的比例 α 提高，其他因素保持不变，那么增加值的变动向量表示为

$$\Delta V = \alpha A_w \tag{7-32}$$

其中，$A_w = \begin{pmatrix} A_w^D & A_w^P & A_w^N \end{pmatrix}$，表示直接劳动者报酬系数向量，即各部门的劳动者报酬占总产出的比例。

将式（7-32）代入式（7-31），得到各部门产品的价格变动向量的计算公式：

$$\Delta P = \alpha A_w (I - A^{DPN})^{-1} \tag{7-33}$$

$$\begin{pmatrix} \Delta P^D & \Delta P^P & \Delta P^N \end{pmatrix} = \alpha \begin{pmatrix} \Delta A_w^D & \Delta A_w^P & \Delta A_w^N \end{pmatrix} \tilde{B}^{DPN} \tag{7-34}$$

令 $\tilde{B}^{DPN} = \begin{pmatrix} \tilde{B}^{DD} & \tilde{B}^{DP} & \tilde{B}^{DN} \\ 0 & I & 0 \\ \tilde{B}^{ND} & \tilde{B}^{NP} & \tilde{B}^{NN} \end{pmatrix}$，则对式（7-34）整理计算可得

$$\Delta P^D = \alpha \left(\Delta A_w^D \tilde{B}^{DD} + \Delta A_w^N \tilde{B}^{ND} \right) \tag{7-35}$$

$$\Delta P^P = \alpha \left(\Delta A_w^D \tilde{B}^{DP} + \Delta A_w^P + \Delta A_w^N \tilde{B}^{NP} \right) \tag{7-36}$$

$$\Delta P^N = \alpha \left(\Delta A_w^D \tilde{B}^{DN} + \Delta A_w^N \tilde{B}^{NN} \right) \tag{7-37}$$

由式（7-35）～式（7-37）可以看出，当劳动者报酬提高 α 时，国内需求生产产品的价格将提高 $\alpha \left(\Delta A_w^D \tilde{B}^{DD} + \Delta A_w^N \tilde{B}^{ND} \right)$，加工出口生产产品的价格提高 $\alpha \left(\Delta A_w^D \tilde{B}^{DP} + \Delta A_w^P + \Delta A_w^N \tilde{B}^{NP} \right)$，非加工出口生产以及外商投资企业其他生产产品的价格将提高 $\alpha \left(\Delta A_w^D \tilde{B}^{DN} + \Delta A_w^N \tilde{B}^{NN} \right)$

第三节　非农就业工资上涨的实证分析

我国"十二五"规划已经提出要扭转收入差距扩大趋势，明确居民收入与 GDP 同步增长，也就是说居民收入提高是社会发展的必然方向，工资上涨是居民收入提高的必要手段。工资上涨将有利于增加劳动者收入，扩大内需，有助于经济增长方式的改变。但是工资水平提高会给物价以及出口产品成本带来哪些影响？影响程度如何？本节将利用第二节给出的区分加工出口的非竞争型就业投入占用产出价格模型予以测算说明。

一、工资水平提高的必要性

高储蓄率能够为经济发展提供充足的资本来源，较高的储蓄率以及大量外商直接投资的涌入，为国内经济快速发展提供了充足的资本支撑（周业安，2009）。如表 7-2 所示，我国 2010～2020 年储蓄率呈下降趋势，2020 年时已由 2010 年的 51.33% 下降至 44.02%，但仍处于较高水平。此段时间内，美国、英国、日本等发达国家的储蓄率均在 30% 以下，其中英国的储蓄率最低，其次是美国，再次是法国，日本和德国的储蓄率接近。2020 年我国储蓄率已经是美国的 2.28 倍、英国的 3.07 倍、日本的 1.55 倍、德国的 1.57 倍、法国的 2.05 倍。

表 7-2 我国与部分其他国家储蓄率的比较

年份	中国	美国	英国	日本	德国	法国
2010	51.33%	15.30%	12.99%	26.38%	25.78%	21.09%
2011	49.23%	16.26%	13.93%	25.58%	27.82%	22.12%
2012	48.67%	18.60%	12.44%	24.90%	26.80%	21.46%
2013	47.38%	19.02%	11.68%	25.25%	26.58%	21.39%
2014	47.62%	20.19%	12.46%	25.77%	27.59%	21.49%
2015	45.42%	20.24%	12.53%	28.18%	28.33%	22.25%
2016	44.32%	18.99%	12.48%	28.73%	28.53%	22.01%
2017	44.91%	19.58%	14.60%	29.29%	28.88%	22.75%
2018	44.49%	19.72%	14.12%	29.08%	29.80%	23.16%
2019	43.77%	19.55%	15.19%	29.19%	29.60%	23.66%
2020	44.02%	19.30%	14.33%	28.32%	28.09%	21.47%

资料来源：快易理财网

　　高储蓄率对应着低消费率，意味着国内消费需求不旺盛。我国经济的高速发展提供了充足的总供给，国内消费市场不旺盛导致大量产品出口，致使我国经济增长在一定程度上依赖于国外市场。受 2008 年金融危机影响，国外市场萎缩，贸易摩擦增大，如何扩大国内消费市场、提高内需水平成为保障经济增长必须考虑的问题。我国采取了一系列措施扩大内需，如提高城乡居民收入、加强基础设施建设等，但受保障体系不健全、居民消费习惯不同等社会、经济和文化等多方面因素制约，消费对经济的拉动作用并没有显著提高，导致储蓄率仍然居高不下。

　　高储蓄率的一个重要原因在于我国资本劳动间要素收入分配不平等。如表 7-3 所示，2015 年到 2020 年，劳动者报酬占 GDP 的比重先下降后上升，先从 2015 年的 52.01%下降至 2017 年的最小值 51.41%，之后开始上升，到 2020 年升至 52.10%，而营业盈余则提高了 1.14 个百分点。国家统计局将农业[①]收入全部记为劳动者报酬，有些学者认为农业收入逐步降低也是导致劳动者报酬占 GDP 比重下降的主要原因[②]，只考虑非农产业，第二、三产业增加值构成比例见表 7-3，可以看出劳动者报酬比重在 2015～2020 年基本保持稳定，营业盈余仅增加了 0.87 个百分点。

---

　　① 本书所指的农业是指包括农、林、牧、渔在内的大农业。
　　② 《报告指出：劳动者报酬占 GDP 比重低被严重误读》，https://www.chinanews.com.cn/cj/2010/10-14/2586242.shtml，2010-10-14。

表 7-3　我国收入法 GDP 及第二、三产业增加值构成

最初投入	收入法 GDP 构成				第二、三产业增加值构成			
	2015	2017	2018	2020	2015	2017	2018	2020
劳动者报酬	52.01%	51.41%	51.52%	52.10%	47.07%	47.24%	47.82%	47.89%
生产税净额	12.10%	11.54%	10.45%	8.81%	13.96%	12.98%	11.69%	10.07%
固定资本消耗	12.71%	13.40%	14.50%	14.81%	13.68%	14.25%	15.34%	15.87%
营业盈余	23.13%	23.64%	23.54%	24.27%	25.29%	25.51%	25.14%	26.16%

资料来源：国家统计局公布的 2015 年、2017 年、2018 年、2020 年投入产出表

营业盈余比重加大的结果是企业扩大投资，储蓄率大幅度上升，消费也因为工资增速较低得不到很好的振兴。汪同三（2004）、汪同三和蔡跃洲（2006）也同样认为增加居民收入是增加消费需求的根本措施；蔡昉（2010）提出内需扩大是人均收入水平提高的结果，呼吁通过扩大就业促进经济增长。

鉴于劳动者报酬占 GDP 的比重下降对提振我国消费非常不利，提高居民工资和整体收入水平成为扩大消费的重要措施之一。居民工资水平提高将导致生产成本增加，产品价格上涨，给国内物价上涨带来较大压力。不仅如此，还将导致出口产品价格上涨，削弱我国出口产品在国际市场上的竞争力。但我国出口结构特殊，生产结构也不相同，因此工资增长对不同类型出口产品的影响程度将会有很大不同。本节将在区分加工出口的非竞争型就业投入占用产出价格模型的基础上进行实证研究。

二、非农工资上涨影响效应的文献综述

提高劳动者的收入水平是实现共同富裕的必要途径，是就业领域的重要研究问题之一。劳动者收入水平提高势必将增加企业的生产成本，这部分成本是否会转移到产品价格导致通货膨胀，是经济学研究中的经典问题。凯恩斯提出了充分就业时的需求拉动型通货膨胀，新凯恩斯主义就通货膨胀的类型曾提出"固有型通货膨胀"，是指由合理预期所引起的，通常与物价/薪资螺旋有关的通货膨胀，进而提出了"失业-工资""失业-物价"菲利普斯曲线。

近年来也有许多学者就我国的工资与通货膨胀关系进行了分析研究。Kojima 等（2005）发现 1978～2004 年中国名义单位劳动成本与通货膨胀具有较高的相关性；万世平和舒元（2001）基于改善的格兰杰（Granger）因果关系检验分析论证了通货膨胀成因，结果表明狭义货币 M_1 的超额发

行与通货膨胀形成关系较大，工资成本与通货膨胀互为正相关关系，呈现出螺旋上升态势；乔笙（2005）从货币供给、投资过热、工资上涨三个角度考察改革开放以来我国通货膨胀的主要成因，固定资产投资与通货膨胀存在双向 Granger 因果关系，M_1 与通货膨胀存在单向 Granger 因果关系，工资与通货膨胀不存在 Granger 因果关系；杨春雷（2008）基于 1991～2006 年的货币供应量增长率、全民工资增长率以及消费价格指数（consumer price index，CPI）建立了分布滞后回归模型，并以五年为时间区间滚动回归，实证分析结果表明中国平均工资水平的变动对通货膨胀的影响是显著的，且其影响强度呈现出逐步上升再逐步下降的趋势；范志勇（2008）基于 2000 年之后的超额工资与通货膨胀的关系进行了 Granger 因果关系检验，认为货币供给而非超额工资增长是导致通货膨胀变化的主要因素。李毅（2015）采用交互效应的面板结构向量自回归（vector autoregression，VAR）模型进行分析，认为劳动力成本对通货膨胀的作用比较微弱，工资增加并不是通货膨胀加剧的主要原因。陈晓燕（2016）则认为在样本期内通货膨胀是推动名义工资上涨的主要因素，而工资上涨推动物价上涨的机制不具有统计上的显著性。何奇学和张昊民（2017）则从企业微观视角，引入企业负债，认为通货膨胀无法直接调节高管薪酬差距和企业绩效的关系，但能促进企业负债水平上升。方森华（2017）认为劳动力成本变动与物价变动有同向性，建议采取多种措施弱化劳动力成本上涨对物价的传导效应。肖六亿和陆诗颜（2021）则认为以 1996 年为临界点，劳动力的工资变动对物价的影响存在非一致性问题。综上可以看出，工资上涨或劳动力成本上升对通货膨胀是有一定影响的，影响大小、显著与否，学者结论不尽相同。

投入产出价格模型在非常多的领域都有广泛的应用，尤其是近些年来，许多学者都应用并发展了价格模型，进行了实证及理论研究。倪红福和闫冰倩（2021）在投入产出价格模型中引入了社保费和成本传导机制，模拟分析了不同成本传导率下，减税降费的价格效应和福利效应。夏炎等（2021）创建了反映个人所得税扣除机制的居民消费内生化的投入产出局部闭模型的价格模型，并对"房贷利息抵扣个人所得税"的政策进行了模拟评估。徐然等（2021）建立了区分加工贸易的投入产出进口中间品价格传导模型，模拟了各类进口中间品价格变化对我国各部门价格的影响。张红霞和石敏俊（2022）构建了考虑价格异质性的投入产出价格模型，证明其存在有经济意义的解，并实证分析了电力价格市场化改革对各产业部门成本和不同收入群体居民生活成本的影响。陈占明等（2022）采用时序投入产出价格模型，测度分析了能源价格变动对各收入组居民支出影响途径的差异，其中煤炭价格波动对整体经济的影响低于油气价格变动，国内外化石能源价格变动对工业产品生产价格指数（producer price index for industrial products）的调整压力最大。

三、就业人员工资水平提高的影响测算

工资仅是劳动者报酬的一部分，除工资外，劳动者报酬还包括奖金、津贴、补贴等。本节假设工资占劳动者报酬的绝大部分，即工资上涨 α，劳动者报酬也会相应地提高 α。虽然我国大部分省份最低工资水平提高了20%以上，但是整体工资水平的调整力度较小，我们假设工资水平提高10%，即 $\alpha = 10\%$。同时本节在测算时不考虑农业部门工资水平的变化，仅研究非农部门工资水平提高对我国物价及出口产品成本的影响。本章基于中国科学院预测科学研究中心课题组编制的 2007 年区分加工出口的非竞争型就业投入占用产出表进行计算，该表式遵循了刘遵义等（2007）提出的编制方法，也被广泛应用于相关问题研究中。

（一）非农部门工资水平提高对国内需求生产产品的价格影响

用于国内需求生产的产品的价格直接关系到我国物价的稳定，我国居民消费的产品中，有 90%左右来源于国内需求生产，工资水平提高对这一部分的影响也最大。工资水平提高必然导致产品生产成本上升，如果企业不采用降低利润、提高效率等方法进行内部消化，势必会使产品价格上涨，此为工资水平提高对价格的直接影响。由于国民经济各部门互相消耗产品及劳务，因此工资水平提高后，产品生产中消耗的原材料、能源及劳务等的价格将会上升，从而导致成本增加和产品价格上升，此为工资水平提高对价格的间接影响。直接影响与间接影响之和，即为工资水平提高对价格的完全影响。根据式（7-35）进行计算，结果见表7-4。

表 7-4 非农部门工资水平提高 10%对国内需求生产产品价格的直接影响和完全影响

部门	直接影响	完全影响	部门	直接影响	完全影响
1	0	0.69%	8	1.11%	2.74%
2	2.21%	3.61%	9	0.88%	2.51%
3	1.36%	2.28%	10	0.81%	2.39%
4	1.32%	2.90%	11	0.51%	1.97%
5	1.60%	3.06%	12	0.59%	2.32%
6	0.71%	1.71%	13	0.94%	2.76%
7	0.61%	2.15%	14	0.50%	2.18%

部门	直接影响	完全影响	部门	直接影响	完全影响
15	0.69%	2.47%	30	1.46%	2.36%
16	0.82%	2.57%	31	1.04%	2.11%
17	0.75%	2.62%	32	1.79%	2.49%
18	0.44%	2.26%	33	0.91%	1.29%
19	0.55%	1.72%	34	1.18%	2.70%
20	0.52%	1.24%	35	2.60%	3.78%
21	1.10%	2.62%	36	2.81%	3.86%
22	0.12%	0.31%	37	2.55%	3.64%
23	0.67%	2.44%	38	1.29%	2.49%
24	0.85%	2.80%	39	4.39%	5.43%
25	2.07%	3.44%	40	2.30%	3.78%
26	1.18%	3.03%	41	1.97%	3.30%
27	1.21%	2.36%	42	4.76%	5.90%
28	3.76%	5.05%	—	—	—
29	1.11%	1.95%	合计	1.07%	2.46%

注：表中部门代码见附表2，表中的合计由各部门产品总产值加权得到

由表 7-4 可以看出，非农部门工资水平提高 10%，对国内需求生产产品价格的直接影响是 1.07%，即所有部门产品价格平均上升 1.07%，其中服务行业（部门 27～42）受影响最大，产品价格平均提高 2.03%，其次是建筑业（部门 26），产品价格提高 1.18%，工业品（部门 2～25）价格平均上涨 0.75%；如果考虑完全影响，即考虑产品价格上升在国民经济各部门之间的传导，则国内需求生产产品的价格将会提高 2.46%，其中农林牧渔业（部门）产品价格平均上涨 0.69%，工业品价格平均上涨 2.33%，建筑业产品价格平均上涨 3.03%，服务行业产品价格平均上涨 3.03%。受影响最大的部门是公共管理和社会组织（部门 42），产品价格上涨 5.90%，主要是因为该部门的直接劳动者报酬系数较高，即劳动者报酬占总产出的比重较大，单位产值中劳动者报酬占 47.62%。

目前，我国制造业中使用了大量廉价的劳动力，大部分劳动密集型企业依靠廉价的劳动力优势取得巨额利润，如果仅有制造业（部门 6～22）工资水平提高 10%，国内需求生产产品的价格所受到的完全影响是 0.94%，远低于非农部门工资水平提高所带来的影响。其中农林牧渔业产品价格提

高 0.34%，工业品价格提高 1.27%，建筑业产品价格提高 0.93%，服务行业产品价格提高 0.39%，受影响程度最大的部门是纺织服装鞋帽皮革羽绒及其制品业（部门 8），产品价格提高 2.10%。

（二）非农部门工资水平提高对出口产品价格的影响

利用式（7-36）、式（7-37）计算得到非农部门工资水平提高 10%对加工出口、非加工出口产品价格的影响。如表 7-5 所示，此处我们仅讨论对出口产品价格的完全影响。

表 7-5 非农部门工资水平提高 10%对出口产品价格的完全影响

部门代码	加工出口产品	非加工出口产品	部门代码	加工出口产品	非加工出口产品
1	0	0.66%	23	1.55%	2.88%
2	0	3.28%	24	0	2.75%
3	0	2.18%	25	0	3.66%
4	1.41%	2.91%	26	0	2.58%
5	1.31%	3.06%	27	1.63%	2.24%
6	1.03%	1.70%	28	0	4.59%
7	1.27%	2.48%	29	3.25%	2.26%
8	1.29%	2.71%	30	2.47%	2.23%
9	1.95%	2.49%	31	0	2.09%
10	1.56%	2.15%	32	0	2.42%
11	0.45%	1.04%	33	0	1.23%
12	0.63%	1.77%	34	0	2.56%
13	1.15%	2.77%	35	0	3.61%
14	0.53%	1.71%	36	0	3.72%
15	1.32%	2.45%	37	0	3.41%
16	1.03%	2.34%	38	0	2.46%
17	1.39%	2.52%	39	0	5.25%
18	0.83%	2.15%	40	0	3.42%
19	1.08%	1.96%	41	2.21%	2.84%
20	1.22%	2.40%	42	0	5.60%
21	0.79%	2.70%	—	—	—
22	0.55%	0.48%	合计	1.15%	2.25%

由表 7-5 可以看出，非农部门工资水平提高 10%后，加工出口产品平均价格将提高 1.15%，其中占加工出口产品总额比例 45.6%的通信设备、

计算机及其他电子设备制造业（部门 19）产品平均价格提高 1.08%，第二大加工出口产品，即电气机械及器材制造业（部门 18）产品的平均价格提高 0.83%。另外，纺织服装鞋帽皮革羽绒及其制品业（部门 8）产品的平均价格提高 1.29%，批发和零售业（部门 30）产品的价格平均提高 2.47%。

非加工出口产品更多采用国内产品作为原材料，其受工资水平上涨的影响更大。工资水平提高 10% 后，非加工出口产品平均价格将提高 2.25%。其中在非加工出口产品中所占比例较大的纺织业（部门 7）产品价格平均上涨 2.48%，化学工业（部门 12）产品价格平均上涨 1.77%，金属冶炼及压延加工业（部门 14）产品价格平均上涨 1.71%。

如果仅制造业部门工资水平提高 10%，则加工出口产品平均价格将提高 0.80%，非加工出口产品平均价格将提高 1.34%。

（三）非农部门工资水平提高后劳动者报酬占 GDP 比重的变动

非农部门工资水平提高 10% 后，劳动者报酬占 GDP 的比重将由 41.36% 增大为 43.14%，营业盈余占 GDP 的比重将由 30.15% 降为 29.24%，固定资本消耗占 GDP 的比重由 14.00% 下降到 13.58%，生产税净额占 GDP 的比重由 14.48% 下降到 14.04%。

如果劳动者报酬占 GDP 的比重达到 50%，那么需要将各部门工资水平提高 41.75%，或者将非农部门工资水平提高 55.45%。这时，营业盈余占 GDP 的比重下降 4.44 个百分点，固定资本消耗占 GDP 的比重下降 2.06 个百分点，生产税净额占 GDP 的比重下降 2.13 个百分点。

第四节　本　章　小　结

投入产出价格模型较为广泛地应用在国民经济问题的分析中，本章在区分加工出口的非竞争型就业投入占用产出模型和投入产出价格模型的基础上，结合我国外贸特色，建立了区分加工出口的非竞争型就业投入占用产出价格模型，为实际问题的分析提供了理论模型支撑。本章的内容逻辑图如图 7-1 所示。在提出新的价格模型基础上，进一步测算了非农就业工资水平上涨给我国出口产品价格带来的影响。由测算结果可以看出，工资水平提高 10% 对物价以及出口产品价格的综合影响均在 3% 以内，且可以拉动劳动者报酬占 GDP 的比重提高 1.78 个百分点。因此提高各部门工资水平并不会带来严重的通货膨胀，反而可以增加居民收入，促进消费，实现扩大内需的目的。

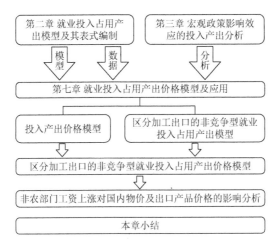

图 7-1　第七章内容逻辑图

第八章　能源就业投入占用产出模型及应用

　　资源、劳动力向来是生产中重要的投入要素，也是最容易限制经济发展的关键因素。在全球能源供给有限、环境污染日益严重的背景下，用较少的能源实现更快的经济增长、创造更多的就业岗位成为全球发展的目标，低碳经济、低碳就业自此风行。能源与就业之间存在着生产要素的竞争关系，二者通过经济发展这一最终目标紧紧相连。我国经济发展正处于转型的关键时期，也面临着碳达峰、碳中和等多重压力，这促使我国必须在保证经济增长的前提下，尽可能减少能源消费量，优化产业结构，那么这对我国就业会产生怎样的影响？这就需要一个容纳经济、能源、就业的集成模型，能源就业投入占用产出模型恰好符合这一特点。Tourkolias 和Mirasgedis（2011）曾就希腊可再生资源所能带来的就业机会，利用投入产出模型进行了定量测算，提出了直接就业和间接引致就业的概念；Lehr 等（2008）利用投入产出模型测算了可再生能源的投资、需求等的变化对就业的影响。本章将主要分三节加以论述，第一节介绍能源就业投入占用产出模型的基本理论及该模型系数的简单实证，第二节利用情景分析的方法测算能源约束下我国产业结构、消费结构以及出口结构调整对我国非农就业的影响，第三节则致力于研究虚拟能源、虚拟劳动力进出口问题。

第一节　能源就业投入占用产出模型

　　能源就业投入占用产出模型是综合能源投入产出模型、就业投入占用产出模型得到的，将各部门消耗的能源与占用的劳动力结合在一张投入产出表中，是进行能源、就业分析的载体。

一、能源投入产出模型介绍

　　能源投入产出模型有三种不同的表式：实物表、混合型能源投入产出表以及含能源实物流量的价值型能源投入产出表。鉴于本章介绍能源投入产出模型是为了构建能源就业投入占用产出模型，本节重点介绍含能源实物流量的价值型能源投入产出模型，顾名思义就是价值型投入产出模型附加能源实物流量，其基本表式如表 8-1 所示，其他类型的能源投入产出模型见陈锡康等（2018）。表 8-1 中 e_{ij} 表示第 j 部门对第 i 种能源的消耗量，e_{iF} 表示最终需求对第 i 种能源的消耗量，e_i 则表示第 i 种能源的总消耗量，e_{ij}、e_{iF}、e_i 均是实物量。

表 8-1　含能源实物流量的价值型能源投入产出模型基本表式

投入		中间需求		最终需求				总产出
		能源部门 $(1,\cdots,k)$	非能源部门 $(k+1,\cdots,n)$	消费	资本形成	净出口	合计	
中间投入	能源部门 $(1,\cdots,k)$	$z_{ij}(e_{ij})$		$f_i(e_{iF})$				$x_i(e_i)$
	非能源部门 $(k+1,\cdots,n)$	z_{ij}		f_i				x_i
增加值		v_j						
总投入		x_j						

与普通投入产出表相比，表 8-1 的不同之处如下。

第一，部门划分不同。在能源投入产出表中，部门被划分为两大类：能源部门和非能源部门，能源部门又被划分为一次能源、二次能源，非能源部门则按照三大产业顺序依次排列。

第二，增加了能源实物流量。相比于普通投入产出表，能源投入产出表最大的特点是在能源部门行向部分增加了能源实物流量，用于表示各部门最终需求对不同品种能源的消耗情况。

直接能耗系数体现了单位价值产品生产过程中直接消耗的能源实物量，计算公式为

$$a_{ij}^E = e_{ij}/x_j, \quad i=1,\cdots,k; j=1,\cdots,n \tag{8-1}$$

其中，a_{ij}^E 为第 j 部门单位产值对第 i 种能源的消耗，矩阵形式为 $A^E = E\hat{X}^{-1}$，E 为各部门对能源的直接消耗矩阵。直接综合能耗系数矩阵的计算公式为 $\eta^T D$，η 为各种折标煤系数列向量。

完全能耗系数等于直接能耗系数加上间接能耗系数，间接能耗系数是指消耗各种含能源产品而对能源的间接消耗。计算公式为

$$B^E = A^E(I-A)^{-1} \tag{8-2}$$

二、能源就业投入占用产出模型介绍

第二章已经介绍了就业投入占用产出模型的各种基本表式和模型系

数，结合能源投入产出模型与就业投入占用产出模型，得到能源就业投入占用产出模型，基本表式如表 8-2 所示，即在表 8-1 的基础上增加各部门对就业的占用矩阵 $L = (l_{sj})$。

表 8-2　能源就业投入占用产出模型基本表式

投入		中间需求		最终需求				总产出
		能源部门 $(1, \cdots, k)$	非能源部门 $(k+1, \cdots, n)$	消费	资本形成	净出口	合计	
中间投入	能源部门 $(1, \cdots, k)$	$z_{ij}(e_{ij})$		$f_i(e_{iF})$				$x_i(e_i)$
	非能源部门 $(k+1, \cdots, n)$	z_{ij}		f_i				x_i
增加值		v_j						
总投入		x_j						
占用就业	1 $\vdots$ k	l_{sj}						

在能源就业投入占用产出模型的基础上可以得到能源投入产出模型与就业投入占用产出模型的基本系数公式，除此之外，将就业和能源集中在一个棋盘式表格中，也会出现一些有意思的系数。

（一）能源就业系数

若 l_{sj} 表示第 j 部门占用的第 s 类就业，e_{ij} 表示第 j 部门对第 i 种能源的消耗量，则定义直接能源就业系数为

$$r_{isj} = e_{ij}/l_{sj}, \quad i = 1, \cdots, k; s = 1, \cdots, m; j = 1, \cdots, n \tag{8-3}$$

其中，r_{isj} 为第 j 部门占用的单位第 s 类就业进行生产时所消耗的第 i 种能源。方便起见，简化式（8-3）如下：令 $l_j = \sum_{s=1}^{m} l_{sj}$，$l_j$ 为第 j 部门占用的就业总量。则定义简化的直接能源就业系数如下：

$$r_{ij} = e_{ij}/l_j, \quad i = 1, \cdots, k; j = 1, \cdots, n \tag{8-4}$$

其中，r_{ij} 为第 j 部门单位劳动力所消耗的第 i 种能源。用矩阵形式表示为 $R = E\hat{L}^{-1}$，$\hat{L} = \text{diag}(l_1 \quad \cdots \quad l_m)$，是各部门占用劳动力总量构成的对角矩阵。

考虑完全能源就业系数 w_{ij}，其基本含义应该为第 j 部门占用单位劳动

力所完全消耗的第 i 种能源，包括直接消耗以及通过部门关联的各类间接消耗，定义如下：

$$w_{ij} = r_{ij} + \sum_{s=1}^{n} r_{is} a_s^L a_{sj} + \sum_{h=1}^{n}\sum_{s=1}^{n} r_{ih} a_h^L a_{hs} a_{sj} + \sum_{t=1}^{n}\sum_{h=1}^{n}\sum_{s=1}^{n} r_{it} a_t^L a_{th} a_{hs} a_{sj} + \cdots \quad （8-5）$$

其中，等式右侧第一项 r_{ij} 为第 j 部门占用单位劳动力所消耗的第 i 种能源；第二项 $\sum_{s=1}^{n} r_{is} l_s a_{sj}$ 为第 j 部门产出通过其他部门占用单位劳动力对第 i 种能源的消耗，表示第 j 部门占用单位劳动力对第 i 种能源的第一次间接消耗，以此类推。式（8-5）用矩阵表示为

$$
\begin{aligned}
W &= R + R\hat{A}^L A + R\hat{A}^L A^2 + R\hat{A}^L A^3 + \cdots \\
&= R + R\hat{A}^L (A + A^2 + A^3 + \cdots) \\
&= R + R\hat{A}^L \left[(I-A)^{-1} - I \right] \\
&= R + R\hat{A}^L (I-A)^{-1} - R\hat{A}^L \\
&= R(I - \hat{A}^L + \hat{B}^L)
\end{aligned}
\quad （8-6）
$$

其中，R 为直接能源就业系数矩阵；I 为单位矩阵；$\hat{A}^L$ 为直接就业占用系数对角阵；$\hat{B}^L$ 为完全就业占用系数对角阵。能源就业系数表示在生产过程中单位劳动力所消耗的能源情况，是衡量生产部门人均能耗量的指标，在能源约束愈加紧张的现代生产中，人均能源消耗量应该与人均产值同为衡量部门生产过程的指标。

（二）就业能源系数

直接就业能源系数定义为使用单位能源所占用的就业，公式如下：

$$d_{isj} = l_{ij}/e_{sj}, \quad i=1,\cdots,m; s=1,\cdots,k; j=1,\cdots,n \quad （8-7）$$

其中，d_{isj} 为第 j 部门消耗单位 s 种能源所占用的第 i 类劳动力。方便起见，简化式（8-7）如下：令 $e_j = \sum_{s=1}^{k} e_{sj}$，$e_j$ 表示第 j 部门消耗的能源总量。则定义简化的直接就业能源系数如下：

$$d_{ij} = l_{ij}/e_j, \quad i=1,\cdots,m; j=1,\cdots,n \quad （8-8）$$

其中，d_{ij} 为第 j 部门消耗单位能源所占用的第 i 类劳动力。用矩阵形式表

示为 $D = L\hat{E}^{-1}$，其中 $\hat{E} = \mathrm{diag}(e_1 \ \cdots \ e_k)$，是各部门消耗的能源总量构成的对角矩阵。

同理，考虑完全就业能源系数 t_{ij}，其基本含义应该为第 j 部门消耗单位能源所完全占用的第 i 类劳动力，包括直接占用以及通过部门消耗关联的各类间接占用，定义如下：

$$t_{ij} = d_{ij} + \sum_{s=1}^{n} d_{is}e_s^E a_{sj} + \sum_{h=1}^{n}\sum_{s=1}^{n} d_{ih}e_h^E a_{hs}a_{sj} + \sum_{t=1}^{n}\sum_{h=1}^{n}\sum_{s=1}^{n} d_{it}e_t^E a_{th}a_{hs}a_{sj} + \cdots \quad （8\text{-}9）$$

其中，等式右侧第一项 d_{ij} 为第 j 部门消耗单位能源所占用的第 i 类劳动力；第二项 $\sum_{s=1}^{n} d_{is}e_s^E a_{sj}$ 为第 j 部门产出通过其他部门消耗单位能源所间接占用的第 i 类劳动力，表示第 j 部门消耗单位能源对第 i 类劳动力的第一次间接占用，以此类推。式（8-9）用矩阵表示为

$$\begin{aligned}
T &= D + D\hat{A}^E A + D\hat{A}^E A^2 + D\hat{A}^E A^3 + \cdots \\
&= D + D\hat{A}^E\left[(I-A)^{-1} - I\right] \\
&= D + D\hat{A}^E(I-A)^{-1} - D\hat{A}^E \\
&= D\left[I + \hat{A}^E(I-A)^{-1} - \hat{A}^E\right] \\
&= D(I - \hat{A}^E + \hat{B}^E)
\end{aligned} \quad （8\text{-}10）$$

其中，D 为直接就业能源系数矩阵；I 为单位矩阵；$\hat{A}^E$ 为直接能源消耗系数对角阵；$\hat{B}^E$ 为完全能源消耗系数对角阵。就业能源系数反映了单位能耗所占用的劳动力，是能源就业系数的补充，考察了不同部门同等能耗下劳动力的密集程度。

三、非竞争型能源就业投入占用产出模型实证分析

本节以 2007 年非竞争型就业投入占用产出表为基础，首先构建 2007 年非竞争型能源就业投入占用产出表，进行简单的实证分析，分析各种系数并测算能源消耗结构调整对就业的影响。

鉴于研究目的及需要，本节采用的非竞争型能源就业投入占用产出模型基本表式如表 8-3 所示。该模型简化了各部门对各种能源的消耗量，简化了各部门对分等级就业人员的占用情况，以各部门的能源消耗总量、占用就业总数代替。

表 8-3 简化的非竞争型能源就业投入占用产出模型基本表式

投入		中间需求		最终需求				总产出
		能源部门 $(1,\cdots,k)$	非能源部门 $(k+1,\cdots,n)$	消费	资本形成	出口	合计	
国内产品	1 ⋮ n	z_{ij}^D		f_i^D				x_i
进口产品	1 ⋮ n	z_{ij}^M		f_i^M				x_i^M
增加值		v_j						
总投入		x_j						
能源消耗		e_j						
占用就业		l_j						

（一）数据处理

本节重点介绍在 2007 年非竞争型就业投入占用产出表基础上对能源部分的编制，并结合《中国能源统计年鉴 2008》中的"工业分行业终端能源消费量（标准量）—2007""中国能源平衡表（标准量）—2007"，构建各部门的能源消费量。

在一般能源投入产出表基础上，将能源部门进一步划分为一次能源（煤炭开采和洗选业，石油开采业，天然气开采业，水电核电等生产和供应业）、二次能源（火电生产和供应业，石油及核燃料加工业，炼焦业，热力的生产和供应业，燃气的生产和供应业，煤制品加工等其他能源部门）。鉴于就业数据的难获得性，本章将不再对就业数据做拆分，而以合并能源数据为主。于是在编制能源就业投入占用产出表时不再对能源部门做非常详细的划分，仅按照就业投入占用产出表中的部门分类挑选出五个能源部门：煤炭开采和洗选业，石油和天然气开采业，石油加工、炼焦及核燃料加工业，电力、热力的生产和供应业，燃气生产和供应业，其他部门为非能源部门，按照第一、二、三产业顺序依次排列，如表 8-4 所示。

表 8-4 非竞争型能源就业投入占用产出表部门分类

代码	部门	代码	部门	代码	部门
1	煤炭开采和洗选业	2	石油和天然气开采业	3	石油加工、炼焦及核燃料加工业

续表

代码	部门	代码	部门	代码	部门
4	电力、热力的生产和供应业	13	造纸印刷及文教体育用品制造业	22	仪器仪表及文化办公用机械制造业
5	燃气生产和供应业	14	化学工业	23	工艺品及其他制造业
6	农林牧渔业	15	非金属矿物制品业	24	废品废料
7	金属矿采选业	16	金属冶炼及压延加工业	25	水的生产和供应业
8	非金属矿及其他矿采选业	17	金属制品业	26	建筑业
9	食品制造及烟草加工业	18	通用、专用设备制造业	27	交通运输、仓储及邮电通信业
10	纺织业	19	交通运输设备制造业	28	批发和零售贸易业、餐饮业
11	纺织服装鞋帽皮革羽绒及其制品业	20	电气机械及器材制造业	29	其他服务业
12	木材加工及家具制造业	21	通信设备、计算机及其他电子设备制造业	—	—

（二）能源就业系数分析

能源就业系数是指单位就业人员在生产过程中所消耗的能源,据式(8-4)、式(8-6)计算得到各部门的能源就业系数, 如表 8-5 所示。所有部门的能源就业系数均通过就业百分比加权平均计算得到,全社会平均的直接能源就业系数为 5.1 吨标准煤/人,完全能源就业系数为 5.4 吨标准煤/人,即各部门平均每个就业人员在生产过程中直接消耗能源 5.1 吨标准煤,考虑产业间关联关系的完全消耗为 5.4 吨标准煤。

表 8-5 能源就业系数　　　　单位: 吨标准煤/人

代码	直接	完全	代码	直接	完全
1	12.6	13.3	7	9.4	10.0
2	30.8	32.0	8	13.9	14.7
3	77.2	80.3	9	2.6	2.7
4	251.6	268.1	10	2.9	3.1
5	51.0	53.9	11	0.5	0.5
6	0.0	0.0	12	1.1	1.1

续表

代码	直接	完全	代码	直接	完全
13	2.8	3.0	22	0.7	0.8
14	16.8	17.8	23	1.8	1.9
15	18.2	19.5	24	0.9	0.9
16	48.4	51.2	25	3.9	4.1
17	2.5	2.7	26	0.6	0.7
18	1.9	2.0	27	8.5	9.0
19	1.8	1.9	28	0.5	0.5
20	1.1	1.2	29	0.4	0.4
21	1.0	1.1	平均	5.1	5.4

注：代码对应的部门见表 8-4

表 8-5 中前五个部门是能源部门，能源部门单位就业人员在生产过程中消耗的能源较大，其中部门 4 电力、热力的生产和供应业位居 29 个部门中的第一位，每个就业人员在生产过程中直接消耗能源 251.6 吨标准煤，完全消耗 268.1 吨标准煤，石油加工、炼焦及核燃料加工业（部门 3）单位就业人员在生产过程中消耗的能源数量位居第二位。

非能源部门中，能源就业系数较大的部门是金属冶炼及压延加工业（部门 16），该部门单位就业人员在生产过程中直接消耗能源 48.4 吨标准煤，完全消耗能源 51.2 吨标准煤，在 29 个部门中仅次于电力、热力的生产和供应业，石油加工、炼焦及核燃料加工业，以及燃气生产和供应业（部门 5），位居第四位；其次是非金属矿物制品业（部门 15）以及化学工业（部门 14）。

29 个部门中仅有 11 个部门的能源就业系数大于加权平均值，其中包含了所有的能源部门（5 个），以及 5 个第二产业的非能源部门，除了上文提到的金属冶炼及压延加工业、非金属矿物制品业、化学工业外，还有两个采矿行业：金属矿采选业（部门 7）、非金属矿及其他矿采选业（部门 8），另外还包括第三产业中的交通运输、仓储及邮电通信业（部门 27）。可以看到生产和利用能源类产品较多的部门能源就业系数较大。另外，从直接能源就业系数和完全能源就业系数角度考虑，大多数部门完全能源就业系数较直接能源就业系数增加 5%以上。

（三）就业能源系数分析

就业能源系数较之能源就业系数具有更加显著的经济意义，就业能源系数是生产过程中消耗单位能源所占用的就业人员，是劳动力密集程度的衡量指标，是当今能源约束下寻求扩大就业的判断依据之一。据式（8-7）、式（8-10）计算得到各部门的直接、完全就业能源系数，如表 8-6 所示。29 个部门的加权平均直接就业能源系数为 0.19 人/吨标准煤，即生产过程中每消耗一吨标准煤就占用 0.19 人，考虑产业间联系的完全就业能源系数是 0.30 人/吨标准煤，是直接就业能源系数的 1.58 倍。完全就业能源系数比直接就业能源系数大，大部分部门增幅在 50%以上。

表 8-6 就业能源系数　　　　单位：人/吨标准煤

代码	直接	完全	代码	直接	完全
1	0.08	0.14	16	0.02	0.04
2	0.03	0.05	17	0.40	0.84
3	0.01	0.02	18	0.54	0.99
4	0.00	0.01	19	0.56	0.97
5	0.02	0.04	20	0.90	1.69
6	0.00	0.00	21	0.97	1.33
7	0.11	0.22	22	1.35	1.93
8	0.07	0.13	23	0.55	0.95
9	0.39	0.55	24	1.15	1.27
10	0.35	0.58	25	0.26	0.52
11	2.18	3.38	26	1.59	3.20
12	0.95	1.53	27	0.12	0.17
13	0.36	0.59	28	1.98	2.65
14	0.06	0.11	29	2.36	3.19
15	0.06	0.11	平均	0.19	0.30

注：代码对应的部门见表 8-4

　　能源部门的就业能源系数均低于全社会平均水平，即同等能源消耗下的劳动力密集程度偏低，就业能源系数较大的是部门 1 煤炭开采和洗选业，该部门在生产过程中每吨标准煤直接占用 0.08 个就业人员，完全占用 0.14 个就业人员；其次是部门 2 石油和天然气开采业，直接、完全就业能源系数分别为 0.03 人/吨标准煤、0.05 人/吨标准煤。

　　非能源部门的就业能源系数呈现较大差别，直接就业能源系数最大的是部门 29 其他服务业，为 2.36 人/吨标准煤；其完全就业能源系数为 3.19 人/吨标准煤，仅次于部门 11 纺织服装鞋帽皮革羽绒及其制品业和部门 26 建筑业。由此看出其他服务业同等能源消耗下占用的就业人员较多，即生产过程中同等能源消耗所能提供的就业岗位是较多的，其他服务业是在能源约束下扩大就业的第一部门；但是从完全就业能源系数来看，部门 11 纺织服装鞋帽皮革羽绒及其制品业单位能源消耗占用了 3.38 人，位居 29 个部门中的第一位，纺织服装鞋帽皮革羽绒及其制品业与国民经济各部门的联系比其他服务业更为密切，注意到该部门的直接就业能源系数也不低，为 2.18 人/吨标准煤，由此可见纺织服装鞋帽皮革羽绒及其制品业同等能源消耗下所带来的就业岗位也是较多的。

总结来看，本节首先融合了能源投入产出模型、就业投入占用产出模型，提出了能源就业投入占用产出模型，以及能源与就业相结合的系数——能源就业系数和就业能源系数，这两个系数从两个不同角度考察生产过程中能源投入与就业人员投入的比例关系，均是对生产过程的衡量。能源就业系数侧重于考察各部门在生产过程中提供同等就业条件下所消耗的能源，是对人均生产能源消耗的反映；就业能源系数侧重于考察各部门在生产过程中消耗同等能源的条件下所占用的就业人员，反映了能源有限供给背景下各部门对就业的吸纳程度，进而为能源、就业的综合分析奠定了模型基础。

第二节　能源约束下的结构调整对非农就业的影响分析

能源是经济发展的重要推动力，尤其是随着我国工业化和城镇化进程的推进，能源的需求量将会进一步增加，导致我国原油等重要能源对外依存度将长期保持高位，能源稀缺对经济发展的制约进一步加剧。就业是维系社会稳定最基本的条件，如何在能源约束日益加强的 21 世纪维持稳定的就业市场，或许结构调整是必要途径。结构调整包括能源内部的结构调整，如煤炭、原油、天然气等配置比例的调整，也包括产业结构调整、消费结构调整、出口结构调整等，减少高能源消耗产品的生产、消费、出口等。本节将重点放在分析能源约束条件下经济结构调整对就业的影响上。

能源与就业之间存在着生产要素的竞争关系，二者通过经济发展这一最终目标紧密相连。Yu 等（1987）论证了美国就业、非农就业增长与能源消耗之间的关系，结果显示 1973~1984 年美国非农就业增长与能源消费具有明显的负向作用，但是因果关系并不明显；Murry 和 Dan（2009）批驳了就业与能源在经济增长中的要素替代作用不强的观点，认为存在共同增长现象；另外，在全球发展低碳经济的背景下如何解决就业问题也成为学者研究的热点，节能协会（Association for the Conservation of Energy，ACE）认为严格环境法律法规下的低碳经济可以指导企业和激发经济体投入竞争愈发激烈的国际市场，从而创造更多的直接和间接就业；田大洲和田娜（2010）就发展低碳经济对就业的影响机制进行分析，提出了兼顾两者的政策建议；周亚敏等（2014）给出了绿色就业的内涵，从多个维度进行了理解与阐释；宋涛等（2017）构建了能源-环境-就业三重约束下的线性规划模型，给出了不同约束下京津冀产业的发展方向。随着碳达峰、碳中和压力的增大，以及其与就业压力的双重叠加，产业结构的调整如何更好地协调能源、就业压力就显得尤为重要。

　　本节的分析基础是上节所编制的非竞争型能源就业投入占用产出表。鉴于研究目的，本节将非竞争型能源就业投入占用产出表中的 29 个部门按照各部门的直接增加值能耗大小分类，分为高能耗部门、中能耗部门和低能耗部门，如表 8-7 所示。高能耗部门包括 7 个，其单位增加值能耗均在 1 吨标准煤/万元以上；中能耗部门包括 15 个，是单位增加值能耗为 1 吨至 1.2 吨标准煤/万元的部门；低能耗部门则由剩余的 7 个部门构成。

表 8-7　高、中、低能耗部门分类

高能耗部门	中能耗部门	低能耗部门
电力、热力的生产和供应业	交通运输、仓储及邮电通信业	批发和零售贸易业、餐饮业
燃气生产和供应业	纺织业	电气机械及器材制造业
金属冶炼及压延加工业	造纸印刷及文教体育用品制造业	纺织服装鞋帽皮革羽绒及其制品业
石油加工、炼焦及核燃料加工业	水的生产和供应业	通信设备、计算机及其他电子设备制造业
非金属矿物制品业	石油和天然气开采业	仪器仪表及文化办公用机械制造业
化学工业	金属矿采选业	其他服务业
煤炭开采和洗选业	非金属矿及其他矿采选业	废品废料
—	工艺品及其他制造业	—
—	金属制品业	—
—	食品制造及烟草加工业	—
—	通用、专用设备制造业	—
—	建筑业	—
—	交通运输设备制造业	—
—	木材加工及家具制造业	—
—	农林牧渔业	—

一、产业结构变动对非农就业的影响

改革开放四十余年来我国产业结构发生了显著的变化，主要体现在第一产业增加值比重降低以及第三产业增加值比重提高。结合非竞争型能源就业投入占用产出模型，在能源约束下我们假定产业结构调整的目标是适当降低高能耗部门增加值占 GDP 的比重。目前，在我国产业结构中，高能耗部门增加值占 GDP 的 18.04%，中能耗部门占 43.65%，低能耗部门占 38.31%。分析产业结构的变动对就业的影响，主要是分析高、中、低能耗三种类型部门增加值占 GDP 比重的变化对就业的影响，由此将非竞争型能源就业投入占用产出表 29 部门合并为 3 部门进行分析。

据非竞争型能源就业投入占用产出模型，非农就业人数 L^n 的计算公式为

$$L^n = \hat{A}_{l^n} \hat{A}_v^{-1} V^{\mathrm{T}} \tag{8-11}$$

其中，$\hat{A}_{l^n}$ 为由直接就业占用系数形成的对角矩阵，对角线元素 $a_{l^n j}$ 为第 j 部门生产单位总产值所占用的就业人员，$a_{l^n j} = l_j / x_j$；$\hat{A}_v^{-1}$ 为直接增加值系数对角矩阵的逆矩阵，对角线元素为直接增加值系数的倒数 $1/a_{vj}$，$a_{vj} = v_j / x_j$，a_{vj} 为第 j 部门的增加值率；V 为增加值行向量。

对产业结构调整从悲观情景和乐观情景两个方向考虑，悲观情景即为高能耗部门增加值所占比重提高，乐观情景则是低能耗部门增加值所占比重提高。

（一）悲观情景分析

情景 1　高能耗部门增加值占 GDP 比重提高一个百分点，其他部门增加值占比按比例平减，即高能耗部门增加值占比由 18.04% 提高到 19.04%，而中能耗、低能耗部门增加值占比分别降低 0.53 个百分点、0.47 个百分点，达到 43.12%、37.84%。

情景 2　高能耗部门增加值占 GDP 比重提高一个百分点，中能耗部门降低一个百分点，低能耗部门不变，即高能耗部门增加值占 GDP 比重为 19.04%，中能耗部门为 42.65%，低能耗部门仍然为 38.31%。

情景 3　高能耗部门增加值占 GDP 比重提高一个百分点，中能耗部门不变，低能耗部门降低一个百分点，即高能耗部门增加值占 GDP 比重为 19.04%，中能耗部门为 43.65%，低能耗部门降低为 37.31%。

假定在直接就业占用系数、直接增加值系数不变的情况下，增加值按比例变动所带来的非农就业人数的变动如表 8-8 所示。悲观情景下总就业

人数有所减少，即高能耗部门增加值占比提高不利于就业的发展。具体来看，高能耗部门增加值占比提高一个百分点能够带来 231 万人的就业，然而与之伴随发生的中、低能耗部门增加值所占比例的降低则带来了更多的失业，尤其是低能耗部门增加值所占比例降低一个百分点带来了 662 万人的失业，接近高能耗部门所增加就业的三倍。

表 8-8　悲观情景下各部门非农就业人数变动情况（一）　单位：万人

部门	情景 1	情景 2	情景 3
高能耗部门	231	231	231
中能耗部门	−184	−345	0
低能耗部门	−310	0	−662
加和	−263	−114	−431

（二）乐观情景分析

情景 4　低能耗部门增加值占 GDP 比重提高一个百分点，其他部门增加值占比按比例平减，即低能耗部门增加值占比由 38.31% 提高到 39.31%，而高、中能耗部门分别降低 0.29、0.71 个百分点，到达 17.75%、42.94%。

情景 5　低能耗部门增加值占 GDP 比重提高一个百分点，高能耗部门不变，中能耗部门降低一个百分点，即低能耗部门增加值占 GDP 比重为 39.31%，高能耗部门仍然为 18.04%，中能耗部门降低为 42.65%。

情景 6　低能耗部门增加值占 GDP 比重提高一个百分点，高能耗部门降低一个百分点，中能耗部门不变，即低能耗部门增加值占 GDP 比重为 39.31%，高能耗部门降低为 17.04%，中能耗部门依然为 43.65%。

据式（8-11）计算得到乐观情景下各部门非农就业人数变动情况，如表 8-9 所示，乐观情景下非农就业人数均较基准水平有所增加，增加最多的是情景 3，由低能耗部门增加值占比提高所带来的就业增加超过了高能耗部门增加值占比降低所带来的就业减少，由此带动了 431 万人的非农就业。

表 8-9　乐观情景下各部门非农就业人数变动情况（一）　单位：万人

部门	情景 4	情景 5	情景 6
高能耗部门	−68	0	−231
中能耗部门	−244	−345	0
低能耗部门	662	662	662
加和	350	317	431

将悲观情景和乐观情景进行对比可以看出，在能源约束条件下为扩大就业而进行产业结构调整的最优方案，是增大低能耗部门增加值比重的同时减小高能耗部门增加值比重，而最劣方案则是增大高能耗部门增加值比重的同时减小低能耗部门增加值比重。究其原因，主要是三类部门的直接就业占用系数和完全就业占用系数存在巨大差异，高能耗部门的直接就业占用系数仅为 0.02 人/万元，完全就业占用系数为 0.09 人/万元，而低能耗部门的直接就业占用系数大于高能耗部门的完全就业占用系数，为 0.10 人/万元，其完全就业占用系数高达 0.17 人/万元。对于单位产值所带来的直接就业，低能耗部门是高能耗部门的 5.2 倍，而对于所带来的完全就业，低能耗部门是高能耗部门的 1.9 倍。注意到三类部门的增加值率，即单位产值中增加值所占比例，也存在较大差距，高能耗部门的直接增加值率为 0.23，完全增加值率为 0.74，而低能耗部门的直接增加率为 0.41，完全增加值率为 0.80。式（8-11）只涉及了直接就业占用系数、直接增加率，而高能耗部门的两个直接系数均远低于低能耗部门，由此增加值结构变动带来了较大的就业差异。

二、消费结构变动对非农就业的影响

我国能源消费中约有 11%用于生活消费，而生活中除了能源产品，消费更多的是高能耗产品。以交通运输、仓储及邮电通信业为例，2007 年非竞争型能源就业投入占用产出表中对该部门产品的消费占全部消费的 5.1%，该部门直接能耗系数偏高，为 0.45 吨标准煤/万元，即消费该部门 1 万元产品，相当于消耗了 0.45 吨标准煤，这是一个虚拟能源的概念，其基本概念是所有产品均是含能产品，消费任何一个部门产品都意味着在消耗能源，我们将在第三节做简单介绍。由此本节分析了消费结构变动对非农就业的影响，先基于高、中、低能耗三部门非竞争型能源就业投入占用产出表展开分析，进而扩展到 29 部门表。

据非竞争型能源就业投入占用产出模型及非农就业人数的结构路径分析，得到非农就业人数 L^n 的计算公式为

$$L^n = \hat{A}_{l^n}(I - A^D)^{-1}SY \tag{8-12}$$

其中，$\hat{A}_{l^n}$ 为由直接就业占用系数形成的对角矩阵；A^D 为非竞争型表的直接消耗系数矩阵；$(I - A^D)^{-1}$ 为非竞争型表的完全需要系数矩阵，即里昂惕夫逆矩阵；S 为消费、资本形成、出口等最终需求对各部门的消耗结构矩阵；Y 为各类最终需求合计列向量。

三部门非竞争型能源就业投入占用产出表中，高能耗产品仅占

4.49%，中能耗产品占 31.40%，低能耗产品占 64.11%。本节首先分析三类产品的消费结构变动对非农就业的影响，分为悲观情景和乐观情景，其次根据虚拟能源的概念，分析主要的能源载体产品消费比重变化对非农就业的影响。

（一）悲观情景分析

情景 7　高能耗产品消费比例提高一个百分点，其他产品消费比例按比例平减，即消费高能耗产品所占比重提高为 5.49%，中、低能耗产品消费比例则分别降低 0.33 个百分点、0.67 个百分点，消费比例分别为 31.07%、63.44%。

情景 8　高能耗产品消费比例提高一个百分点，中能耗产品消费比例降低一个百分点，低能耗产品消费比例不变，则三类产品的消费比例依次为 5.49%、30.40% 和 64.11%。

情景 9　高能耗产品消费比例提高一个百分点，中能耗产品消费比例不变，低能耗产品消费比例降低一个百分点，三类产品的消费比例依次为 5.49%、31.40% 和 63.11%。

假设各部门直接就业占用系数不变、全社会技术系数不变、各类最终需求合计不变，以及除消费外的各类最终需求部门结构不变，那么根据式（8-12）计算得到消费结构变动对非农就业的影响，如表 8-10 所示。给非农就业带来的负面影响，造成了非农就业人数的减少，高能耗产品消费比例的提高所带来的就业增加非常有限，仅局限在 32 万～39 万人，但是中、低能耗产品消费比例的下降导致的就业减少数量较多。

表 8-10　悲观情景下各部门非农就业人数变动情况（二）　　单位：万人

部门	情景 7	情景 8	情景 9
高能耗部门	37	32	39
中能耗部门	−16	−62	6
低能耗部门	−97	−2	−144
加和	−76	−32	−99

具体来看，情景 7 情况下，高能耗部门就业增加 37 万人，中能耗部门就业减少 16 万人，低能耗部门就业减少 97 万人，这与高、中、低能耗部门的直接就业占用系数大小有密切关系；情景 8 情况下，高能耗部门就业增加 32 万人，中能耗部门就业减少 62 万人，低能耗部门就业减少 2 万人；

情景 9 情况下，高能耗部门就业增加 39 万人，中能耗部门就业增加 6 万人，低能耗部门就业减少 144 万人。

从情景 8、9 可以看出，虽然有的部门消费比例没有发生变动，可是该部门的就业仍然受到了影响，这就体现出式（8-12）与式（8-11）的区别。式（8-11）只具有线性传导作用，无法体现部门之间的相互关联关系，但是式（8-12）考虑了投入产出技术中的里昂惕夫逆矩阵，将国民经济部门间的经济关联关系考虑其中。以情景 8 为例，虽然低能耗产品的消费比例没有发生变化，但是由于中、高能耗产品消费比例出现了变动，中、高能耗产品最终需求发生变化，而中、高能耗产品生产过程中必然会消耗低能耗产品，由此用于中间生产的低能耗产品发生变化，最终使低能耗产品产值变动，使相应部门就业发生变动。

（二）乐观情景分析

情景 10　低能耗产品消费比例提高一个百分点，高、中能耗产品消费比例按比例平减，即低能耗产品消费比例提高到 65.11%，高能耗产品消费比例降低 0.13 个百分点，为 4.36%，中能耗产品消费比例降低 0.87 个百分点，为 30.53%。

情景 11　低能耗产品消费比例提高一个百分点，中能耗产品消费比例降低一个百分点，高能耗产品消费比例不变，即高、中、低能耗三类产品的消费比例分别为 4.49%、30.40% 和 65.11%。

情景 12　低能耗产品消费比例提高一个百分点，高能耗产品消费比例降低一个百分点，中能耗产品的消费比例不变，高、中、低能耗三类产品的消费比例分别为 3.49%、31.40% 和 65.11%。

据式（8-12）计算乐观情景下各部门非农就业人数变动情况，结果如表 8-11 所示，低能耗产品消费比例的提高总体上增加了非农就业人数，尤其是对低能耗部门的就业起到极大的促进作用，拉动就业 140 万人以上。

表 8-11　乐观情景下各部门非农就业人数变动情况（二）　单位：万人

部门	情景 10	情景 11	情景 12
高能耗部门	−11	−7	−39
中能耗部门	−60	−68	−6
低能耗部门	143	142	144
加和	72	67	99

从消费结构变动的悲观情景和乐观情景分析中可以看出，在能源约束条件下为扩大就业而进行的消费结构调整的最优方案，仍然是在提高低能耗产品消费比例的同时，降低高能耗产品消费比例。低能耗部门的高就业率起到了关键性作用。

（三）高耗能产品消费结构变动

利用虚拟能源的测算方法计算消费的各部门产品所直接、完全含有的能源，根据完全能源含有量选出消费能源最多的前五个部门，依次是其他服务业，电力、热力的生产和供应业，食品制造及烟草加工业，交通运输、仓储及邮电通信业，批发和零售贸易业、餐饮业，这五个部门产品含有的能源量占消费产品能源总量的 72.36%。在能源约束条件下，减小这五类耗能较大产品的消费量会对非农就业产生怎样的影响？

考虑消费领域的主要能源载体（上述五个部门产品）的消费比例降低一个百分点，而其他部门按消费比例相应提高，始终保持消费结构向量加合为 1，即电力、热力的生产和供应业消费比例减小 0.02 个百分点，交通运输、仓储及邮电通信业消费比例减小 0.07 个百分点，食品制造及烟草加工业消费比例下降 0.16 个百分点，批发和零售贸易业、餐饮业消费比例下降 0.14 个百分点，其他服务业消费比例下降 0.61 个百分点；消费比例提高较多的是农林牧渔业，提高 0.38 个百分点，纺织服装鞋帽皮革羽绒及其制品业提高 0.13 个百分点，可以看出其他服务业是下降比例最大的行业，主要是因为该部门产品在消费中所占比例较大，占 46.5% 左右。

据式（8-12）计算得到该结构变动对非农就业的影响，结果如下：124 万人失去就业岗位，其中其他服务业失业人数最多，为 116 万人，这显然是其消费结构下降最多导致的，批发和零售贸易业、餐饮业也有 36 万人失业，食品制造及烟草加工业就业人数减少 7 万人，交通运输、仓储及邮电通信业就业人数减少 6 万人，电力、热力的生产和供应业就业人数没有变化；就业人数增加最多的部门是纺织服装鞋帽皮革羽绒及其制品业，增加 14 万人。

随着居民生活水平的提高，物质生活日益改善，人们的生活圈子和活动范围逐渐加大。汽车消费愈加旺盛，所带来的就是交通运输、仓储及邮电通信业在消费中所占比例将会逐步提高。但是交通运输、仓储及邮电通信业又是节能潜力巨大的行业，各种绿色出行为该部门的节能提供了可行措施。同时该部门是消费领域耗能较大的部门之一，减小该部门的消费比例是降低生活耗能的必要途径。以交通运输、仓储及邮电通信业消费比重减小一个百分点，而其他部门按照消费比例相应减小为例，据式（8-12）计算消费结构调整所带来的非农就业人数的变化。计算结果显示，交通运输、仓储及邮电通信业消费比重减小而其他部门相应提高使得非农就业人数增加了 63 万人，虽然交通运输、仓储及邮电通信业本部门的就业人数减少了 70 万人，并且位于该部门上游产业链的石油加工、炼焦及核燃料加工业，交通运输设备制造业，通用、专用设备制造业三个部门各有 1 万人的就业损失。但是由于其他服务业以及批发和零售贸易业、餐饮业的消费比重分别提高了 0.49%、0.11%，这两个部门的就业人数分别有 84 万人、28 万人的增加。可以看到某一消费领域耗能量较大的部门消费比重下降时，与之对应的劳动密集型部门的消费比重会有所上升，就会带来更多的就业机会。

三、出口结构变动对非农就业的影响

出口结构调整也是我国经济结构调整的重要环节之一，在能源紧张、劳动力成本上涨的背景下，我国出口商品类型也会出现相应的转变，2007 年三部门非竞争型能源就业投入占用产出表显示，出口商品中高耗能产品占 15.64%，中耗能产品占 36.28%，低耗能产品占 48.08%，仍然是从悲观情景和乐观情景出发，考虑出口结构变动对非农就业的影响。

（一）悲观情景

情景 13　高能耗产品出口比例提高一个百分点，其他产品出口比例按比例平减，即高能耗产品占出口的比重提高为 16.64%，中、低能耗产品出口比例则分别降低 0.43 个百分点、0.57 个百分点，即分别为 35.85%、47.51%。

情景 14　高能耗产品出口比例提高一个百分点，中能耗产品出口比例降低一个百分点，低能耗产品出口比例不变，则三类产品的出口比例依次为 16.64%、35.28% 和 48.08%。

情景 15　高能耗产品出口比例提高一个百分点，中能耗产品出口比例不变，低能耗产品出口比例降低一个百分点，三类产品的出口比例依次为 16.64%、36.28% 和 47.08%。

据式（8-12）计算出口结构变动对非农就业的影响，结果如表 8-12 所示。悲观情景下非农就业人数均有不同程度的减少，依然是中低能耗产品具有更高的劳动密集度，中、低能耗产品出口比例的降低对非农就业产生的负面作用，大于高能耗产品出口比例提高对非农就业的正面影响。

表 8-12 悲观情景下各部门非农就业人数变动情况（三）单位：万人

部门	情景 13	情景 14	情景 15
高能耗部门	27	24	29
中能耗部门	−17	−46	5
低能耗部门	−62	−1	−108
加和	−52	−23	−74

（二）乐观情景

情景 16 低能耗产品出口比例提高一个百分点，高、中能耗产品出口比例按比例平减，即低能耗产品出口比例提高到 49.08%，高能耗产品出口比例降低 0.13 个百分点，为 15.51%，中能耗产品出口比例降低 0.87 个百分点，为 35.41%。

情景 17 低能耗产品出口比例提高一个百分点，中能耗产品出口比例降低一个百分点，高能耗产品出口比例不变，即高、中、低能耗三类产品的出口比例分别为 15.64%、35.28% 和 49.08%。

情景 18 低能耗产品出口比例提高一个百分点，高能耗产品出口比例降低一个百分点，中能耗产品的出口比例不变，高、中、低能耗三类产品的出口比例分别为 14.64%、36.28% 和 49.08%。

据式（8-12），在三种不同的乐观情景下，各部门非农就业人数变动情况如表 8-13 所示。低能耗产品出口比例的提高使本部门就业人数增加了 100 万人以上。乐观情景的假设总体上增加了非农就业人数，其中情景 18 低耗能产品出口比例提高一个百分点的同时高耗能产品出口比例降低一个百分点，对非农就业的促进作用最大。

表 8-13 乐观情景下各部门非农就业人数变动情况（三）单位：万人

部门	情景 16	情景 17	情景 18
高能耗部门	−8	−5	−29
中能耗部门	−45	−51	−5
低能耗部门	106	106	108
加和	53	50	74

对于由出口结构变动所引致的非农就业岗位变化，高耗能产品出口比例提高带来的就业人数的增加有限，远不及低耗能产品出口比例降低导致的就业人数的减少，反之亦然。故而以能源约束为条件的扩大就业的最优

出口结构调整方向，是提高低能耗产品的出口比例，降低高能耗产品的出口比例。

（三）出口载能大户的结构变动分析

2007 年 29 部门非竞争型能源就业投入占用产出表中，出口大户是通信设备、计算机及其他电子设备制造业，该部门的出口额占出口总额的 22.4%，其次是纺织业（占 8.6%）和化学工业（占 7.6%）。考虑能源出口情况，采用虚拟能源测算法，将各种商品的能耗考虑在内，金属冶炼及压延加工业完全出口能源 9183 万吨标准煤，占全部出口能源的 12.37%，化学工业占 11.83%，通信设备、计算机及其他电子设备制造业占 11.31%，纺织业占 8.91%，电气机械及器材制造业占 8.37%，这五个部门出口产品含有的能源占全部出口产品所含能源的 52.79%。本节考虑这五个部门产品出口比例降低一单位对非农就业的影响情况。

首先按照出口产品比例，将出口载能最多的五个部门按出口结构降低一个百分点，即通信设备、计算机及其他电子设备制造业产品出口占全部出口总额的比例降低 0.4 个百分点，降低为 22%，纺织业、化学工业、电气机械及器材制造业、金属冶炼及压延加工业产品出口比重分别降低为 8.43%、7.43%、7.00%、5.29%，这五个部门的产品出口比重由原始的 51.09% 降低为 50.09%，其他 24 个部门产品出口比例按照出口结构提高 1 个百分点，其中提高比例最高的是通用、专用设备制造业，该部门产品出口比例提高 0.12 个百分点。这样构造了新的出口结构向量，该向量表示载能较多的产品出口比例降低。

据式（8-12）计算得到出口载能较多的产品出口比例降低后我国非农就业人数的变动，计算结果显示，我国非农就业人数增加了 44 万人。分部门来看，批发和零售贸易业、餐饮业就业人数增加 18 万人，其他服务业就业人数增加 14 万人，纺织服装鞋帽皮革羽绒及其制品业就业人数增加 10 万人，就业人数减少的部门是出口比例降低的 5 个部门，通信设备、计算机及其他电子设备制造业就业人数减少 12 万人，纺织业就业人数减少 9 万人等。总体分析来看，出口载能较多的产品出口比例的下降仅对自身部门的就业产生了不利影响，但是由于其他部门产品出口比例提高，总的就业人数有了一定的增加。这就说明能源约束下的出口结构调整有利于我国就业的扩大。

具体从出口载能最多的 5 个部门来看，通信设备、计算机及其他电子设备制造业，纺织业，化学工业，电气机械及器材制造业，金属冶炼及压延加工业产品出口比例分别降低一个百分点，而其他部门则按出口结构提高一个百分点。以通信设备、计算机及其他电子设备制造业为例，该部门产品出口比例降低一个百分点，为 21.4%，而其他部门产品出口比例则按出口结构提高一个百分点，其中提高比例最大的是纺织业，提高 0.11 个百分点，达到 8.71%，由此构造了通信设备、计算机及其他电子设备制造业产品出口比例降低的结构矩阵。同理得到其他 4 个出口载能较多的部门产品出口比例降低的结构矩阵，据式（8-12）计算得到 5 种不同情景下我国非农就业人数的变化情况。

第一，通信设备、计算机及其他电子设备制造业产品出口比例降低一个百分点，会带动非农就业人数增加 47 万人。就业人数增加最多的部门是批发和零售贸易业、餐饮业，增加 12 万人，其次是纺织业，就业人数增加 11 万人，其他服务业就业人数增加 10 万人，而由于本部门出口产品比例降低，通信设备、计算机及其他电子设备制造业就业人数减少 27 万人。

第二，纺织业产品出口比例降低一个百分点，会使得我国非农就业人数减少 25 万人。其中纺织业本部门就业人数就减少 74 万人，化学工业就业人数减少 1 万人，而就业人数增加最多的是批发和零售贸易业、餐饮业，增加 10 万人，通信设备、计算机及其他电子设备制造业就业人数增加 7 万人。

第三，化学工业产品出口比例降低一个百分点带动我国非农就业人数增加 26 万人。其中批发和零售贸易业、餐饮业就业人数增加 10 万人，纺织业就业人数增加 8 万人，通信设备、计算机及其他电子设备制造业就业人数增加 7 万人，化学工业本部门就业人数减少了 29 万人，而煤炭开采和洗选业及电力、热力的生产和供应业就业人数也分别有 1 万人的减少。

第四，电气机械及器材制造业产品出口比例降低一个百分点将使我国非农就业人数增加 17 万人。其中增加最多的是纺织业，增加 9 万人，而导致电气机械及器材制造业就业人数减少 27 万人，金属冶炼及压延加工业就业人数减少 4 万人。

第五，金属冶炼及压延加工业产品出口比例降低一个百分点能够使就业人数增加 36 万人。其中批发和零售贸易业、餐饮业就业人数增加 10 万人，其他服务业就业人数增加 8 万人，但就业人数因金属冶炼及压延加工业出口比例降低而减少的部门较多，其中本部门就业人数减少 20 万人，煤炭开采和洗选业、金属矿采选业就业人数均减少 2 万人，电力、热力的生产和供应业就业人数减少 1 万人。

从能源约束下的出口结构调整可以看出，出口载能较多的 5 个部门的产品出口比例降低，整体上会促进我国非农就业人数的增加。虽然对自身部门就业有负面影响，但从单一出口载能高的部门产品出口比例降低来看，纺织业产品出口比例的降低带来了非农就业人数的减少，而另外 4 个部门产品出口比例的降低虽然给本部门及生产技术联系紧密的相关部门带来了就业人数减少的影响，但是其他部门，尤其是第三产业产品出口比例的提高使得整体非农就业人数有不同程度的增加。因此，在制定出口结构调整方向时需要综合考虑能源约束和就业条件，考虑两者的相互制约、相互平衡关系。

第三节　虚拟资源的进出口流动分析

任何一种产品或劳务的生产都会直接或间接地用到能源、劳动力，某种产品或劳务在整个生产链所涉及的生产过程中所消耗的能源、所占用的劳动力，称为虚拟能源、虚拟劳动力，亦可称为隐含能源、隐含劳动力。"虚拟""隐含"概念由来已久，早在 1974 年，国际高级研究机构联合会（International Federation of Institutions for Advanced Study，IFIAS）能源分析工作组一次会议就曾指出，为了衡量某种产品或劳务在生产过程中直接和间接消耗的某种资源的总量，可以使用"隐含的"（embodied）这一概念，原则上"embodied"后可加任何资源的名称，如土地、水、劳动力等（Brown and Herendeen，1996）。之后，Allan（1998）将"embodied"概念运用到水资源研究中，提出并发展了"虚拟水"的概念。虚拟水贸易、虚拟水战略、水足迹、生态足迹等都是在"embodied"的概念上发展起来的。

虚拟资源的计算与投入产出技术具有高度的一致性，都是力求厘清生产过程中无数次重复的问题，因此投入产出技术的许多概念都被应用到虚拟资源的计算中。20 世纪 90 年代以来，利用投入产出表，结合"虚拟"的概念，学者展开了多方面的研究，研究对象主要集中于贸易、最终消费的虚拟能源、虚拟碳、虚拟水等，具体可见魏本勇等（2010）、闫云凤（2011）在对外贸易虚拟碳、虚拟能源等方面的研究综述。本节将在能源就业投入占用产出模型的框架下提出虚拟能源、虚拟劳动力的测算公式，并利用时间序列的能源就业投入占用产出表进行实证分析。

一、虚拟资源的测算模型

将劳动力和能源统一在一个框架下进行分部门分析的必备工具就是本章第一节所提出的能源就业投入占用产出模型。为了探究虚拟能源、虚拟劳动力的进出口情况,本节的数据基础是国家统计局公布的 1992 年、1997 年、2002 年、2005 年的时间序列投入产出表。之所以采用价格具有可比性的不同年份的投入产出表,是因为进出口商品总额、总产出等均受到价格因素的影响。因此在表 8-3 的基础上得到简化的能源就业投入占用产出模型基本表式,如表 8-14 所示,该表式不再对国内产品和进口产品做进一步区分,出口、进口均以列向量表示在最终需求中。

表 8-14　简化的能源就业投入占用产出模型基本表式

投入		中间需求	最终需求				总产出
		1　…　n	消费	资本形成	出口	进口	
中间投入	1 ⋮ n	z_{ij}	f_i^C	f_i^I	f_i^E	f_i^M	x_i
增加值		v_j					
总投入		x_j					
能源消耗		e_j					
占用就业		l_j					

直接能耗系数行向量 $A^E = \left(a_j^E \right) = (e_j / x_j)$,完全能耗系数行向量为 $B^E = A^E (I - A)^{-1}$,直接就业占用系数行向量 $A^L = \left(a_j^L \right) = (l_j / x_j)$,完全就业占用系数行向量为 $B^L = A^L (I - A)^{-1}$。

（一）虚拟能源进出口测算公式

虚拟能源进出口是指将能源作为生产要素,以进出口商品为载体的能源进出口量,即进出口商品和劳务中所隐含的能源量的多少。

表 8-14 中各部门出口构成的出口列向量为 $F^E = \left(f_i^E \right)$,即第 i 部门的出口额为 f_i^E,注意到第 i 部门产品的直接能耗系数为 a_i^E,则 f_i^E 的产品中所直接含有的能源为 $f_i^E a_i^E$,所有部门的出口直接虚拟能源量即为 $e^{\text{Ed}} = \sum_{i=1}^{n} f_i^E a_i^E$ [①],考虑到产品生产过程的完全技术联系,所有部门的出口完全虚拟能源量为 $e^{\text{Et}} = \sum_{i=1}^{n} f_i^E b_i^E$。

---

① 注意到本式将能源部门的价值量考虑在内,主要是因为此处能源消费量是指终端消费量、损失与加工转换损失,即不包含加工转换投入,将用于生产二次能源的一次能源剔除出去,具体解释见陈锡康和杨翠红等编著的《投入产出技术》。

同理，进口直接虚拟能源量为 $e^{\mathrm{Md}}=\sum\limits_{i=1}^{n}f_i^M a_i^E$，进口完全虚拟能源量为 $e^{\mathrm{Mt}}=\sum\limits_{i=1}^{n}f_i^M b_i^E$。注意，进口产品是在国外生产的，消耗其他国家的能源，在此假设进口产品和国内产品无差别且完全竞争，进口产品相当于减少了国内生产同等产品所消耗的能源。

虚拟能源的完全出口量和完全进口量之差，就是虚拟能源的完全净出口量。

考虑到能源作为可贸易商品的特性，综合考虑能源的进出口情况，令 e^E 为能源出口量，e^M 为能源进口量，则能源的直接出口量为 $e^E+e^{\mathrm{Ed}}=e^E+\sum\limits_{i=1}^{n}f_i^E a_i^E$，完全出口量为 $e^E+e^{\mathrm{Et}}=e^E+\sum\limits_{i=1}^{n}f_i^E b_i^E$；能源的直接进口量为 $e^M+e^{\mathrm{Md}}=e^M+\sum\limits_{i=1}^{n}f_i^M a_i^E$，完全进口量为 $e^M+e^{\mathrm{Mt}}=e^M+\sum\limits_{i=1}^{n}f_i^M b_i^E$。

（二）虚拟劳动力进出口计算公式

虚拟劳动力进出口量是指在本国技术水平条件下生产同等数量的进出口商品和劳务对劳动力的占用量。虚拟劳动力的进口量同样考虑对国内生产的替代。

若第 i 部门的出口额为 f_i^E，第 i 部门产品的直接就业占用系数为 a_i^L，则第 i 部门出口产品中所直接蕴含的劳动力为 $f_i^E a_i^L$，所有部门的出口直接虚拟劳动力为 $L^{\mathrm{Ed}}=\sum\limits_{i=1}^{n}f_i^E a_i^L$，所有部门的出口完全虚拟劳动力为 $L^{\mathrm{Et}}=\sum\limits_{i=1}^{n}f_i^E b_i^L$。

同理，进口直接虚拟劳动力为 $L^{\mathrm{Md}}=\sum\limits_{i=1}^{n}f_i^M a_i^L$，进口完全虚拟劳动力为 $L^{\mathrm{Mt}}=\sum\limits_{i=1}^{n}f_i^M b_i^L$。

二、实证分析

本节意在分析我国虚拟能源、虚拟劳动力的进出口变化情况，在国家统计局公布的时间序列投入产出表的基础上构建了如表 8-14 所示的 1992 年、1997 年、2002 年、2005 年可比价能源就业投入占用产出模型。能源实物量数据基础是《中国能源统计年鉴》，就业数据的编制见本书第二章。综合考虑价值量表、能源数据、就业数据的部门分类情况，时间序列的能源就业投入占用产出表分为 22 个部门，其中有 5 个能源部门。

在 4 个年份的可比价投入产出表中，我国出口总额总是大于进口总额，如图 8-1 所示。1992 年出口额比进口额高 20.51%，1997 年高出 23.73%，2002 年、2005 年分别高出 13.12%、18.68%。出口额、进口额均呈现出了较强的增长态势。

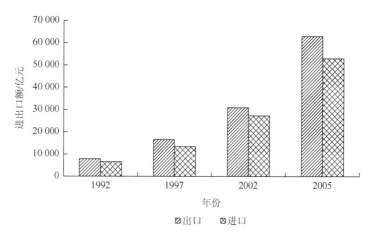

图 8-1 可比价投入产出表中进出口总额对比图

（一）虚拟能源进出口分析

首先考虑能源作为可贸易商品的进出口情况，如图 8-2 所示。1992 年我国出口能源 5633 万吨标准煤，进口仅为 3334 万吨标准煤，能源出口量是进口量的 1.69 倍。随着我国经济的快速增长，能源进口量逐年增加，到

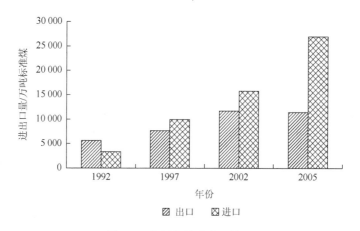

图 8-2 能源产品进出口情况

2005 年我国能源进口量已达 26 952 万吨标准煤，较 1992 年翻了七番，但是能源出口量并没有较大程度的增加，2005 年能源出口量仅为进口量的 42.48%，也仅较 1992 年翻了一番。

虽然能源作为可贸易商品，其进口量远大于出口量，但是我国出口额大于进口额，由此考虑虚拟能源进出口情况，利用进出口贸易额以及直接、完全能耗系数计算得到直接、完全进出口虚拟能源贸易情况，如图 8-3 所示。不管是直接还是完全，虚拟能源当年的进出口量相差不大，但是直接进出口虚拟能源贸易量仅为完全进出口虚拟能源的 20% 左右，直接虚拟能源进口量在 4 个年份上均大于出口量，完全虚拟能源进出口量则在不同年份表现不同，1992 年、2002 年是完全虚拟能源净进口年，而 1997 年、2005 年是完全虚拟能源净出口年。

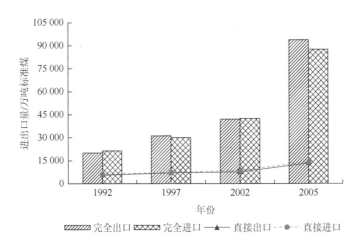

图 8-3　直接、完全进出口虚拟能源贸易情况

直接虚拟能源进出口，即进出口商品和劳务中所直接隐含的能源，在 4 个年份中均是净进口，但是进口与出口相差不大。1992 年出口载能大户是非金属矿及其他采选业，直接载能出口 1194 万吨标准煤，其次是纺织业，直接载能出口 1020 万吨标准煤，化学工业直接载能出口 764 万吨标准煤。当年进口载能大户是化学工业、金属冶炼及压延加工业、非金属矿及其他矿采选业；1997 年出口载能最多的前三个部门是化学工业（1537 万吨标准煤）、金属冶炼及压延加工业（797 万吨标准煤）、纺织业（669 万吨标准煤），进口载能最多的前三个部门是化学工业（2224 万吨标准煤），金属冶炼及压延加工业（1631 万吨标准煤）以及石油加工、炼焦及核燃料加工业（1058 万吨标准煤），能源产品类进口增多；2002 年纺织业名落出口

载能前三位，排名第四，前三位分别是化学工业（1395 万吨标准煤），交通运输、仓储及邮电通信业（1086 万吨标准煤），电气机械及器材制造业（952 万吨标准煤）。在进口载能方面依然是化学工业、金属冶炼及压延加工业排名最靠前，排在第三位的变为石油和天然气开采业，由此看出 2002 年我国开始从进口成品油转而进口大量的原油、天然气；2005 年出口载能大户更为集中，出口载能 1000 万吨标准煤以上的行业仅有化学工业，金属冶炼及压延加工业，交通运输、仓储及邮电通信业，纺织业，电气机械及器材制造业，进口载能 1000 万吨标准煤以上的行业也集中在金属冶炼及压延加工业，化学工业，石油和天然气开采业，石油加工、炼焦及核燃料加工业。从直接虚拟能源进出口情况来看，进出口虚拟能源的部门较为集中，化学工业是载能进出口最重要的部门，其次是金属冶炼及压延加工业。

完全虚拟能源进出口，即考虑进出口商品和劳务生产过程中所消耗的原材料等对能源的消耗。1997 年、2005 年我国是完全虚拟能源净出口国家，也就是说我国向国外输出的商品和劳务隐含的能源大于进口商品和劳务所节省的能源总量。分部门来看，与直接虚拟能源进出口的情况类似，完全虚拟能源进出口也具有部门集中性，主要集中于工艺品及其他制造业、纺织业、化学工业、电气机械及器材制造业等部门。

综合能源产品进出口和虚拟能源进出口来看情况，我国综合能源进出口情况如图 8-4 所示。可以看出，1992 年我国是能源净出口国，1997 年 2002 年、2005 年，我国均是能源净进口国，但是进口能源量仅比出口能源量高 8%左右。通过综合考虑能源的可贸易性和生产要素性，我国能源的进

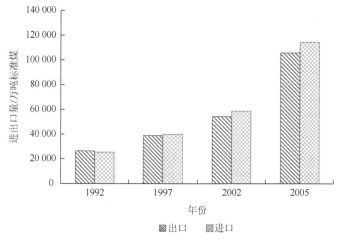

图 8-4　综合能源进出口情况

出口量相差不大，这就在理论实证方面彻底粉碎了"中国能源威胁论"，这是仅从能源贸易层面所观察不到的结果。

（二）虚拟劳动力进出口分析

我国之所以发展为"世界工厂"，其关键原因是我国拥有丰富廉价和高素质的劳动力资源，这也是我国参与国际分工的比较优势。虽然目前世界经济在向一体化迈进，商品、服务、投资、金融自由贸易，在一定程度上也提高了高技术人员的流动性。但是一般劳动者，尤其是低技能劳动者如何实现全球性的流动，即如何将不断扩大的流动性很强的国际资本与数量庞大的流动性很弱的国际劳动力进行结合，成为我国等发展中国家面临的重要问题。既然无法实现大规模的劳动力转移，那么虚拟劳动力的流动是否可以成为解决该问题的关键所在？虚拟劳动力即隐含在商品或劳务中的劳动力，是指商品或劳务在生产过程中所占用的劳动力资源。

本节考虑隐含在商品或劳务中的劳动力的进出口贸易，测算得到的我国进出口贸易中所含有的虚拟劳动力，如图 8-5 所示。可以看到，不管是直接虚拟劳动力的进出口，还是完全虚拟劳动力的进出口，我国虚拟劳动力的出口都是大于进口的，也就是说我国是虚拟劳动力的净出口国家，在一定程度上佐证了我国出口型企业多是劳动密集型企业的判断，也证实了我国出口的多是劳动密集型产品，符合我国的基本国情。

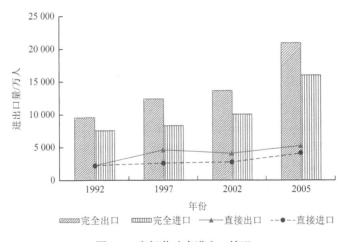

图 8-5　虚拟劳动力进出口情况

分部门来看，1992 年我国虚拟劳动力出口主要通过农业、纺织业、其他制造业等部门。其中纺织业是最大的虚拟劳动力出口部门，其直接出口虚拟劳动力 699 万人，虽低于农业部门出口的虚拟劳动力（858 万人），但是考虑完全虚拟劳动力出口，纺织业出口 4582 万人，农业仅出口 1048 万人；1997 年依然是纺织业、农业出口虚拟劳动力较多，纺织业完全出口虚拟劳动力 2675 万人，农业完全出口虚拟劳动力 2601 万人，其他制造业以及批发和零售贸易业、餐饮业也较 1992 年虚拟劳动力出口有了较大的涨幅；2002 年虚拟劳动力出口最大的特点就是农业部门出口有所减少，仅完全出口虚拟劳动力 794 万人，同时纺织业、其他制造业以及批发和零售贸易业、餐饮业成为虚拟劳动力的出口大户，纺织业完全出口虚拟劳动力 3532 万人，其他制造业以及批发和零售贸易业、餐饮业分别完全出口 2696 万人、1393 万人；2005 年其他制造业一跃成为最大的完全出口虚拟劳动力部门，完全出口 6084 万人，纺织业完全出口虚拟劳动力 4619 万人。从分部门的完全虚拟劳动力出口来看，纺织业一直是出口大户，始终占全部虚拟劳动力出口的 20% 以上，其次是其他制造业，该部门包含了通用、专用设备制造业，交通运输设备制造业，通信设备、计算机及其他电子设备制造业，仪器仪表及文化办公用机械制造业等部门，其中通信设备、计算机及其他电子设备制造业所含的虚拟劳动力最多，2002 年、2005 年该部门虚拟劳动力出口占虚拟劳动力出口总额比例分别为 15.9%、24.3%，居出口额榜首。

进口的虚拟劳动力意在说明通过进口商品和劳务对国内劳动力的替代，如果不通过进口，而由国内生产同等价值的商品和劳务需要消耗的劳动力。1992 年我国进口虚拟劳动力最多的部门是其他制造业（1671 万人）、纺织业（1523 万人）、农业（1118 万人），与出口虚拟劳动力大户相一致；1997 年化学工业异军突起，跃居第二位，进口虚拟劳动力 1261 万人，其他制造业、农业分别进口虚拟劳动力 2220 万人、1165 万人，纺织业虚拟劳动力进口减少，仅有 882 万人，远低于当年虚拟劳动力出口量；2002 年、2005 年进口虚拟劳动力的主导部门没有发生太大的变化，依然是其他制造业、化学工业、纺织业、农业，可以看出虚拟劳动力的进口多集中于这四个部门，而这四个部门中的其他制造业、纺织业同时也是虚拟劳动力出口大户，因而我国进出口贸易集中于某几个特定行业，尤其是其他制造业中的通信设备、计算机及其他电子设备制造业进口多、出口也多，实际上该部门属于加工出口部门，进口原材料配件等，利用国内的廉价劳动力进行加工后再出口。

利用能源就业投入占用产出模型测算隐含在商品和劳务中的能源、劳动力，可以看出，能源、劳动力的输出部门存在重叠，同时大规模输出能源、劳动力的部门集中于纺织业、化学工业等，也就意味着在能源约束下限制这些部门出口的同时也限制了我国就业规模的扩大，而金属冶炼及压延加工业、交通运输及仓储业等载能出口大户则对就业的影响不显著。我国虚拟能源、虚拟劳动力的进口大户也大多为出口大户，在一定程度上反映了我国在全球贸易链中"世界工厂"的地位。

第四节　本 章 小 结

本章在就业投入占用产出模型的基础上纳入对能源的分析，创新性地提出了能源就业投入占用产出模型，将能源、劳动力集中于投入产出表的框架下，实现经济、能源、劳动力的三维统一。本章所阐述的模型为经济、能源、劳动力的多部门综合分析提供了强有力的分析工具。能源就业投入占用产出模型的建立将宏观经济分析重要的投入要素——资源、人力部门化，以投入产出技术的优势特点反映部门间的能源、人力关系，本章提出的新系数，为各部门生产过程中能源投入与劳动力投入的比例关系提供了判断依据。

本章首先基于第二章、第三章的就业投入占用产出模型及分析，结合能源投入产出模型，提出了能源就业占用产出模型，并基于该模型进行两类实证分析。本章内容逻辑图如图8-6所示。

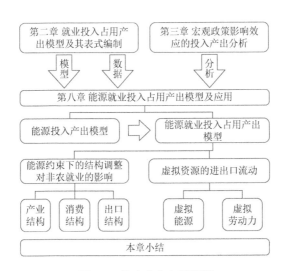

图8-6　第八章内容逻辑图

基于本章的研究结论，提出如下政策建议。

第一，经济结构调整势在必行。在能源就业投入占用产出模型的基础上，利用扩展的非竞争型能源就业投入占用产出模型分析能源约束下我国产业结构、消费结构、出口结构调整对非农就业的影响。高耗能部门的增加值比例、消费比例、出口比例的下降对非农就业的影响有限，除了个别部门的上述比例下降会导致非农就业人数减少外，其他部门均能够适当增加非农就业人数，由此能源约束对我国就业所起的负面作用有限，没有必要拘泥于"扩就业"的目标而耽误节能减排工作的实施，产业、消费、出口的清洁化道路亦可创造更多的非农就业岗位。

　　第二，高耗能劳动密集型产品依然是我国出口的主要对象。本章通过时间序列的能源就业投入占用产出模型测算了我国虚拟能源、虚拟劳动力的进出口情况，对于能源（含虚拟能源），我国经历了从净出口到净进口的转变，但是对于虚拟劳动力，我国却一直保持着净出口状态。将劳动力纳入虚拟流的测算也是对"虚拟"问题研究的补充和创新。

第九章　反映新经济的新型就业投入占用产出模型及应用

新经济的由来可以追溯到 2014 年，习近平总书记在河南考察时提出"新常态"，认为应该"从当前我国经济发展的阶段性特征出发，适应新常态，保持战略上的平常心态"[①]。2015 年 11 月，中央提出实施供给侧结构性改革，其目的就在于使经济的新旧动能转换，大力发展新经济、培育新动力，增强经济发展的内生动力。2016 年 3 月，"新经济"一词正式写入政府工作报告中。2018 年国家统计局正式印发了《新产业新业态新商业模式统计分类（2018）》，该标准给出了国民经济行业分类中的新经济行业，这也为利用就业投入占用产出模型分析新经济问题提供了理论依据。本章将主要介绍新经济背景下的就业特征变化情况，构建反映新经济的新型就业投入占用产出模型并进行实证分析。

第一节　新经济下就业特征分析

新经济指新的经济形态。社会中占主导地位的产业形态的不同，决定社会经济形态的不同。在不同的历史时期，新经济有不同的内涵。当前新经济是指创新性知识在知识中占主导、创意产业成为龙头产业的智慧经济形态。新经济是建立在信息技术革命和制度创新基础上的经济持续增长与低通货膨胀率、低失业率并存，经济周期的阶段性特征明显淡化的一种新的经济现象。

一、新经济的概念与特征

新经济具有低失业、低通货膨胀、低财政赤字、高增长的特点。通俗地讲，新经济就是我们一直追求的"持续、快速、健康"发展的经济。具体来看，新经济的特性主要有三点。首先，企业越来越注重将价值从有形

[①]　《人民网评：以积极心态迎接中国经济"新常态"》，http://opinion.people.com.cn/n/2014/0811/c1003-25441622.html，2014-08-11。

资产转移到无形资产上。企业扩张的活动越来越频繁，与旧经济时代相比，更加注重对无形资产的利用和控制，同时也更加关注无形资产所带来的价值。其次，价值从提供产品的企业，转移到不仅提供产品同时还提供低价且高度个性化产品的企业，或者能够提供问题解决方案的企业。最后，企业可以方便地通过数据管理来降低成本，这也是新经济的一个重要特性。

以经济全球化为动力的新经济不同于前两次工业革命，它带来了全球范围的经济增长，我国也是享受新经济效益的国家之一。我国经济进入新常态以来，便面临国内结构性问题突出、就业率隐患显现、经济下行压力加大等多重挑战。新经济以技术创新为引领，以信息、数据等新生产要素为支撑，推动新产业、新业态、新模式"三新"经济与各产业之间深度融合，推动各产业在改造升级中焕发出强大的生机与活力。据国家统计局初步测算，2021 年"三新"经济增加值约为 197 270 亿元，相当于 GDP 的 17.25%，按现价计算，"三新"经济增加值增速为 16.6%，高于 GDP 现价增速 3.8 个百分点，较上年提高了 0.17 个百分点。可以看出，新经济增加值的比重不大，其形虽弱但势渐强，一定程度上弥补了传统动能减弱带来的影响，对经济平稳运行发挥了重要的作用，是未来中国经济发展的希望所在。

中国社会科学院人口与劳动经济研究所与社会科学文献出版社共同发布《人口与劳动绿皮书：中国人口与劳动问题报告 No.18——新经济新就业》也提出，新经济是推动我国经济增长的新动能，是拉动就业的新领域，是产业结构转型升级的方向。新经济建立在创新的基础上，其经济计划性更强，更重视差异化的消费需求，创新动力更大，因此能够更好地协调生产和消费的关系，从而为提高经济运行效率、弥合经济周期提供了契机。较之传统经济，新经济的生产率更高，增长更快。2007~2016 年，新经济年均增长 16.11%，是同期全国经济增长率的 1.9 倍，新就业年均增长 7.20%，是同期全国就业增长率的 22 倍。新经济中，新业态经济年均增长 20.6%，新就业年均增长 7.7%。2016 年，新经济占全国经济的比重达到 14.6%，新就业占总就业的比重达到 10.1%。同时，新经济还具有显著的产业带动效应。2016 年，新经济带动其他行业增加值占 GDP 的比重为 8.1%。

值得注意的是，中国发展的新经济内涵更为丰富。李克强总理指出："它涉及一、二、三产业，不仅仅是指三产中的'互联网+'、物联网、云计算、电子商务等新兴产业和业态，也包括工业制造当中的智能制造、大规模的定制化生产等，还涉及一产当中像有利于推进适度规模经营的家庭农场、股份合作制，农村一、二、三产融合发展等等。"①综上，本章可以对中国的新经济作以下定义：以技术创新、应用创新、模式创新为基础并相互融合而形成的新型经济活动。具体来看，新经济包含新产业、新业态、新模式三类活动，它们具有不同的内涵侧重点。新产业是指以新科技成果与新兴技术为基础而形成的一定规模的新兴产业。新业态是指伴随互联网、大数据等信息技术的升级，在现有的领域中衍生出的新型经济活动。新模式是指运用信息网络等现代技术，重塑产业链、供应链、价值链，实现传统产业要素重新高效组合。

　　具体来看，我国新经济具有如下几个基本特征。第一，"互联网+"核心化。互联网成为核心基础设施。当前，互联网技术已从最初的一种改善沟通的工具变成支撑整个经济社会的基础设施。"互联网+"让互联网从应用于生活领域跨步到产业领域，互联网与各个产业以及产业链深度融合，并且应用范围仍在不断扩大，成为行业发展和生活必备的核心基础设施。第二，高新技术产业化。新技术、新科技推动新产业的形成。新技术既可以使旧产业重生为新产业，也可以使其直接转化为可供销售的产品或服务，通过规模的不断扩大形成新产业。也就是说，新技术、新科技无论是靠自身形成新产业，还是通过与传统产业融合后重生为新产业，都使产业内部发生深刻变革。新技术对各个产业的影响是全覆盖的，技术产业化必然是大势所趋。第三，产业融合混营化。涉及第一、二、三产业的新经济通过不断提高与其他产业的关联度，突破产业界限实现产业融合，促进其他产业部门的经济增长。知识、信息、数据等无形资产在经济发展中的作用越来越大，跨界创新融合越来越广泛，混合经营也逐步成为一种新业态、新趋势。第四，信息数据资源化。继土地、资源、劳动力等传统生产要素之后，数据已经成为一种新的创造财富的资源。第一次工业革命后煤炭被人类大规模利用起来；第二次工业革命使石油与天然气成为稀有资源；大数据、人工智能等新一轮技术革命为我们打开了数据资源的大门。数据成为信息时代的原材料，是新经济发展主要依靠的资源，更是推动经济增长与发展的新动力。第五，商业模式平台化。数字化平台为买卖双方提供了高效的交易场所，同时平台企业可以凭借用户数量的增加而不断增加自己的收入。可以说，平台化的商业模式既可以使企业在很大程度上摆脱自身资源与能力的束缚，还可以利用平台所带来的资源实现快速成长。2017年全

---

① 《李克强：发展"新经济"是要培育新动能，促进中国经济转型》，https://www.gov.cn/guowuyuan/2016-03/16/content_5054244.htm，2016-03-16。

球最大的财经资讯公司彭博新闻社对全球所有上市公司的资产进行了排名,世界市值最大的 10 家公司中数字企业和平台公司占据其中 7 席。平台化商业模式的迅速发展与平台企业的成长速度都足以证明新经济必然成为未来经济发展的重要支撑。

二、新经济对经济增长的贡献

国家知识产权局与国家统计局联合发布的《关于 2020 年全国专利密集型产业增加值数据公告》显示,2018～2020 年专利密集型产业增加值占当期 GDP 的比重平均为 11.72%,由 2018 年和 2019 年的 11.60% 增加至 2020 年的 11.97%。2020 年,全国专利密集型产业增加值为 121 289 亿元,比上年增长 5.8%(未扣除价格因素),比同期 GDP 现价增速高 3.1 个百分点。从内部结构看,新装备制造业规模最大,增加值为 34 194 亿元,占专利密集型产业增加值的比重为 28.2%;其次是信息通信技术服务业,增加值为 26 415 亿元,所占比重为 21.8%,由上年总量第三位上升到第二位;再次是信息通信技术制造业,增加值为 24 177 亿元,所占比重为 19.9%;规模最小的是环保产业,增加值为 2748 亿元,所占比重为 2.3%。从增长速度看,信息通信技术服务业增长 15.7%,增长最快。受国内外防疫产品需求旺盛、企业加大力度安排生产等因素拉动,医药医疗产业增速加快,增长 10.1%,比上年提高 4.7 个百分点。按照目前的国民经济行业分类,高技术产业覆盖了医药制造业,航空、航天器及设备制造业,电子及通信设备制造业,计算机及办公设备制造业,医疗仪器设备及仪器仪表制造业,信息化学品制造业,包括了六大类 62 个小类产业。专利密集型产业覆盖了信息基础产业、软件和信息技术服务业、现代交通装备产业、智能制造装备产业、生物医药产业、新型功能材料产业、高效节能环保产业、资源循环利用产业,包括了八大类 48 个中类产业。专利密集型产业涉及范围更广,国家统计局在 2018 年印发了《新产业新业态新商业模式统计分类(2018)》,其包括了高技术产业和专利密集型产业的主要部分,重点体现先进制造业、互联网+、创新创业、跨界综合管理等"三新"活动,是更为宽泛的新经济的统计口径。

国家统计局公布的数据显示,2017 年、2018 年、2019 年我国"三新"经济占 GDP 的比重分别达到 15.7%、16.1%、16.3%,2020 年我国"三新"经济增加值为 169 254 亿元,占 GDP 的比重为 17.08%,比 2017 年提高 1.38 个百分点。

三、新经济下的就业现状、特征与结构变化

以电子商务和平台经济为代表的新经济能够带来多少就业机会、能否成为新就业的提供者，一直是社会各界关心的话题。目前，已有一些报告对此进行了分析。比如，中国人民大学劳动人事学院课题组撰写的《滴滴平台就业体系与就业数量测算》报告指出，2018 年滴滴平台在国内共带动1826 万个就业机会，其中包括网约车、代驾等直接就业机会 1194.3 万个，间接带动了汽车生产、销售、加油及维保等就业机会 631.7 万个。此外，滴滴平台还积极响应国家"一带一路"倡议，在"一带一路"共建国家创造了超过 93 万个海外直接就业机会。中国社会科学院数量经济与技术经济研究所联合滴滴发展研究院发布的《数字经济新就业形态发展研究报告（2020）》显示，由于网约车司机等新就业形态能够迅速满足劳动者短期就业需求，在疫情期间发挥了重要的就业"稳定器"作用。国内疫情基本控制后，网约车新就业规模质量指数明显回升，2020 年第 3 季度已超过了疫情前水平。此外，新就业形态在疫情期间在解决年轻群体短期就业困难上的作用突出。2020 年 2 月起，20～29 岁年龄段网约车新增司机占比不断提高，直到 7 月才出现下降趋势。国家信息中心分享经济研究中心发布的《中国共享经济发展报告（2020）》显示，2019 年以新业态形式出现的平台企业员工数达到 623 万，比上年增长 4.2%；平台带动的就业人数约为7800 万人，同比增长 4%。新就业形态下的外卖、闪购、民宿、网约车等平台经济的灵活就业，已成为吸纳就业、解决失业问题的新渠道，是实现"保就业"的重要载体。那么，从全局来看，在新旧动能转换期，新经济带来的就业机会能否弥补其他一些行业的就业岗位损失呢？

新经济主要集中在第三产业领域，这也是我国经济转型升级的趋势所引导的，相比第一、二产业，第三产业部门主要以服务业为主，根据消费者的各种需求，提供各种相关性服务，并根据市场发展趋势，创造更多有价值的服务项目，自然也就开拓了就业空间。尽管目前新经济所占比例较小，在规模上还难以和传统经济等量齐观，但它在保障就业、增加收入、促进转型升级方面，乃至在推动发展方面，发挥着越来越大的作用。

与传统就业相比，目前劳动力市场新就业形态在就业领域、就业方式、就业技能、就业观念等方面具有以下新特征。第一，就业领域宽：互联网技术带来的电子商务、共享经济、小微创业企业使很多劳动者可以通过第三方共享平台寻求工作、创造自我价值，而不是仅仅在工厂、企业等传统的就业领域内做出选择。第二，就业方式活：新就业形态下，雇用形式发

生变化。劳动者与组织关系变得灵活，甚至有的劳动者可以不用每天到单位打卡上班，借助平台就可实现工作对接。滴滴司机、淘宝店家、微商等都是劳动者利用互联网平台实现的就业方式。第三，就业技能精：在一定程度上，新就业形态为退休工人、家庭妇女等弱势群体提供了大量的就业机会。但新经济时代，数字、信息技术融入各行各业，拥有专业的技能、善用数字技术是当下对劳动者提出的新要求。第四，就业观念新：首先，更多的就业者愿意根据自己的时间、兴趣爱好选择灵活、自主程度高的工作，而不再一味追求"铁饭碗"。其次，新生代的青年劳动力更多地把就业当作自我价值的实现途径，而非仅为了谋生，在工作中往往可以激发出更多的激情与活力。

新经济时期，传统产业不断优化升级，新产业纷纷涌现，新经济的发展正进一步促进产业结构优化升级。产业结构与就业结构密切相关，二者相互影响、相互作用。随着产业结构的变化，就业结构逐步显现出以下新变化。首先，从就业的产业结构角度看，第三产业成为吸纳就业最多的产业，且具有进一步扩张的趋势。新经济下，与高新技术相关的新兴服务业快速发展，"互联网+"更是为服务业注入了新动能，使服务业吸纳就业的能力远远强于传统制造业。其次，从就业的区域结构角度看，新经济下城镇化进程不断加快，城镇吸纳的就业人口多于乡村吸纳的就业人口，城镇成为我国就业主阵地。与此同时，乡村地区发展有限，劳动者从事行业多为第一产业和第二产业，未能把劳动力资源配置到高生产力部门，新经济在乡村发挥的作用明显弱于城镇。再次，从就业的知识结构角度看，我国正从"制造强国"向"智造大国""中国创造"迈进，高知识、高技术就业人员需求数量呈直线攀升趋势，而低质量劳动力面临被高质量、高效率人工智能取代的挑战。如何增加知识型、技术型人才数量，解决企业高新技术人员存在缺口与低人力资本就业困难的矛盾，是新经济时代下的新课题。最后，从就业的职业结构角度看，新兴行业崛起与职业细化拓宽了就业领域、丰富了职业选择，人才供不应求带来了良好的就业形势。与此同时，传统产业面对经济下行压力与产业转型，具备传统技能的劳动者的求职竞争压力大，就业形势严峻。

新经济下的就业结构还处于持续优化阶段，并非一朝一夕就可以彻底改变的。虽然新经济给就业带来了良好形势，但不难发现"利"的背后还有一些"弊"的出现。但从长远角度来看，尽管新就业形态给传统就业形态下的劳动关系、政策体系等带来了巨大的冲击，但新技术既提高了劳动生产率，带动新兴产业壮大，又反作用于就业，成为就业新动力。

第二节　反映新经济的新型就业投入占用产出模型

新经济作为新型经济形态，区别于传统经济，本节将解构新经济和传统经济的关联特征，从投入产出模型视角，剖析传统经济与新经济对各行业就业的拉动作用和拉动机制。本节将构建反映新经济的新型就业投入占用产出模型，并进行基本系数的分析。

一、新经济对就业影响效应的文献综述

新经济的发展对经济增长和就业产生了深远的影响。中国互联网络信息中心（China Internet Network Information Center，CNNIC）根据中国互联网络发展状况调查，定期公布网民数、域名数、IP 地址、网站数等统计指标及相应调查报告，为测度我国互联网发展水平提供了数据基础（王恩海等，2006；冯海燕，2009；孙中伟等，2010；白骏骄和李芮，2015）；麦肯锡全球研究院（2014）发布了 iGDP 指数，包括个人消费、公共支出、互联网技术的商业投资以及在互联网上相关商品和服务的贸易余额。Katz 等（2010）测算了德国 2014 年以前与 2015～2020 年这两个阶段的宽带投资对经济与就业的影响效应，前一阶段将带来 30.4 万个新就业机会，后一阶段则将新增 23.7 万个就业岗位；Rausas 等（2011）认为截至 2009 年互联网经济使得法国减少了 50 万个工作岗位，但同时增加了 240 万个新就业机会；Beham 等（2012）的研究表明信息和通信技术（information and communications technology，ICT）的发展使欧洲就业人数增加了 1300 万人，占欧洲总就业人数的 13%；Elsby 和 Shapiro（2012）指出美国移动通信技术从 2G 到 3G 的技术升级和基础设施建设已经为美国创造了 158.5 万个新工作岗位，现如今 4G 普及率每提升 10%，一年内新就业机会将会增加 23.1 万个。国内方面，于晓龙（2015）计量分析了以互联网技术为代表的信息技术对我国就业总量的正向效应并与发达国家的就业效应进行对比；王君等（2017）阐述了以人工智能为代表的技术进步对就业的影响；牛禄青（2017）、张影强和张瑾（2017）以及纪雯雯（2017）则从数字经济维度阐述了数字经济与就业关联的研究脉络，给出了数字经济对就业的影响机制，但并未进行实证分析。

从新经济发展的创新性、高效性和正外部性等带来的综合影响来看，龙海泉等（2010）通过将网络经济理论和战略管理理论整合，提出了虚拟交易的四维价值空间理论，论证了网络资源对企业价值与竞争优势的影

响；林宏伟和邵培基（2014）对企业如何投放合适的网络广告进行了研究；罗珉和李亮宇（2015）认为在当前新经济时代，传统的价值链中以供给为导向的商业模式正在逐渐走向消亡，以需求为导向的互联网商业模式和价值创造正在出现；冯华和陈亚琦（2016）指出在互联网环境下经济时空的内涵与外延突破了物理时空约束向外无限拓展，网络时间溢出的正外部性促使经济时空效率提高；施炳展（2016）认为互联网作为信息平台可以降低交易成本、扩大交易规模、优化资源配置水平；李兵和李柔（2017）通过分析来自中国工业企业出口的微观数据发现互联网显著促进了企业出口，互联网对企业出口的作用与贸易自由化的作用相似；刘征驰等（2017）利用网络经济显著的互联网众筹模式，研究了众筹产品的差别化定价问题；孙浦阳等（2017）构建了一个包含消费者差异性的搜寻与匹配效率理论框架，发现电子商务交易平台通过有效提高消费者搜寻效率、降低市场搜寻成本，对零售市场的价格产生了显著影响。何菊香等（2015）利用2003～2011 年时序省级面板数据进行计算，结果表明中国互联网产业的发展水平具有明显的地区差异性，东部沿海省份互联网产业带来的经济拉动效应明显大于西部地区。

但上述研究均未对国民经济行业中的新经济产业进行特别区分，也未对新经济的价值规模进行量化评估并提出量化评估方法。新经济与传统经济在规模和结构上也明显不同。本节将建立反映新经济特点的非竞争型就业投入占用产出模型，实证编制 2012 年区分新经济和传统经济的非竞争型就业投入占用产出表，从直接增加值系数、直接就业系数与完全就业系数差异入手，测算新经济对我国经济增长和就业的影响。

二、模型构建

投入产出模型以棋盘式结构展示国民经济各行业在生产过程中的复杂的经济关联关系，就业投入占用产出模型则在传统投入产出模型基础上加入了各行业生产对就业人员的占用情况。反映新经济的新型就业投入占用产出模型则在传统就业投入产出模型基础上对国民经济部门进行了传统经济、新经济的区分，该模型不仅反映了不同行业就业间的关联关系，同时也反映了同一行业不同经济类型之间的异质性，详细刻画了各行业传统经济、新经济之间错综复杂的生产消耗关系。

反映新经济的新型就业投入占用产出模型的简表如表 9-1 所示，该模型在传统的非竞争型表的基础上进行了部门的重新划分，用来突出新经济的特征。总体看，该模型区别于传统投入产出模型的主要特点如下。

表 9-1　反映新经济的新型就业投入占用产出模型简表

投入		中间需求		最终需求						总产出/进口
		传统经济	新经济	传统经济			新经济			
				消费	投资	出口	消费	投资	出口	
中间投入	传统经济	Z^{TT}	Z^{TD} .	F^{TT}			F^{TD}			X^T
	新经济	Z^{DT}	Z^{DD}	F^{DT}			F^{DD}			X^D
	进口产品	Z^{MT}	Z^{MD}	F^{MT}			F^{MD}			M
最初投入	增加值合计 包括：固定资本消耗 劳动者报酬 生产税净额 营业盈余	V^T	V^D							
	总投入	X^T	X^D							
	占用就业	L^T	L^D							

第一，区别新经济与传统经济部门。该模型将国民经济部门以及最终需求部分区分为传统经济部门、新经济部门，以区别新经济与传统经济在经济发展中的不同作用。

第二，区分国内产品与进口产品。该模型建立在非竞争型投入产出模型基础上，区分国内产品与进口产品在生产过程中的异质性。

第三，增加了就业的占用部分。该模型增加了国民经济各部门生产过程对就业的占用情况，并将就业人员按照年龄、受教育程度、周工作工时、性别等进行分类，构建了就业投入占用产出模型。

表 9-1 中各变量除了占用就业为实物量外其他均为价值量。清楚起见，本章用上标 T 表示传统经济，上标 D 表示新经济，上标 M 表示进口，各变量的释义如下。Z^{TT}、Z^{TD}、Z^{DT}、Z^{DD}、Z^{MT}、Z^{MD} 均为 $n \times n$ 维的矩阵（n 为投入产出表中的行业分类总数）：Z^{TT} 表示传统经济各行业对传统经济各行业的中间投入量，Z^{TD} 表示传统经济各行业对新经济各行业的中间投入量，Z^{DT} 表示新经济各行业对传统经济各行业的中间投入量，Z^{DD} 表示新经济各行业对新经济各行业的中间投入量，Z^{MT}、Z^{MD} 则分别表示进口的各行业产品对传统经济各行业、新经济各行业的中间投入量。F^{TT}、F^{TD}、F^{DT}、F^{DD}、F^{MT}、F^{MD} 均为 $n \times k$ 维的矩阵（k 为最终需求的具体分类数，包括农村居民消费、城镇居民消费、政府消费、固定资本形成、存货变动、出口及误差），分别表示传统经济、新经济、进口各行业产品被用于传统经济、新经济等各类最终需求的量。X^T、X^D、M、V^T、V^D 均

为 $n \times 1$ 维的列向量：X^T、X^D 分别表示传统经济、新经济的各行业总产出，M 为进口的各行业产品总量，V^T、V^D 分别表示传统经济、新经济的各行业增加值。L^T、L^D 均为 $r \times n$ 维的矩阵（r 为就业结构数，如按性别分类，则 $r = 2$；如按年龄分类，则 $r = 13$；如按受教育程度分类，则 $r = 7$），分别表示传统经济、新经济各行业不同类型的就业人数。

根据第二章介绍的投入产出模型相关理论，计算投入产出模型的直接消耗系数 $a_{ij} = z_{ij} / x_j$，表示 j 部门生产单位产出对 i 部门的直接消耗。进一步在反映新经济的新型就业投入占用产出模型的框架下得到直接消耗系数矩阵，如式（9-1）所示。A^{TT} 表示传统经济部门对传统经济部门的直接消耗关系，A^{DT} 表示传统经济部门对新经济部门的直接消耗关系，A^{TD} 表示新经济部门对传统经济部门的直接消耗关系，A^{DD} 表示新经济部门对新经济部门的直接消耗关系，将普通投入产出表下的直接消耗关系进行重新解构，赋予新的经济含义。

$$A = \begin{pmatrix} A^{TT} & A^{TD} \\ A^{DT} & A^{DD} \end{pmatrix} \quad (9-1)$$

根据投入产出关系，由直接消耗系数矩阵计算得到完全需要系数矩阵，即里昂惕夫逆矩阵，如式（9-2）所示，反映了国民经济各行业间的完全需要关系。矩阵 B 中相应的模块分组与式（9-1）类似，分别反映传统经济、新经济之间或内部的完全需要关系。

$$B = \begin{pmatrix} B^{TT} & B^{TD} \\ B^{DT} & B^{DD} \end{pmatrix} = \left(\begin{pmatrix} I^T & 0 \\ 0 & I^D \end{pmatrix} - \begin{pmatrix} A^{TT} & A^{TD} \\ A^{DT} & A^{DD} \end{pmatrix} \right)^{-1} \quad (9-2)$$

由里昂惕夫逆矩阵，得到里昂惕夫投入产出模型，如式（9-3）所示：

$$\begin{pmatrix} B^{TT} & B^{TD} \\ B^{DT} & B^{DD} \end{pmatrix} \begin{pmatrix} F^T \\ F^D \end{pmatrix} = \begin{pmatrix} X^T \\ X^D \end{pmatrix} \quad (9-3)$$

在表 9-1 的基础上可以定义直接就业系数 $a_{kj}^L = l_{kj} / x_j$，表示第 j 部门在生产单位产出的过程中对第 k 类就业的占用情况，定义直接就业系数矩阵为 A^L，完全就业系数为 b_{kj}^L，用公式表示完全就业系数矩阵 B^L 如式（9-4）、式（9-5）所示。

$$B^L = A^L B \quad (9-4)$$

$$\begin{pmatrix} B^{TL} & B^{TD} \end{pmatrix} = \begin{pmatrix} A^{TL} & A^{TD} \end{pmatrix} \begin{pmatrix} B^{TT} & B^{TD} \\ B^{DT} & B^{DD} \end{pmatrix} \quad (9-5)$$

同时注意到如表 9-1 所示的模型，不仅对中间流量矩阵进行了传统经济、新经济的区分，还在最终需求、增加值矩阵部分进行了传统经济、新经济的区分，因此能更好地将新经济、传统经济的消费、投资、出口结构差异以及所带来的劳动者报酬、营业盈余、生产税净额等的差异进行区分，更符合经济的实际运行状况。

三、反映新经济的新型就业投入占用产出表的编制

编制反映新经济的新型就业投入占用产出表，需要编制投入产出表、收集就业数据以及明确如何在数据上将传统经济与新经济进行区分。

1. 投入产出表

本章以 2012 年投入产出表为编表的基础，完成 2012 年的新表编制。国家统计局网站公布了较为详细的 2012 年投入产出表，其中包括 139 部门、42 部门的竞争型投入产出表。中国科学院数学与系统科学研究院项目组曾与国家统计局合作编制了 2012 年 139 部门的非竞争型投入产出表，本章编制 2012 年新表的时候将以 2012 年 139 部门的非竞争型投入产出表为基础。

2. 就业矩阵

基于历年《中国统计年鉴》给出的分产业就业人数以及《中国经济普查年鉴》《中国人口普查年鉴》提供的分行业就业结构分类，对每个行业的就业人员进行性别、年龄，以及受教育程度类型的划分，具体如表 9-2 所示。通过对比 2012 年投入产出表的 139 部门和能够获得的最为详细的就业行业 94 部门，秉承只合并不拆分的基本原则，汇总得到 83 部门的就业投入产出表。

表 9-2　不同类型的就业构成

项目	性别	年龄	受教育程度	周工作时间
就业人员构成	男 女	16～19 岁 20～24 岁 25～29 岁 30～34 岁 35～39 岁 40～44 岁 45～49 岁 50～54 岁 55～59 岁 60～64 岁 65～69 岁 70～74 岁 75 岁及以上	未上过学 小学 初中 高中 大专 大学本科 研究生	1～8 小时 9～19 小时 20～34 小时 35 小时 36～39 小时 40 小时 41～47 小时 48 小时 48 小时以上

资料来源：《中国人口普查年鉴 2010》

3. 区分传统经济与新经济部门

根据国家统计局 2018 年 8 月印发的《新产业新业态新商业模式统计分类（2018）》，得到新经济部门与国民经济各部门间的详细对应关系。进一步通过《中国经济普查年鉴 2013》给出的"按行业分组的规模以上工业企业主要经济指标（大、中、小类行业）""各行业总承包和专业承包企业建筑业总产值和竣工产值""批发业法人企业财务状况""零售业法人企业财务状况"等营业收入资料，整理得到新经济部门占国民经济传统部门总产出的比例。通过这一比例，可以将国民经济行业区分为新经济、传统经济两大类。根据《新产业新业态新商业模式统计分类（2018）》给出的如表 9-3 所示的新经济部门分类，将国民经济 83 个行业进行部门汇总，其中新经济部门按照"三新"部门分类合并为九大部门（表 9-3），构建 92×92 的中间流量矩阵，并且将最终需求、增加值按照 92 部门进行分类。

表 9-3　本节模型的新经济部门分类

序号	新经济部门	序号	新经济部门	序号	新经济部门
1	现代农林牧渔业	4	节能环保活动	7	现代生产性服务活动
2	先进制造业	5	互联网与现代信息技术服务	8	新型生活性服务活动
3	新型能源活动	6	现代技术服务与创新创业服务	9	现代综合管理活动

资料来源：国家统计局印发的《新产业新业态新商业模式统计分类（2018）》

基于投入产出表就业矩阵的编制方法，以及新经济与传统经济的区分原则，得到 2012 年 92 部门的反映新经济的新型就业投入占用产出表。

第三节　反映新经济的新型就业投入占用产出模型的应用

本节在第二节编制的 2012 年 92 部门的反映新经济的新型就业投入占用产出表的基础上，对就业系数、增加值系数等进行分析。

如表 9-4 所示，根据编制的新表式，2012 年新经济部门产出占总产出的 12.4%，新经济部门增加值占 GDP 比重为 10.4%，新经济部门就业人数占总就业人数比重为 7.2%。从新经济具体分行业来看，先进制造业增加值在新经济规模中占比最高，占当年 GDP 的 5.2%，占新经济部门增加值合计的 50%左右，其次是现代生产性服务活动，增加值占当年 GDP 的 2.3%，占新经济部门增加值合计的 22%左右。从就业来看，新经济部门的就业人数占比略低于产出、增加值占比，其中就业占比最高的部门是先进制造业，其次是现代农林牧渔业，这应该与我国农业部门的就业人数占比较高有关。

表 9-4　2012 年新经济部门的产出、增加值及就业情况

部门	规模量			占比		
	产出/亿元	增加值/亿元	就业人数/万人	产出占总产出比重	增加值占GDP比重	就业人数占总就业人数比重
新经济部门总计	199 058	55 704	5 551	12.4%	10.4%	7.2%
现代农林牧渔业	1 707	851	912	0.1%	0.2%	1.2%
先进制造业	143 417	28 068	2 708	8.9%	5.2%	3.5%
新型能源活动	2 229	608	20	0.1%	0.1%	0
节能环保活动	2 702	1 727	153	0.2%	0.3%	0.2%
互联网与现代信息技术服务	9 251	4 210	374	0.6%	0.8%	0.5%
现代技术服务与创新创业服务	3 602	1 361	161	0.2%	0.3%	0.2%
现代生产性服务活动	22 019	12 342	540	1.4%	2.3%	0.7%
新型生活性服务活动	7 829	4 421	574	0.5%	0.8%	0.7%
现代综合管理活动	6 302	2 116	109	0.4%	0.4%	0.1%

资料来源：根据本章编制的反映新经济的新型就业投入占用产出表测算得到

　　经测算得到新经济各部门的增加值系数，如图 9-1 所示。从直接增加值系数来看，新经济部门中节能环保活动部门的增加值系数较高，为 0.64，

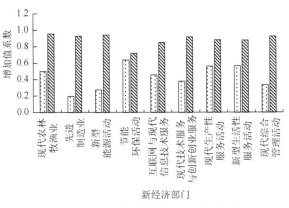

图 9-1　新经济各部门的增加值系数

表示节能环保活动部门单位产出可以带来 0.64 单位的增加值；其次是新型生活性服务活动部门，单位产出产生 0.56 单位增加值；直接增加值系数较低的是先进制造业，主要原因在于先进制造业多数来自工业部门，传统工业部门的增加值率一直低于服务业增加值率。

从完全增加值系数来看，完全增加值系数普遍高于直接增加值系数，由于采用的是非竞争型表式，完全增加值系数表示单位产出给国内带来的增加值，1–完全增加值系数则表示单位产出中消耗的进口产品的价值。对比直接、完全增加值系数可以看出，先进制造业的两个系数差异最大，说明先进制造业中间生产环节涉及的部门较多，生产链条较为复杂，其次是新型能源活动部门。

经测算得到新经济各部门的就业占用系数，如图 9-2 所示。从直接就业占用系数来看，数值最大的是新型能源活动部门，这与能源部门的产出较大、就业人数较少相关；其次是先进制造业。先进制造业直接就业占用系数为 0.14 人/万元，完全就业系数为 0.19 人/万元，说明先进制造业生产单位万元产出直接带来了 0.14 人的就业，考虑产业关联关系后完全拉动就业 0.19 人。

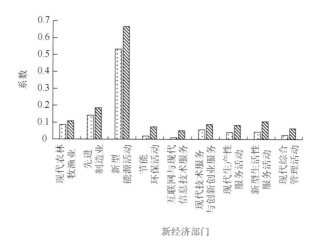

图 9-2　新经济各部门的就业占用系数

按照年龄对各行业就业人员进行划分，得到传统经济与新经济就业情况的年龄结构对比情况，如图 9-3 所示，传统经济、新经济部门具有较大差异，新经济部门占用的就业人数占比较大的是 25～29 岁、20～24 岁，传统经济部门就业结构中占比较大的是 40～44 岁、35～39 岁，新经济部门的年轻化程度较传统经济部门更高。

　　按照受教育程度对各行业就业人员进行划分，得到传统经济与新经济就业情况的受教育程度结构对比情况，如图 9-4 所示。可以看出，从事新经济的就业人员中，高中、大专及以上学历占比远高于传统经济部门，高中学历占比为 23.4%，高于传统经济部门 4.7 个百分点，大专、大学本科在新经济部门中的占比较传统经济部门分别高 2.0 个百分点、1.9 个百分点，

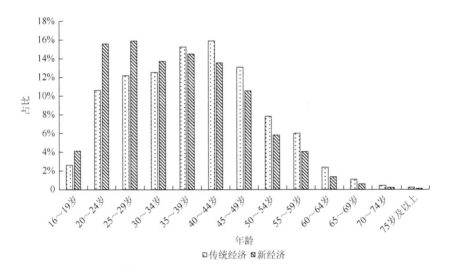

图 9-3　传统经济与新经济就业情况的年龄结构对比

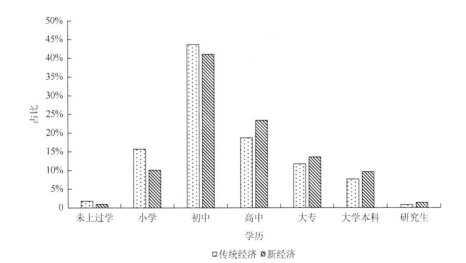

图 9-4　传统经济与新经济就业情况的受教育程度结构对比

说明从事新经济的就业人员受教育程度较高，同时在小学学历的就业占比上，新经济部门较传统经济部门低了 5.6 个百分点。

按照周工作时间对各行业就业人员进行划分，得到传统经济与新经济就业情况的周工作时间结构对比情况，如图 9-5 所示。新经济部门周工作时间在 40 小时以上的占比为 93.1%，较传统经济部门高 4.5 个百分点，其中以周工作 40 小时占比最为突出，新经济部门中该比例为 42.1%，高于传统经济部门 4.4 个百分点。

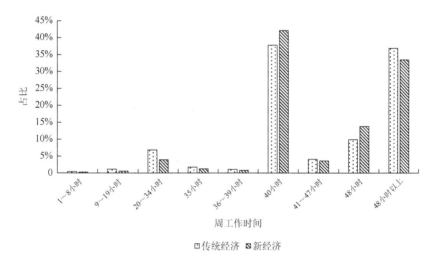

图 9-5　传统经济与新经济就业情况的周工作时间结构对比

同时从性别结构来看，新经济部门中女性占比为 39.8%，高于传统经济部门中女性占比 1 个百分点，说明新经济带来的女性就业人数较传统经济多。

第四节　本 章 小 结

本章基于就业投入占用产出模型，结合当前经济发展中的热点问题，创新性地提出了反映新经济的新型就业投入占用产出模型，从理论到实证给予了充分分析。本章内容逻辑图如图 9-6 所示。

本章第一节明确了新经济的概念与特征，提出新经济是以技术创新、应用创新、模式创新为基础并相互融合而形成的新型经济活动。同时归纳总结了新经济的具体特征："互联网+"核心化、高新技术产业化、产业融合混营化、信息数据资源化、商业模式平台化。新经济给就业带来了不同于传统经济的特征，具体如下：就业领域宽、就业方式活、就业技能精、就业观念新。

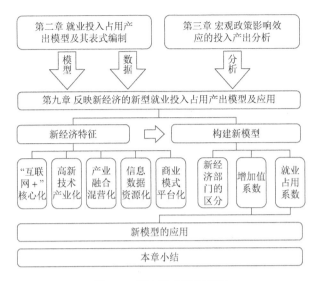

图 9-6　第九章内容逻辑图

第二节、第三节构建了反映新经济的新型就业投入占用产出模型并测算新经济对就业的拉动效应。第二节建立了反映新经济的新型就业投入占用产出模型，在非竞争型投入产出表基础上增加了各行业的就业矩阵，并将就业人员区分为不同类型，比如按年龄、受教育程度、周工作时间和性别区分，同时将国民经济各部门分为传统经济部门、新经济部门。第三节则具体分析了传统经济部门、新经济部门的产出、增加值、就业人数的占比情况及新经济部门的增加值系数、就业占用系数对比情况。根据结论可以看出，新经济带来的就业人数占比低于增加值占比，主要原因在于农业部门的新经济占比不高但就业人数占比较大。同时新经济部门的年轻化程度较高、受教育程度较高、周工作时长较长且女性就业人数占比高于传统经济部门。

第十章 基于投入产出数据的互联网技术进步对就业的影响机制研究

互联网技术进步推动数字经济的发展，成为推动新一轮经济增长的重要助力，互联网技术进步为就业带来的机遇与挑战也深刻影响着经济发展和民生福祉。本章以就业投入占用产出表为基础数据库，将其作为分析问题的指标来源，从理论分析和实证检验两方面探究目前互联网技术进步对就业的影响效应。

第一节 互联网技术进步对就业影响的理论模型

本节将在文献回顾的基础上建立基于生产函数的扩展的生产函数，将互联网技术进步与其他技术进步区分开来，并进行了理论模型参数的估计。

一、文献回顾

关于技术进步是否会造成失业的研究由来已久，古典经济学派的代表人物亚当·斯密以及李嘉图认为技术进步不会导致失业，因为技术进步会降低生产成本，产品价格下降使得需求增加，厂商扩大生产所需的劳动力增加，由此增加了就业机会；萨伊定律同样认为供给会自动创造需求，价格机制会恢复就业；而马尔萨斯则认为技术进步使得资本积累快于市场扩张，从而导致失业。新古典经济学派的熊彼特认为技术性失业就是周期性失业的表现，技术进步的负面效应就包括就业。马克思在《资本论》中提出的资本有机构成理论和"产业后备军"理论则认为必然会出现相对过剩人口，导致失业。可见不同经济学派，甚至是同一经济学派内部的不同学者关于技术进步是否会导致失业这一问题都存在争议。虽然关于技术进步对就业究竟具有积极还是消极影响的争论，至今仍未达成共识，但已经有了非常成熟的研究结果，于晓龙（2015）、纪雯雯（2017）等均给予了详细的综述，牛禄青（2017）、张影强和张瑾（2017）对我国的数字经济与就业的关系进行了描述。

近些年来，新经济、数字经济背景下机器人、人工智能等新技术的发展，再度使得就业问题成为研究热点。Virgillito（2017）对机器人和人工智能等会引发的失业问题进行了探讨，Frey 和 Osborne（2013）认为在接下来的 20 年 47%的工作将面临自动化风险，Graetz 和 Michaels（2018）对机器人影响就业的问题进行了开创性研究，认为机器人可以提高生产率和工资，继而减少低技能工人就业人数。但是也有一些研究表明技术性失业没有那么可怕，Arntz 等（2016）认为仅有 9%的工作有被替代的危险，Acemoglu 和 Restrepo（2018a）认为技术内生性的工作填补了因技术损失的就业岗位，Acemoglu 和 Restrepo（2017）进一步从两方面论述了即使技术实现进步，自动化对就业的影响也不会太大，Acemoglu 和 Restrepo（2018b）认为技术进步一方面会对人类就业产生替代效应，另一方面也会产生有利于就业的生产力效应。当然，现有的人类工作被技术替代也并不代表真正的社会福利损失（曹静和周亚林，2018），只能说对于被替代的那部分劳动者而言，技术进步产生的是负面影响，况且目前的技术水平还无法实现大范围的非常规任务的替代（Autor，2015；Brynjolfsson et al.，2018）。

也有部分学者认为技术进步对不同行业的影响存在异质性，例如，Ampatzidis 等（2017）认为技术进步可以使农作物机器与农民之间实现人机结合，故技术进步有利于农业发展；同样，Lele 和 Goswami（2017）认为，目前的数字经济以及互联网技术等有助于实现农业现代化，提高农民收入，但是两位学者均没有实证证据的支持。李博和温杰（2010）实证分析了不同类型工业行业的技术进步对就业的影响，发现资源密集型行业、资本密集型行业和技术密集型行业的技术进步对本部门的就业净效应均为负向的，而劳动密集型行业的技术进步对就业的净效应不明显。马弘等（2013）对中国制造业技术进步对就业的创造效应与破坏效应进行了分析讨论。姜金秋和杜育红（2015）研究了中国 34 个工业行业技术进步与就业之间的动态效应，发现在短期内技术进步对劳动密集型行业产生破坏效应，对技术密集型行业则具有创造效应，但在长期中没有显著影响。刘滨（2018）研究了 1986～2015 年我国能源行业的技术进步对劳动力就业的影响，发现技术进步对就业的影响具有时滞性，且短期内挤出效应可能大于促进效应，但长期中技术进步有利于能源行业的就业增加；党秀静（2018）探讨了技术进步对我国服务业就业的异质性影响，发现 2004～2015 年我国技术进步整体上不利于服务业的就业。可见技术进步对不同行业以及同一行业不同时期的就业的影响不同，因而研究分析技术进步对各行业不同时期的就业的影响将有利于我们削弱技术进步的就业替代效应，放大其对就业的创造效应（程承坪和彭欢，2018），促进我国互联网等新信息技术的健康发展。

然而，大多数学者对技术进步的就业影响的研究没有区分互联网技术进步与其他类型的技术进步以及互联网软件技术进步与互联网硬件技术进步,且对互联网技术进步影响的研究主要集中于其对劳动生产率以及产业结构的影响(徐伟呈和范爱军,2018;王娟,2016;何德旭和姚战琪,2008),不同类型的技术进步对就业的影响也存在差异,本章将互联网技术进步从总的技术进步中分离出来,通过理论分析与实证检验分析研究互联网技术进步对就业的影响效应,进一步将特定技术进步对就业的影响清晰化,为后续互联网技术健康有序发展提供参考。

二、互联网技术进步对各行业劳动力配置影响的理论模型

人们对于数字经济和互联网技术引发的新一轮技术革命最大的担忧来自技术对人类就业的影响,部分现有工作会被替代,而新的工作岗位也会因新技术而产生。显然,技术进步对不同部门就业的影响会因行业特征的不同而存在差异。因此本章立足不同行业的生产部门,建立合理的生产函数,基于理论模型探究互联网技术进步对不同行业劳动力需求的影响,依据理论推导结果实证分析互联网技术进步对不同行业劳动力需求的异质性影响。

假定各行业的代表性厂商的生产遵循 CD 函数的形式:

$$Y_i = A(N_i)K_i^{\alpha_i}L_i^{\beta_i}, \ i = 1, \cdots, n \tag{10-1}$$

其中,Y_i,K_i,L_i 分别为第 i 行业的产出、资本投入和劳动力投入;α_i,β_i 为各行业的要素投入份额参数,$0 < \alpha_i, \beta_i < 1$;现将技术进步表示为互联网技术进步的函数关系 $A(N_i)$,N_i 为第 i 行业的互联网技术进步,参考 Duarte 和 Restuccia(2010)以及徐伟呈(2018)的做法,本节假定:

$$A(N_i) = AN_i^{\gamma_i} \tag{10-2}$$

其中,γ_i 为互联网技术的影响参数,$0 < \gamma_i < 1$,本节在徐伟呈(2018)的做法基础上对互联网技术投入进行了产业异质性处理,每个行业的互联网发展是非均衡的;A 为除互联网技术进步之外的其他技术进步。将式(10-2)代入式(10-1)即可得各行业的生产函数为

$$Y_i = AN_i^{\gamma_i}K_i^{\alpha_i}L_i^{\beta_i}, \ i = 1, \cdots, n \tag{10-3}$$

假设第 i 行业生产的产品价格为 p_i,工人的工资率为 w_i,资本的租金率为 r_i,第 i 行业的代表性厂商可以通过调整劳动力投入 L_i 和资本投入 K_i 来实现利润最大化:

$$\max_{L_i \geqslant 0} \left\{ p_i AN_i^{\gamma_i}K_i^{\alpha_i}L_i^{\beta_i} - w_iL_i - r_iK_i \right\}$$

利润最大化结果为

$$L_i^{1-\beta_i} = \frac{\beta_i A N_i^{\gamma_i} K_i^{\alpha_i}}{w_i} \tag{10-4}$$

N_i 对 L_i 的影响即互联网技术进步对各行业劳动力投入的影响，因此，对式（10-4）两端关于互联网技术进步 N_i 求导可得

$$\frac{\partial L_i}{\partial N_i} = \frac{\beta_i Y_i}{(1-\beta) w_i N_i K_i} \left(\gamma_i K_i + \alpha_i N_i \frac{\partial K_i}{\partial N_i} \right) \tag{10-5}$$

将式（10-3）代入式（10-5）得到

$$\frac{\partial L_i}{\partial N_i} = \frac{\gamma_i}{1-\beta_i} \cdot \frac{L_i}{N_i} + \frac{\alpha_i}{1-\beta_i} \cdot \frac{L_i}{K_i} \cdot \frac{\partial K_i}{\partial N_i} \tag{10-6}$$

同理可得

$$\frac{\partial K_i}{\partial N_i} = \frac{\gamma_i}{1-\alpha_i} \cdot \frac{K_i}{N_i} + \frac{\beta_i}{1-\alpha_i} \cdot \frac{K_i}{L_i} \cdot \frac{\partial L_i}{\partial N_i} \tag{10-7}$$

联合式（10-6）和式（10-7）即可得到互联网技术进步对某行业的劳动力投入和资本投入的影响：

$$\frac{\partial L_i}{\partial N_i} = \frac{\gamma_i}{1-\alpha_i-\beta_i} \cdot \frac{L_i}{N_i} \tag{10-8}$$

$$\frac{\partial K_i}{\partial N_i} = \frac{\gamma_i}{1-\alpha_i-\beta_i} \cdot \frac{K_i}{N_i} \tag{10-9}$$

根据式（10-8），对于某特定行业而言，互联网技术进步对本行业劳动力需求的影响取决于参数 $\gamma_i/(1-\alpha_i-\beta_i)$。为表述方便，本节称 $I_i = \gamma_i/(1-\alpha_i-\beta_i)$ 为互联网技术进步对各行业劳动力需求影响的互联网技术进步效应。

（1）当行业的规模报酬 $\alpha_i + \beta_i < 1$ 时，互联网技术进步效应 $I_i = \gamma_i/(1-\alpha_i-\beta_i) > 0$，说明对于规模报酬小于 1 的行业，互联网技术进步能够提高本行业对劳动力的需求，促进就业；而且规模报酬 $\alpha_i + \beta_i$ 越接近 1，本行业内互联网技术进步对劳动力需求的正向促进作用就越大。

（2）当行业的规模报酬 $\alpha_i + \beta_i > 1$ 时，互联网技术进步效应 $I_i = \gamma_i/(1-\alpha_i-\beta_i) < 0$，说明对于规模报酬大于 1 的行业，互联网技术进步会挤占本行业对劳动力的需求，不利于就业；而且规模报酬 $\alpha_i + \beta_i$ 越接近 1，互联网技术进步对本行业的劳动力需求的负向挤占作用就越大。

而从长期角度来看，对于原本规模报酬递减的行业而言，对互联网技术的投入会增加行业本身对劳动力和资本的需求，即互联网技术进步会带动生产者对劳动力和资本的需求，而且规模报酬越接近 1，互联网技术进步对劳动力和资本需求的正向促进作用越大；对于规模报酬递增的行业，对互联网技术的投入则会减少该行业对劳动力和资本投入的需求，即互联

网技术进步会抑制生产者对劳动力和资本的需求，且规模报酬越接近 1，这种负向的挤占作用就越大。

下面从另一个角度来分析，即当生产者将互联网技术也作为一种生产要素投入到生产中时的情况。

（1）当行业规模报酬递减，即 $\alpha_i + \beta_i + \gamma_i < 1$ 时，技术进步效应 $0 < I_i = \gamma_i/(1-\alpha_i-\beta_i) < 1$，即当生产者同时增加技术、劳动力和资本投入带来更低比例的产出增加时，互联网技术进步对此行业的劳动力及资本需求具有正向的促进作用，但这种促进作用是有限的，技术投入增加一单位所带来的劳动力需求的增加小于一单位。

（2）当行业规模报酬递增，即 $\alpha_i + \beta_i + \gamma_i > 1$ 时，若 $\alpha_i + \beta_i < 1$，则技术进步效应 $I_i = \gamma_i/(1-\alpha_i-\beta_i) > 1$，即当生产者同时增加技术、劳动力和资本投入带来更低比例的产出增加，且原先只投入劳动和资本时的规模报酬递减时，互联网技术进步对此行业的劳动力及资本需求具有正向的促进作用，且技术投入增加一单位所带来的劳动力需求的增加大于一单位；若 $\alpha_i + \beta_i > 1$，则技术进步效应 $I_i = \gamma_i/(1-\alpha_i-\beta_i) < -1$，即当生产者同时增加技术、劳动力和资本投入带来更低比例的产出增加，且原先只投入劳动和资本时的规模报酬递增时，互联网技术进步对此行业的劳动力及资本需求具有负向的挤占作用，且技术投入增加一单位给劳动力需求带来的负向影响大于一单位。

综上分析，互联网技术进步对规模报酬递减行业的劳动力需求具有正向的促进作用，而对规模报酬递增的行业，互联网技术进步则会减少生产者对劳动力的需求。因而对于投入劳动和资本，但无法带来同比例产出的行业，互联网技术的投入和使用会使本行业增加对劳动力的需求，也就会改善本行业就业状况；但对于投入劳动和资本可以带来更高比例产出的行业而言，互联网技术进步会使行业减少对劳动力的需求，恶化本行业的就业状况。规模报酬递减行业对互联网技术的引进及深化能够使本行业增加对劳动力的需求，但对于规模报酬递增的行业而言，更优的选择是继续增加劳动力和资本的投入以增加产出。事实上，规模报酬递增行业的这个最优选择也会增加劳动力需求，虽然这种促进作用不是由互联网技术进步直接带来的。

三、各行业的规模报酬参数估计

由前文理论模型的分析可知，互联网技术进步对各行业劳动力配置的作用方向都取决于行业的规模报酬参数，因此要分析互联网技术进步对就业的影响，需先估计行业的规模报酬参数。

如前文理论模型所假定的，各行业的生产函数为 CD 函数形式：

$$Y_i = AN_i^{\gamma_i}K_i^{\alpha_i}L_i^{\beta_i}, \quad i = 1, \cdots, n$$

对上式两边取对数构建回归方程：

$$\ln Y_i = \ln A + \gamma_i \ln N_i + \alpha_i \ln K_i + \beta_i \ln L_i + \varepsilon_i \qquad (10\text{-}10)$$

利用各行业的互联网技术投入、要素投入以及产出数据，对式（10-10）的回归模型进行估计，就可以得出各行业的规模报酬 $\alpha_i + \beta_i$，以及互联网技术进步效应 $I_i = \gamma_i/(1 - \alpha_i - \beta_i)$。

本节的理论模型研究结果表明，互联网技术进步对行业劳动力需求的影响方向取决于行业规模报酬，即若行业规模报酬递减，则本节基于理论模型研究得到的互联网技术进步效应为正，互联网技术进步将有利于行业增加对劳动力的需求，改善就业状况；若行业规模报酬递减，则互联网技术进步效应为负，互联网技术进步对各行业的劳动力需求具有负向影响，不利于就业状况的改善；且行业规模报酬越接近 1，互联网技术进步对行业劳动力需求的影响就越大。因此，对于规模报酬递减的行业而言，互联网技术的使用以及互联网技术进步将增加本行业对劳动力的需求，应鼓励和支持这些行业拓宽对互联网技术的应用范围和并提高应用程度，通过增加各行业对劳动力的需求和改善劳动力需求结构来增加就业机会，从需求侧改善就业状况。

第二节 分行业互联网技术进步的测度

在第一节理论模型的基础上，本节首先介绍一下所用资料的基本来源，其次以 CD 函数为生产函数，以世界就业投入占用产出表为基础数据库，测度分行业维度的互联网技术进步效应，并进行描述统计。

一、资料来源

本章所用到的指标主要来自 WIOD 中的社会经济账户（Socio-Economic Accounts，SEA）数据库以及国家投入产出表（National Input-Output Tables，NIOT）中关于中国、美国、英国、德国、日本、韩国、印度和巴西等 8 个国家的数据，该数据库涵盖了全球 43 个国家和地区的 2000 年至 2014 年的 56 个行业的产值、增加值、价格指数等以 2010 年为不变价的数据（2021 年更新版本数据），所有行业的数据根据国际标准产业分类（International Standard Industrial Classification，ISIC）第 4 版。本章没有对就业投入占用产出模型进行更多的改进或提出新模型，而是将区域间就业投入占用产出表作为国家、行业的经济、就业指标的数据库进行计量模型的分析，这也是就业投入占用产出模型及相应表式应用的重要组成部分。

本章选取了中国、美国、英国、德国、日本、韩国、印度和巴西等8个国家的2000～2014年的56个行业的数据，为更准确地提取行业特征，得到更加稳健的互联网技术进步效应的估计结果，首先将2000～2014年各个国家的56个行业的数据按照行业特征分为六个部门，即农业，采矿业，制造业，电力、热力及水的生产和供应业，建筑业，以及服务业，其中将制造业部门细分为劳动密集型制造业、资本密集型制造业和技术密集型制造业，将服务业部门细分为生产型服务业、消费型服务业和公共服务业，以此形成10个行业类别，如表10-1所示。按照理论模型的推导结果，估计这10个行业类别的互联网技术进步效应，按照估计结果将互联网技术进步对各个行业类别的影响方向进行分类，以作分析。

表10-1 行业类别名称及代码

行业原代码	行业类别名称	行业类别代码	行业原代码	行业类别名称	行业类别代码
A01	农业	1	F	建筑业	7
A02			G46	生产型服务业	8
A03			G47		
B	采矿业	2	H49		
C10～C12	劳动密集型制造业	3	H50		
C13～C15			H51		
C16			H52		
C17			H53		
C18			J61		
C23			J62～J63		
C24			K64		
C25			K65		
C31～C32			L68		
C19	资本密集型制造业	4	M69～M70		
C20			M72		
C21			M74～M75		
C22			I	消费型服务业	9
C28			N		
C26	技术密集型制造业	5	O84	公共服务业	10
C27			P85		
C29			Q		
C30			R～S		
D35	电力、热力及水的生产和供应业	6			
E36					
E37～E39					

二、分行业互联网技术进步效应的测算

根据式（10-10）所示的模型，本节首先对中国 10 个行业类别的规模报酬参数进行估计[①]，据此计算互联网技术进步效应 $I_i = \gamma_i/(1-\alpha_i-\beta_i)$，根据互联网技术进步效应的估计结果将互联网技术进步对各个行业类别的影响进行分类，同时将其与后文建立的互联网技术进步对就业影响的计量模型中的互联网技术进步的系数估计值相比较，以检验理论模型的正确性。

本节将 WIOD_SEA 数据库中我国各行业总增加值 VA、就业人数 EMP 以及名义资本存量 K 作为总产出 Y，将劳动力投入 L、资本投入 K，以及 NIOT 数据库中各行业对与互联网技术相关的行业（C26，J61，J62～J63）产品的使用之和作为各行业的互联网技术进步 N，表示各行业的互联网技术进步。此外，为保证研究结果的全面性和完整性，本节还将总的互联网技术进步 N（C26，J61，J62～J63）分解为互联网硬件技术进步 NC（C26）和软件技术进步 NJ（J61，J62～J63），以便对比分析软硬件互联网技术进步对就业的影响。

由于 NIOT 数据库中计算的互联网技术进步（N，NC，NJ）的单位是美元，因而本节首先将其与 WIOD 中计算的其他变量的单位统一调整为人民币，并分别对式（10-10）所示的模型中涉及的四个变量（Y，N，K，L）进行价格调整，以 2000 年价格为基期。其他国家的数据预处理过程类似，只是将货币单位统一为本国货币。

按照表 10-1 所示的行业类别划分标准，本节根据式（10-10）所示的回归模型，分别建立 10 个行业类别的时间序列回归模型，估计要素投入份额参数 α_i 和 β_i，以及互联网技术的影响参数 γ_i，由此计算互联网技术进步效应 $I_i = \gamma_i/(1-\alpha_i-\beta_i)$，2000～2014 年中国 10 个行业类别的互联网技术进步效应计算结果如表 10-2 所示。

表 10-2　2000～2014 年中国 10 个行业类别的互联网技术进步效应

部门名称	行业类别名称	行业类别代码	N	NC	NJ
农业	农业	1	1.580	1.991	1.534
采矿业	采矿业	2	−0.341	−0.330	0.408
制造业	劳动密集型制造业	3	0.980	0.665	0.896
	资本密集型制造业	4	0.660	0.485	1.292
	技术密集型制造业	5	−0.262	−0.007	−1.759

[①] 考虑到模型进行参数估计时可能存在序列相关，本章使用的是稳健标准误的估计结果。

部门名称	行业类别名称	行业类别代码	N	NC	NJ
电力、热力及水的生产和供应业	电力、热力及水的生产和供应业	6	0.971	0.825	1.325
建筑业	建筑业	7	−0.264	−3.027	−0.232
服务业	生产型服务业	8	1.251	0.606	1.031
	消费型服务业	9	0.589	0.675	0.573
	公共服务业	10	0.571	0.201	0.502

由表 10-2 可以看出，根据理论模型的测算结果，大部分行业的互联网技术进步效应都是正的，只有采矿业（行业类别代码为 2）、技术密集型制造业（行业类别代码为 5）以及建筑业（行业类别代码为 7）的互联网技术进步效应是负的。结合互联网硬件技术进步（NC）和软件技术进步（NJ）来看，对于技术密集型制造业和建筑业而言，无论是互联网硬件技术进步（NC）、软件技术进步（NJ）还是总的互联网技术进步（N），互联网技术进步对这两个行业的就业均具有负向的抑制作用；而对于采矿业而言，互联网硬件技术进步效应为负，软件技术进步效应则为正，总的互联网技术进步效应为负，互联网技术进步对我国服务业的劳动力需求整体具有正向的促进作用，无论是生产型服务业、消费型服务业还是公共服务业，三种互联网技术进步效应都为正，说明互联网技术进步能够使这些行业生产者增加对劳动力的需求，从而改善这些行业的劳动力就业状况。硬件、软件互联网技术进步表现类似。

本节通过 2000～2014 年中国 10 个行业类别的互联网技术进步效应的测算结果发现，互联网技术进步对大部分行业的劳动力需求均具有正向的促进作用，包括所有第三产业和大部分的第二产业，其中第二产业中的技术密集型制造业的互联网技术进步效应为负，表明我国互联网技术进步不利于技术密集型制造业的劳动力需求的增加。互联网技术进步对第三产业的劳动力需求具有正向促进作用，互联网技术的发展将有利于改善劳动力需求结构，优化各产业的就业结构，从而促进我国的产业结构升级。

第三节　互联网技术进步对就业的影响分析

在第二节测度了行业维度的互联网技术进步效应的基础上，本节将互联网技术进步作为核心解释变量，将就业作为被解释变量进行计量模型分析。

一、分国别互联网技术进步对就业影响的计量模型

第二节中的表10-2所示的结果为理论模型推导出的互联网技术进步效应，本节进行面板模型实证，具体如下。

（一）变量定义

1. 解释变量

本节选取WIOD数据库中各个行业的互联网技术投入（C26，J61，J62～J63）作为总的互联网技术进步变量的数据，并将其分为硬件技术进步（C26）和软件技术进步（J61，J62～J63），作为稳健性检验变量。

2. 控制变量

生产函数中，资本与劳动共同作为生产要素投入生产，资本投入会影响厂商对劳动力的需求，继而影响就业；劳动力工资（W）作为劳动者付出劳动的报酬，自然会影响劳动者的就业选择，而工资作为厂商对劳动要素的支付同样会影响厂商对劳动力的需求量；考虑到对外开放程度以及金融市场对厂商的劳动力和资本投入的影响，本节将出口额（T）和金融（F）亦放入模型作为控制变量，所有变量描述如表10-3所示。

表 10-3　变量描述

变量	变量符号	变量描述	变量来源
被解释变量	L	劳动力投入	WIOD
解释变量	N	互联网技术进步	NIOT
	NC	互联网硬件技术进步	NIOT
	NJ	互联网软件技术进步	NIOT
控制变量	K	资本投入	WIOD
	W	劳动力工资	WIOD
	F	金融	NIOT
	T	出口额	WIOD
	A	除互联网技术进步之外的其他技术进步	据式（10-10）测算
	R	行业规模报酬（$\alpha_i + \beta_i$）	据式（10-10）测算

（二）各行业互联网技术进步对就业影响的计量模型

据上文所述，本节建立如下计量模型来探究各行业类别互联网技术进步对就业的影响：

$$\ln L_t = \alpha + \beta_N \ln N_t + \beta_K \ln K_t + \beta_W \ln W_t + \beta_F \ln F_t + \beta_T \ln T_t + \beta_A \ln A_t + \varepsilon_t$$

$$(10\text{-}11)$$

模型（10-11）中并未包含行业规模报酬变量（R），这是因为对于某个具体的行业而言，规模报酬在样本期内是不随时间变化的。因而此处针对表10-1所示的10个行业类别，建立模型（10-11）来估计各行业的互联网技术进步对就业的影响系数。考虑到模型（10-11）可能存在序列相关，为保证模型估计的准确性，本节使用稳健标准误来估计模型。模型估计结果如表10-4所示。

（三）模型结果分析

从整体上来看，我国10个行业类别的互联网技术进步对就业均有显著的影响，且模型的拟合优度均较高，表明本节构建的计量模型能够较好地给出互联网技术进步对各行业类别劳动力需求影响的计量关系。此外，根据前文的理论分析可知，如果计量模型（10-11）中估计的互联网技术进步效应的正负与理论模型推导出的各行业的技术进步效应的正负方向一致，则说明本书的理论结果和实证结果是一致的。

对比理论模型测算结果（表10-2）和计量模型估计结果（表10-4）可以发现，在我国10个行业类别的模型中，计量模型中互联网技术进步效应的估计值与理论模型中的互联网技术进步效应值相一致的有9个，侧面说明本章理论模型和计量模型的合理性。

表10-4的估计结果显示，互联网技术进步对大部分行业类别的劳动力需求具有正向的促进作用，与理论模型的测算结果一致，采矿业（类别2）和建筑业（类别7）的互联网技术进步对就业的影响是负向的，即在这些依靠大型机械设备、技术和资源进行生产的行业中，互联网技术进步会替代一部分人工作业，尤其是危险作业，这些类型的工作对使用机器和技术来代替人类进行作业的需求要比其他行业更加强烈，因而互联网技术进步更倾向于使这些行业减少对劳动力的需求，改变这些行业的劳动力需求结构，从而使这些行业的就业状况恶化。

互联网技术进步对第三产业诸行业的劳动力需求均具有正向的促进作用，且促进作用相较其他行业而言均较高，说明目前阶段，我国的互联网技术进步有利于促进服务业的人员就业。近年来，基于互联网技术平台出现了大量的新型工作岗位，如外卖、直播、远程教育等，互联网技术的进步为这些新兴职业提供了优越的发展条件，包括宣传途径、大量的受众，最关键的是得益于互联网技术的进步，这些行业的成本和准入

表10-4　2000～2014年中国10个行业类别的计量模型估计结果

变量	类别1 ln L	类别2 ln L	类别3 ln L	类别4 ln L	类别5 ln L	类别6 ln L	类别7 ln L	类别8 ln L	类别9 ln L	类别10 ln L
$\ln N$	0.079***	-0.180***	0.066	0.261***	0.047**	0.264***	-0.340***	0.446***	0.466***	1.639***
	(0.002)	(0.048)	(0.049)	(0.031)	(0.020)	(0.033)	(0.052)	(0.037)	(0.037)	(0.091)
$\ln K$	0.950***	0.916***	0.500***	0.785***	0.732***	0.857***	1.160***	0.244***	-0.285***	-0.909***
	(0.005)	(0.079)	(0.048)	(0.092)	(0.020)	(0.055)	(0.267)	(0.022)	(0.079)	(0.117)
$\ln W$	-0.678***	-1.383***	-0.980***	-1.209***	-0.715***	-0.899***	-0.808***	-1.015***	0.149**	-2.254***
	(0.007)	(0.116)	(0.049)	(0.062)	(0.009)	(0.033)	(0.250)	(0.058)	(0.059)	(0.172)
$\ln F$	0.001	0.191***	0.200***	-0.126***	-0.003	-0.297***	0.308***	0.143***	0.146**	-0.112
	(0.006)	(0.044)	(0.040)	(0.045)	(0.042)	(0.034)	(0.010)	(0.032)	(0.057)	(0.083)
$\ln T$	-0.000	0.304***	0.112***	0.085	0.035***	-0.070***	-0.109*	0.045***	0.231***	0.000
	(0.001)	(0.059)	(0.036)	(0.058)	(0.010)	(0.020)	(0.050)	(0.010)	(0.029)	(0.018)
$\ln A$	0.983***	0.670**	0.763***	1.154***	0.493***	0.930***	-0.093	0.932***	-1.421***	2.970***
	(0.027)	(0.235)	(0.082)	(0.135)	(0.049)	(0.147)	(0.253)	(0.090)	(0.183)	(0.296)
常数项	4.371***	4.884***	7.433***	6.322***	5.079***	5.497***	3.817***	7.344***	2.581***	6.187***
	(0.071)	(0.459)	(0.252)	(0.259)	(0.084)	(0.393)	(0.886)	(0.601)	(0.372)	(1.073)
R^2	0.999	0.992	0.929	0.974	0.996	0.995	0.996	0.866	0.993	0.978
$\ln NC$	0.070***	-0.138***	-0.104*	0.214***	0.040*	0.241***	0.479***	0.226***	0.390***	0.565***
	(0.005)	(0.025)	(0.055)	(0.025)	(0.021)	(0.018)	(0.150)	(0.021)	(0.101)	(0.090)
$\ln NJ$	0.065***	-0.023	0.140***	0.257***	-0.003	0.277***	-0.263***	0.294***	0.443***	0.889***
	(0.002)	(0.052)	(0.026)	(0.039)	(0.016)	(0.041)	(0.038)	(0.031)	(0.036)	(0.040)

注：括号内的数字为标准差

***$p < 0.01$，**$p < 0.05$，*$p < 0.1$

门槛都大大低于一般行业，从而使得这些新兴行业吸纳了大量人员就业，大大改变了传统的劳动力需求和就业结构。互联网技术进步既降低了这些行业的生产成本，扩大了生产规模，提高了生产者的利润，增加了生产者对劳动力的需求；同时也创造出新的就业种类和就业数量，激发出新的就业增长点。

表 10-4 的计量模型估计结果还显示，资本投入对于大部分行业类别的劳动力需求也具有正向的促进作用；劳动力工资对劳动力需求则具有负向的影响，显然工资的上升会降低生产者对于雇用更多劳动力的欲望，从而降低劳动力需求；除互联网技术进步之外的其他技术进步对大部分行业类别的劳动力需求也具有正向影响。

此外，本书还分别对互联网硬件技术进步和软件技术进步对各行业类别就业的影响进行了建模，估计结果见表 10-4，这里篇幅所限，仅给出核心解释变量的系数估计值。对比发现，互联网硬件技术进步对就业的影响模型和互联网软件技术进步对就业的影响模型与理论模型的一致度分别为 7 和 9，再次表明本节的理论模型和实证模型的高度契合性及合理性。

二、我国互联网技术进步对就业影响的实证分析

为了进一步探究我国的互联网技术进步对我国整体劳动力就业情况的影响，本节基于前文的计量模型建立以下面板回归模型：

$$\ln L_{it} = \alpha + \beta_N \ln N_{it} + \beta_R R_i + \beta_{NR} R_i \ln N_{it} + \beta_K \ln K_{it} + \beta_W \ln W_{it} + \beta_F \ln F_{it}$$
$$+ \beta_T \ln T_{it} + \beta_A \ln A_{it} + \lambda_i + \mu_t + \varepsilon_{it}$$

（10-12）

其中，i 为不同的行业；t 为年份；λ_i 为个体效应，用于控制个体之间不可观测的差异；μ_t 为时间效应，代表不随个体变化但随时间变化的不可观测的效应；ε_{it} 为误差项；其余变量含义同表 10-3。本章理论模型分析部分表明，互联网技术进步对就业的影响取决于行业规模报酬，因而此处将行业规模报酬变量纳入模型中，避免遗漏相关变量而造成内生性问题；同时还加入了行业规模报酬和互联网技术进步的交互项（$R_i \ln N_{it}$），以检验行业规模报酬的调节效应。

在通过平稳性检验和协整检验之后，利用豪斯曼（Hausman）检验确定是使用固定效应（fixed effect，FE）还是使用随机效应（random effect，RE），同时也考虑了面板模型的异方差、自相关以及截面相关等情况，选取适当计量方法对模型进行估计，2000～2014 年中国互联网技术进步对就

业影响的面板回归模型的估计结果如表 10-5 所示①，模型（1）是总的互联网技术进步（ N ）对就业影响的面板模型，模型（2）和模型（3）则分别是互联网硬件技术进步（NC）和互联网软件技术进步（NJ）对各行业类别就业影响的面板回归模型。

表 10-5　2000～2014 年中国互联网技术进步对就业影响的面板回归模型的估计结果

变量	模型（1）	模型（2）	模型（3）
	N	NC	NJ
$\ln N / \ln NC / \ln NJ$	0.164***	0.093***	0.061**
	(0.034)	(0.026)	(0.030)
R	0.397	1.050***	0.291
	(0.392)	(0.245)	(0.271)
$R\ln N / R\ln NC / R\ln NJ$	0.023	−0.040	0.079***
	(0.036)	(0.025)	(0.027)
$\ln K$	0.497***	0.518***	0.561***
	(0.042)	(0.044)	(0.041)
$\ln W$	−0.813***	−0.796***	−0.746***
	(0.051)	(0.049)	(0.048)
$\ln F$	0.162***	0.223***	0.148***
	(0.022)	(0.025)	(0.024)
$\ln T$	0.016**	0.020**	0.019**
	(0.008)	(0.008)	(0.008)
$\ln A$	0.072***	0.122***	0.118***
	(0.009)	(0.014)	(0.012)
常数项	6.304***	5.880***	5.506***
	(0.501)	(0.455)	(0.470)
R^2	0.963	0.962	0.964
行业数量	47	47	47

注：括号内的数字为标准差

***$p < 0.01$，**$p < 0.05$

从表 10-5 中可以看出，所有模型都拒绝了 Hausman 检验，因此采用了

---

① WIOD 数据库中每个国家共有 56 个行业的数据，剔除缺失值之后，中国的行业总数为 47 个。

个体固定效应模型，且所有核心解释变量的显著性都很高，模型也具有较高的拟合优度，说明面板回归模型（10-12）是合理的。

无论是总的互联网技术进步，还是分软硬件的技术进步，我国 2000～2014 年的互联网技术进步对整体的劳动力需求都具有正向的影响。互联网技术进步（N）对劳动力需求影响的弹性系数为 0.164，即互联网技术进步每提高一个百分点，就业人数就会增加 0.164 个百分点；行业规模报酬（R）以及行业规模报酬和互联网技术进步的交互项（$R_i \ln N_{it}$）均不显著，说明在样本期内，我国的互联网技术进步会显著地直接提高整体的就业水平，而其通过影响行业规模报酬来影响就业的这一途径作用不显著。我国互联网硬件技术进步（NC）对劳动力需求的直接影响系数为 0.093；而其与行业规模报酬的交互项（$R_i \ln NC_{it}$）也不显著。互联网软件技术进步（NJ）对就业的直接影响系数为 0.061，且其与行业规模报酬的交互项（$R_i \ln NJ_{it}$）系数显著，为 0.079，表明互联网软件技术进步不仅会直接促进就业，还会通过行业规模报酬来促进就业水平的提高。可见目前我国的互联网软件技术进步对劳动力需求的总体影响要远远大于硬件。

事实上，软件技术进步的成本要低于硬件技术进步，因而在技术进步的初期，软件技术进步所带来的新兴行业以及创造的新工作数量和规模都要大于硬件技术进步。同 10 个行业类别各自的计量模型结果一致，资本投入对我国整体的劳动力就业的影响也是正向的，而劳动力工资的提高则不利于生产者增加对劳动力的需求。此外，除互联网技术进步之外的其他技术进步对我国劳动力就业的整体影响也是正向的，但影响的弹性系数则远远低于互联网技术进步，可见目前互联网技术正极大推动改善我国的就业总量状况，互联网技术的发展既有利于推动经济发展，又有利于改善我国就业状况，促进经济发展目标同保障劳动者就业目标有机结合。

三、互联网技术进步对就业影响的国别比较分析

自 1969 年美国的高级研究计划局网络①（Advanced Research Projects Agency Network，ARPANET），即阿帕网诞生以来，互联网真正实现了全球的互联，但由于政体、发展程度、国内国际环境等因素不同，互联网技术在各个国家的发展和影响具有异质性，互联网技术进步对各个国家就业

---

① 1972 年改名为国防高级研究计划局。

的影响也可能表现各异。同时得益于 WIOD 包含了全球 43 个国家和地区的数据，本节得以比较具有不同经济和人口特征的国家的互联网技术进步对就业的影响，既检验了本章模型的稳健性和准确性，又丰富了研究框架和结论。

考虑到各个国家政体、经济发展状况以及国际环境、地理环境之间的差异，本节选取了包含发达国家和发展中国家，资本主义国家和社会主义国家，位于不同半球不同大洲的国家，以及与中国相邻的国家等 7 个国家作为对比，这 7 个国家分别为：美国（USA）、英国（GBR）、德国（DEU）、日本（JPN）、韩国（KOR）、印度（IND）和巴西（BRA）。

按照中国互联网技术进步对就业影响的研究思路，本节在国别比较部分首先直接给出各个国家的互联网技术进步效应，并按照互联网技术进步效应的正负对各行业类别进行分析和国别比较；其次给出不同国家 56 个行业层面的面板回归模型汇总结果，对比不同国家互联网技术进步对就业的整体影响。由于本章是针对不同国家分别建立的实证模型，每个国家中的所有行业所面临的政治、经济和人口环境都是相同的，因此后文中不同国家的模型不再需要控制代表国家间差异的变量。

（一）不同国家的互联网技术进步效应

本节依照前文对我国的互联网技术进步效应进行测算的方法和步骤，依次给出美国、英国、德国、日本、韩国、印度和巴西的 10 个行业类别的互联网技术进步效应，为形式表示方便，此处只给出各个国家的互联网技术进步效应 $I_i = \gamma_i / (1 - \alpha_i - \beta_i)$ 的方向（表 10-6）。

从表 10-6 中可以看出，首先，各个国家的互联网技术进步对于大部分行业类别的劳动力需求都具有正向的促进作用，尤其是印度，互联网技术进步对于其所有的行业类别的劳动力需求都具有正向影响。近年来印度的经济发展迅速，GDP 增速在多个年份甚至超过了中国，且软件行业更是其强势行业，其软件出口量以及在全球软件市场的占有率均居世界前列，互联网技术的发展以及经济的快速增长均使得印度的就业状况得以改善。可以看出目前互联网技术的发展和进步对不同国家大部分行业的就业均具有正向的促进作用。

其次，与中国情况不同的是，在上述其他 7 个国家中，互联网技术进步对技术密集型制造业的劳动力需求的影响都是正向的，说明在这 7 个国家的互联网技术发展过程中，互联网技术进步所带来的劳动力需求要大于被替代的劳动力数量。在中国，互联网技术进步对技术密集型制造业的劳

表10-6　2000～2014年其他7个国家的互联网技术进步效应方向

行业类别		美国 N	美国 NC	美国 NJ	英国 N	英国 NC	英国 NJ	德国 N	德国 NC	德国 NJ	日本 N	日本 NC	日本 NJ	韩国 N	韩国 NC	韩国 NJ	印度 N	印度 NC	印度 NJ	巴西 N	巴西 NC	巴西 NJ
农业		+	+	+	+	+	+	+	−	+	+	−	+	+	+	−	+	−	+	+	+	+
采矿业		+	−	−	−	−	−	+	+	+	+	+	+	−	+	+	+	−	+	+	+	+
制造业	劳动密集型制造业	+	−	+	+	+	+	+	+	+	−	+	+	−	+	+	+	+	+	+	+	+
	资本密集型制造业	−	−	+	+	+	+	+	+	−	+	+	−	+	+	+	+	+	+	+	+	+
	技术密集型制造业	+	+	+	+	+	+	+	+	+	+	+	+	+	+	+	+	+	+	+	+	+
电力、热力及水的生产和供应业		+	+	+	−	−	−	−		−	+		+	+	+	−	+	+	+	−	+	−
建筑业		+	+	+	+	−	+	−	+	+	+	+	−	+	+	+	+	+	+	+	+	+
服务业	生产型服务业	+	+	+	+	−	+	+	+	+	+	+	+	+	+	+	+	+	+	+	+	+
	消费型服务业	+	+	+	−	−	+	+	+	+	+	−	+	+	+	+	+	+	−	+	+	+
	公共服务业	+	+	+	−	+	+	+	+	+	+	+	+	+	+	+	+	+	+	+	+	+

动力需求的影响是负向的，说明互联网技术进步带来的劳动力替代效应要大于新工作的产生效应，抑或互联网技术进步所需的新兴技能无法在劳动力市场得到满足，即 Acemoglu 和 Restrepo（2018a）所提到的劳动力技能与技术进步所需的新技术无法匹配，从而导致就业水平下降。

再次，伴随着我国近年来的产业结构升级，劳动力逐渐流向第三产业；同时我国人口红利的消失也使得劳动力成本快速上升，一定程度上驱动相关企业开始或者加大力度使用工业机器人，根据程虹等（2018）的分析和测算，近年来机器人的使用在我国呈现爆发式增长趋势，并对中国三分之一以上的制造业企业产生影响，机器人对使用机器人的企业中的劳动力整体的替代效应约为 2.6%，以上种种均使得我国的制造业尤其是技术密集型制造业的劳动力减少。

最后，对比发现，中国及上述 7 个国家的服务业的互联网技术进步效应基本上均为正，表明在全球范围内，互联网技术进步均倾向于增加服务业的劳动力需求，改善第三产业劳动力需求结构，推动各个国家的产业结构升级。借助互联网平台，越来越多的新兴行业吸收容纳了越来越多的劳动力，这些新兴行业如外卖、直播等大多出现在服务业，极大改善了服务业的就业状况。

（二）不同国家的互联网技术进步对就业影响的面板回归模型

为了从整体上比较互联网技术进步对就业状况的影响，本节根据模型（10-12）建立了上述其他 7 个国家的互联网技术进步（N）、互联网硬件技术进步（NC）和互联网软件技术进步（NJ）对就业影响的面板回归模型，模型估计结果如表 10-7 所示，所有国家的行业数量均是 56 个，只是剔除缺失值之后各个国家的样本行业数量有所差异，这里仅给出模型各个变量的系数估计值。

从 8 个国家的面板回归模型结果（表 10-7）中可以看出，除了印度和韩国，其他 6 个国家的 3 个核心解释变量（N、NC、NJ）系数都显著为正，即无论是总的互联网技术进步，还是分软硬件的互联网技术进步，其对劳动力就业的影响都是正向的，此结果与不同国家的互联网技术进步效应结果相吻合；且若仅关注总的互联网技术进步[①]，则除印度外，其他 7 个国家的互联网技术进步均对就业具有显著的正向促进作用；此外，各个国家的资本投

---

① 本章中互联网硬件技术进步（NC）和互联网软件技术进步（NJ）仅作为互联网技术进步（N）的稳健性检验变量，因此下文仅针对互联网技术进步（N）相关结果进行分析和解释。

表10-7　2000～2014年其他国家互联网技术进步对就业影响的面板回归模型结果

国家	美国			英国			德国			日本		
变量	N	NC	NJ	N	NC	NJ	N	NC	NJ	N	NC	NJ
	$\ln L$	$\ln L$	$\ln L$	$\ln L$	$\ln L$	$\ln L$	$\ln L$	$\ln L$	$\ln L$	$\ln L$	$\ln L$	$\ln L$
$\ln N/\ln NC/\ln NJ$	0.2160***	0.0991***	0.2210***	0.2850***	0.0458***	0.4270***	0.1340***	0.1020***	0.1160***	0.1800***	0.1630***	0.2090***
R	−0.2510*	0.4770***	−0.0946	0.8950***	1.7870***	1.1410***	−0.4670***	−0.0367	−0.5430***	0.2020	0.4760***	0.1720
$R\ln N/R\ln NC/R\ln NJ$	0.1000***	0.0965***	0.0908***	−0.0416**	−0.0017	0.0632***	0.0789***	0.0325*	0.0860***	−0.0001	−0.0016	−0.0039
$\ln K$	0.3760***	0.5040***	0.3680***	0.3760***	0.4210***	0.3630***	0.3440***	0.3410***	0.3460***	0.3460***	0.3550***	0.3330***
$\ln W$	−0.8810***	−0.8700***	−0.8980***	−0.7160***	−0.6930***	−0.7210***	−0.5040***	−0.5330***	−0.5260***	−0.3700***	−0.3930***	−0.3810***
$\ln F$	0.1070***	0.0967***	0.0892***	0.0820***	0.1940***	−0.0341	0.2110***	0.3160***	0.1950***	0.1490***	0.2070***	0.1470***
$\ln T$	0.0098	0.0270***	0.0354***	0.0669***	0.0874***	0.0576***	−0.0007	0.0030	0.0013	−0.0096	−0.0259*	−0.0018
$\ln A$	0.0481***	0.1020***	0.0537***	0.0445***	0.1740***	0.0663***	0.0250***	0.0365***	0.0212***	0.0261***	0.0392	0.0210***
常数项	8.6400***	7.3980***	8.8260***	5.7320***	4.3990***	5.7770***	5.1550***	5.1370***	5.6370***	2.0330***	1.8680***	2.1830***
R^2	0.9630	0.9690	0.9620	0.9470	0.9300	0.9510	0.9510	0.9450	0.9510	0.9470	0.9450	0.9470
行业数量	55	55	55	54	54	54	54	54	54	50	50	50

续表

国家	韩国			印度			巴西			中国		
变量	N	NC	NJ	N	NC	NJ	N	NC	NJ	N	NC	NJ
	ln L	ln L	ln L	ln L	ln L	ln L	ln L	ln L	ln L	ln L	ln L	ln L
lnN/lnNC/lnNJ	0.1050**	−0.0175	0.1210***	−0.0149	−0.0502	−0.0164	0.1360***	0.1280***	0.1230***	0.1640***	0.0931***	0.0610**
R	−0.6520	0.1160	−0.3920	−0.2710	0.4390	−0.3730	1.3900**	2.7510***	1.2830**	0.3970	1.0500***	0.2910
RlnN/RlnNC/RlnNJ	0.0961***	0.0579***	0.0959***	0.0849***	0.0542	0.0833**	0.1020**	0.0201	0.1180**	0.0228	−0.0403	0.0787***
lnK	0.2430***	0.2690***	0.2330***	0.6360***	0.6570***	0.6130***	0.5260***	0.5010***	0.5260***	0.4970***	0.5180***	0.5610***
lnW	−0.1280***	−0.1240***	−0.1000***	−0.7160***	−0.6170***	−0.7040***	−0.8620***	−0.8920***	−0.8520***	−0.8130***	−0.7960***	−0.7460***
lnF	0.2150***	0.2980***	0.2620***	0.0663	0.0721**	0.0671**	0.0538	0.1300***	0.0368	0.1620***	0.2230***	0.1480***
lnT	−0.0088	0.0028	−0.0014	0.0108	0.0172	0.0098	0.0047	−0.0229	0.0159	0.0161	0.0196	0.0188**
lnA	0.0437***	0.0471***	0.0450***	0.1290***	0.1420***	0.1330***	0.1610***	0.2430***	0.1590***	0.0722**	0.1220***	0.1180***
常数项	−2.3270***	−2.6740***	−3.3420***	4.9830***	3.5210***	5.2380***	6.0590***	5.6230***	6.1350***	6.3040***	5.8800***	5.5060***
R^2	0.8750	0.8690	0.8810	0.9640	0.9610	0.9650	0.9410	0.9430	0.9390	0.9630	0.9620	0.9640
行业数量	47	47	47	43	43	43	46	46	46	47	47	47

注：括号内的数字为标准差

*** $p<0.01$，** $p<0.05$，* $p<0.1$

入对劳动力需求的影响也都是正向的；劳动力工资的提高不利于各行业对劳动力需求的增加；除互联网技术进步之外的其他技术进步对各行业劳动力需求也具有正向影响。以上结果与中国的互联网技术进步对就业影响的面板回归模型结论相一致，说明目前互联网技术进步对就业的影响在各个国家均表现为正向的促进作用。印度的互联网技术进步对就业的整体影响并不显著，但是行业规模报酬与互联网技术进步的交互项系数是显著为正的，表明印度的互联网技术进步对就业的影响是通过行业规模报酬来发挥作用的，相对其他国家而言，印度的互联网技术进步对就业的影响更依赖行业本身的规模报酬特征，一定程度上表明印度各行业的互联网技术进步对就业的影响的异质性更明显。

从行业规模报酬与互联网技术进步的交互项来看，在包括中国在内的 8 个国家中其对就业的影响方向不一致，根据其方向以及显著程度，可将这 8 个国家分为 3 类，第一类是交互项对就业具有显著的正向影响，这类国家包括美国、德国、韩国、印度和巴西；第二类是交互项的系数不显著，包括中国和日本；第三类是交互项的系数显著为负，此类只有英国。

第一类中，美国、德国、韩国、印度和巴西 5 个国家的交互项系数均显著为正，这意味着这些国家的互联网技术进步除了能够直接促进就业以外，更能够通过行业规模报酬对就业产生正向的促进作用。美国、德国和韩国的互联网相关技术水平均较高，而印度和巴西的互联网相关技术也呈迅速发展的态势，因而这 5 个国家的行业规模报酬整体表现为递增趋势，从而更有利于发挥互联网技术进步对就业的促进作用。第二类中，中国和日本的这一交互项对就业的影响均不显著，说明对于中国和日本而言，互联网技术进步对就业的整体影响主要是直接影响，行业规模报酬的调节效应不明显。对于第三类的英国而言，其交互项系数显著为负，表明互联网技术进步对就业的正向促进作用会由于行业规模报酬的影响而减弱。

基于第二节和第三节构建的理论模型和计量模型，可以得到如下结论。

（1）首先，构建理论模型测算了中国 2000～2014 年 10 个行业类别的互联网技术进步效应，发现采矿业、建筑业和技术密集型制造业的互联网技术进步会减少行业对劳动力的需求，而其他第二产业和全部第三产业的互联网技术进步均会促进本行业对劳动力的需求。

（2）其次，建立了中国 2000～2014 年 10 个行业类别的互联网技术进步对就业需求的计量模型，模型估计结果显示，互联网技术进步的系数与第（1）步测算的互联网技术进步效应具有高度的一致性，说明本书的理论模型和实证模型具有合理性，同时计量模型显示大部分行业的互联网技术进步对就业均具有正向的促进作用。

（3）再次，从整体视角，基于第（2）步的计量模型，建立中国 2000～2014 年 47 个行业的互联网技术进步对就业影响的面板回归模型，发现总的互联网技术进步、硬件技术进步以及软件技术进步对我国整体的就业均有正向的促进作用，这与第（2）步的计量模型结论相符，同时还发现资本投入以及除互联网技术进步之外的其他技术进步对整体的就业也具有正向的促进作用，但劳动力工资的提高不利于行业对劳动力需求的增加。

（4）最后，基于前面 3 步的实证模型，分别测算了美国、英国、德国、日本、韩国、印度和巴西 7 个国家的互联网技术进步效应。构建了 10 个行业类别的计量模型以及 56 个行业层面的面板模型，通过国别比较发现，从整体视角来看，不同国家的互联网技术进步对就业都具有正向的促进作用，其中美国、英国、德国、韩国、印度和巴西这些国家的互联网技术进步对就业的影响符合本书分析得到的理论机制，即互联网技术进步对就业的作用会受到行业规模报酬的调节作用的影响；在上述所有国家中，资本投入以及除互联网技术进步之外的其他技术进步对就业也具有正向作用，但劳动力工资的提高会降低行业对劳动力的需求；在各个国家的互联网技术进步效应的测算中，中国的技术密集型制造业的互联网技术进步效应是负向的，而其他 7 个国家的技术密集型制造业的互联网技术进步效应则是正向的，表明中国技术密集型制造业的互联网技术进步所带来的劳动力替代效应要大于新工作的产生效应，抑或互联网技术进步所需的新兴技能无法在劳动力市场得到满足，从而导致就业水平下降。

第四节　本　章　小　结

本章以就业投入占用产出表为基础数据库，立足劳动力需求视角，通过建立理论模型以及实证模型分析研究互联网技术进步对就业的影响效应，以求从理论及现实两方面探讨现阶段的互联网技术进步是否会造成大规模失业。本章内容逻辑图如图 10-1 所示。

本章的研究结论及相关对策建议如下。

第一，对于规模报酬递减的行业而言，互联网技术的使用以及互联网技术进步将增加本行业对劳动力的需求，应鼓励和支持这些行业拓宽对互联网技术的应用范围并提高应用程度，通过增加各行业对劳动力的需求和改善劳动力需求结构来增加就业机会，从需求侧改善就业状况。互联网技

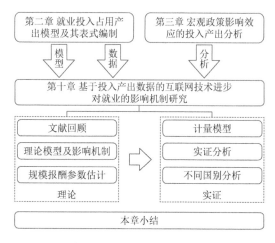

图 10-1　第十章内容逻辑图

术进步对行业劳动力需求的影响方向取决于行业规模报酬，即若行业规模报酬递减，则通过理论模型研究得到的互联网技术进步效应为正，互联网技术进步将有利于增加行业对劳动力的需求，改善就业状况；若行业规模报酬递增，则互联网技术进步效应为负，互联网技术进步对各行业的劳动力需求具有负向影响，不利于就业状况的改善；行业规模报酬越接近 1，则互联网技术进步对行业劳动力需求的影响就越大。

　　第二，互联网技术进步对第三产业的劳动力需求具有正向促进作用，互联网技术的发展将有利于改善劳动力需求结构，优化各产业的就业结构，从而促进我国的产业结构升级。根据 2000～2014 年中国 10 个行业类别的互联网技术进步效应的测算结果发现，互联网技术进步对大部分行业的劳动力需求具有正向的促进作用，包括所有第三产业和大部分的第二产业，其中第二产业中的技术密集型制造业的互联网技术进步效应为负，表明我国互联网技术进步不利于技术密集型制造业的劳动力需求的增加；同时，本章还建立了 2000～2014 年中国 10 个行业类别的互联网技术进步对各行业劳动力需求的计量模型，发现长期中，大部分行业类别的互联网技术进步对劳动力需求的边际影响都是正向的，即互联网技术进步有利于各行业就业状况的改善，这也印证了理论模型的合理性。

　　第三，政府和企业等应继续大力发展互联网技术，增加与互联网技术相关的投入，从而发挥互联网技术进步对劳动力需求的正向促进作用，同时还需加强对劳动力的新型技能培训，从劳动技能供给方面确保与劳动力需求匹配，以此达到最优的就业匹配程度，改善整体的就业状况。2000～2014 年中国互联网技术进步对就业影响的面板回归模型的估计结果显示，互联网技术进步整体上有利于增加劳动力需求，但是行业规模报酬对互联网技术进步的就业效应的调节作用并不显著，说明我国的互联网技术进步对就业具有极大的正向促进作用，且这种作用并未显著地受到行业规模报酬情况的影响。从劳动力需求视角来看，目前互联网和数字经济等技术的进步有利于增加劳动力需求，增加就业机会，改善总体的就业状况，能够促进经济发展和保障就业的有机结合。

第四，通过互联网技术进步对就业影响的国别比较发现，首先，各个国家大部分行业类别的互联网技术进步效应都是正的，且除了中国技术密集型制造业的互联网技术进步效应是负向的以外，其他 7 个国家的技术密集型制造业的互联网技术进步效应均是正向的，表明互联网技术进步能够促进大部分国家的大部分行业增加劳动力需求，改善各行业的就业状况；其次，各个国家的互联网技术进步对就业影响的面板回归模型显示，互联网技术进步对除印度外的其他 7 个国家的就业均具有正向的促进和改善作用，整体而言，互联网技术进步能够对绝大部分代表性国家的就业起到改善的作用。

本章立足劳动力需求视角，通过理论和实证模型探究互联网技术进步对各行业以及整个社会的劳动力需求的影响，以此分析互联网技术进步对就业的影响，以上研究分析及结论均假定互联网技术进步引起的劳动力需求的增加在现有的劳动力市场中均能得到满足，即现有劳动力的劳动技能能够满足互联网技术进步带来的新工作岗位对劳动力技能的需求，如果这个假定无法满足，即现有劳动力市场无法提供满足技术进步要求的劳动技能，则互联网技术进步所带来的更多劳动力需求就无法转化为现实的就业机会，因此政府及企业在大力发展互联网技术的同时还需加强对现有劳动力的技能培训，确保技能与技术相匹配，以充分发挥互联网技术进步对就业的正向促进作用。

参 考 文 献

白骏骄，李芮. 2015. 互联网创新对宏观经济及金融波动的影响研究[J]. 科学学研究，33（9）：1414-1423.

蔡昉. 2010. 促进劳动力市场发展 改善收入分配制度[J]. 前线，6：49-51.

曹静，周亚林. 2018. 人工智能对经济的影响研究进展[J]. 经济学动态，（1）：103-115.

陈全润. 2018. 广义平均传播长度指标及在全球生产链分析中的应用[J]. 管理评论，30（5）：39-46.

陈全润，杨翠红. 2011. 扩大居民消费对中国 GDP 的影响分析[J]. 系统科学与数学，31（2）：206-215.

陈锡康. 1981. 完全综合能耗分析[J]. 系统科学与数学，1（1）：69-76.

陈锡康. 1992. 中国城乡经济投入占用产出分析[M]. 北京：科学出版社.

陈锡康，王会娟. 2016. 投入占用产出技术[M]. 北京：科学出版社.

陈锡康，杨翠红. 2002. 农业复杂巨系统的特点与全国粮食产量预测研究[J]. 系统工程理论与实践，22（6）：108-112.

陈锡康，杨翠红，等. 2018. 投入产出技术[M]. 北京：科学出版社.

陈晓燕. 2016. 平均工资与通货膨胀非线性关系的实证研究：基于 LSTAR 模型的分析[J]. 系统工程，34（7）：125-130.

陈占明，陈沛霖，马泽明，等. 2022. 化石能源价格波动的通胀和分配效应研究：基于中国时间序列投入产出表[J]. 环境经济研究，7（3）：109-142.

程承坪，彭欢. 2018. 人工智能影响就业的机理及中国对策[J]. 中国软科学，（10）：62-70.

程虹，陈文津，李唐. 2018. 机器人在中国：现状、未来与影响：来自中国企业-劳动力匹配调查（CEES）的经验证据[J]. 宏观质量研究，6（3）：1-21.

党秀静. 2018. 技术进步条件下我国服务业就业效应研究[J]. 玉溪师范学院学报，34（8）：48-54.

邓小平. 1994. 邓小平文选 第二卷[M]. 2 版. 北京：人民出版社.

邓志国，陈锡康. 2008. 基于 APL 模型的中国部门生产链演化分析[J]. 数学的实践与认识，38（1）：53-59.

段玉婉，段心雨，杨翠红. 2018. 加工出口和一般出口对中国地区经济增长的贡献[J]. 管理评论，30（5）：76-83.

范志勇. 2008. 中国通货膨胀是工资成本推动型吗？——基于超额工资增长率的实证研究[J]. 经济研究，（8）：102-112.

方森华. 2017. 中国劳动力成本对物价的影响分析[J]. 当代经济，436（4）：106-108.

冯海燕. 2009. 中国互联网发展现状分析[J]. 经营管理者，（16）：13-15.

冯华，陈亚琦. 2016. 平台商业模式创新研究：基于互联网环境下的时空契合分析[J]. 中国工业经济，（3）：99-113.

高翔，张敏. 2021. 全球价值链视角下中国制造业服务要素含量的动态演进研究：基于区分贸易类型的国家区域间投入产出表[J]. 国际贸易问题，2021（1）：126-142.

何德旭，姚战琪. 2008. 中国产业结构调整的效应、优化升级目标和政策措施[J]. 中国工业经济，（5）：46-56.

何菊香，赖世茜，廖小伟. 2015. 互联网产业发展影响因素的实证分析[J]. 管理评论，27（1）：138-147.

何奇学，张昊民. 2017. 激励还是抑制？高管薪酬差距影响企业绩效的边界条件：人力资本破产成本视角下企业负债和通货膨胀的作用[J]. 中国人力资源开发，378（12）：19-32.

侯荣华，张耀辉. 1998. 经济运行中的乘数效应[M]. 北京：中国财政经济出版社.

纪雯雯. 2017. 数字经济与未来的工作[J]. 中国劳动关系学院学报，31（6）：37-47.

江泽民. 2006. 江泽民文选 第三卷[M]. 北京：人民出版社.

姜金秋，杜育红. 2015. 分行业技术进步对就业的动态影响研究：基于中国 34 个工业行业 1980～2011 年的数据[J]. 工业技术经济，34（7）：113-121.

蒋雪梅. 2017. 地区投入产出模型及其应用[M]. 北京：科学出版社.

李宝瑜，李原. 2014. 资金流量表模型体系的建立与应用[J]. 统计研究，31（4）：3-12.

李兵，李柔. 2017. 互联网与企业出口：来自中国工业企业的微观经验证据[J]. 世界经济，40（7）：102-125.

李博，温杰. 2010. 中国工业部门技术进步的就业效应[J]. 经济学动态，（10）：34-37.

李景华. 2004. SDA 模型的加权平均分解法及在中国第三产业经济发展分析中的应用[J]. 系统工程，22（9）：69-73.

李毅. 2015. 产出缺口、劳动力成本与通胀动态形成机制[J]. 管理工程学报，29（3）：81-89.

李忠强，黄治华，高宇宁. 2005. 人力资本、人力资本不平等与地区经济增长：一个实证研究[J]. 中国人口科学，（S1）：105-110.

林宏伟，邵培基. 2014. 基于互联网环境下的企业网络广告投资策略研究[J]. 中国管理科学，22（2）：65-74.

刘滨. 2018. 技术进步对能源行业劳动力就业的影响效应[J]. 技术经济与管理研究，（9）：89-95.

刘鹏，李鑫茹，陈锡康. 2017. 基于 DPN 模型的我国出口拉动增加值时滞模型[J]. 统计与决策，（12）：39-42.

刘起运. 2003. 正确认识和使用投入产出乘数[J]. 中国人民大学学报，（6）：89-95.

刘起运. 2004. 结构式凯恩斯乘数模型研究[J]. 统计研究，（11）：7-15.

刘庆燕，方恺，丛建辉. 2019. 山西省贸易隐含碳排放的空间-产业转移及其影响因素研究：基于 MRIO-SDA 跨期方法[J]. 环境经济研究，4（2）：44-57.

刘征驰，马滔，周莎，等. 2017. 极客经济、社群生态与互联网众筹产品定价[J]. 中国管理科学，25（9）：107-115.

刘遵义，陈锡康，杨翠红，等. 2007. 非竞争型投入占用产出模型及其应用：中美贸易顺差透视[J]. 中国社会科学，（5）：91-103，206-207.

龙海泉，吕本富，彭赓，等. 2010. 基于价值创造视角的互联网企业核心资源及能力研究[J]. 中国管理科学，18（1）：161-167.

罗珉，李亮宇. 2015. 互联网时代的商业模式创新：价值创造视角[J]. 中国工业经济，（1）：95-107.

马弘，乔雪，徐嫄. 2013. 中国制造业的就业创造与就业消失[J]. 经济研究，48（12）：68-80.

麦肯锡全球研究院. 2014. 中国的数字化转型：互联网对生产力与增长的影响[EB/OL]. https://www.mckinsey.com.cn/wp-content/uploads/2014/08/CN-MGI-China-ES.pdf[2024-3-31].

倪红福，闫冰倩. 2021. 减税降费的价格和福利效应：引入成本传导率的投入产出价格模型分析[J]. 金融研究，488（2）：38-55.

牛禄青. 2017. 数字经济对就业的影响[J]. 新经济导刊，（10）：28-33.

齐俊妍，王岚. 2015. 贸易转型、技术升级和中国出口品国内完全技术含量演进[J]. 世界经济，38（3）：29-56.

钱明霞，路正南，王健. 2014. 产业部门碳排放波及效应分析[J]. 中国人口·资源与环境，24（12）：82-88.

乔笙. 2005. 货币 M_1、投资、工资与物价波动关系实证分析[J]. 中国物价，（8）：20-23.

任泽平，潘文聊. 2009. 结构式乘数及其对凯恩斯主义宏观经济理论的发展[J]. 数量经济技术经济研究，26（8）：83-95.

施炳展. 2016. 互联网与国际贸易：基于双边双向网址链接数据的经验分析[J]. 经济研究，51（5）：172-187.

宋涛，董冠鹏，唐志鹏，等. 2017. 能源—环境—就业三重约束下的京津冀产业结构优化[J]. 地理研究, 36 (11): 2184-2196.

孙才志, 郑靖伟. 2021. 基于投入产出表的中国水资源消耗结构路径分析[J]. 地理科学进展, 40 (3): 370-381.

孙浦阳, 张靖佳, 姜小雨. 2017. 电子商务、搜寻成本与消费价格变化[J]. 经济研究, 52 (7): 139-154.

孙中伟, 张兵, 王杨, 等. 2010. 互联网资源与我国省域经济发展的关系研究[J]. 地理与地理信息科学, 26 (3): 44-48.

田大洲, 田娜. 2010. 我国发展低碳经济对就业影响的分析[J]. 全球科技经济瞭望, 25 (9): 37-40.

万世平, 舒元. 2001. 中国通货膨胀的成因分析[J]. 系统工程理论与实践, (1): 25-30.

汪同三. 2004. 收入分配与经济结构调整[J]. 中国社会科学院研究生院学报, (2): 29-32, 141.

汪同三, 蔡跃洲. 2006. 改革开放以来收入分配对资本积累及投资结构的影响[J]. 中国社会科学, (1): 4-14, 205.

王恩海, 孙秀秀, 钱华林. 2006. 中国互联网发展的差异研究[J]. 统计研究, 23 (8): 41-44.

王芳. 2013. 人口年龄结构对居民消费影响的路径分析[J]. 人口与经济, (3): 12-19.

王会娟, 陈锡康. 2011. 探寻我国非农就业人数增长的背后因素[J]. 系统工程学报, 26 (5): 694-701.

王会娟, 陈锡康, 杨翠红. 2012. 国际金融危机对我国 GDP 影响到底多大？[J]. 管理评论, 24 (3): 3-7, 16.

王会娟, 陈锡康, 祝坤福. 2010. 国际金融危机对我国就业的影响分析[J]. 数学的实践与认识, 40 (5): 58-65.

王娟. 2016. "互联网+"与劳动生产率: 基于中国制造业的实证研究[J]. 财经科学, (11): 91-98.

王君, 张于喆, 张义博, 等. 2017. 人工智能等新技术进步影响就业的机理与对策[J]. 宏观经济研究, (10): 169-181.

魏本勇, 王媛, 杨会民, 等. 2010. 国际贸易中的隐含碳排放研究综述[J]. 世界地理研究, 19 (2): 138-147.

吴西顺. 2010. 凯恩斯乘数理论的形成、发展与应用[D]. 北京: 对外经济贸易大学.

夏明, 张红霞, 刘起运. 2010. 结构化凯恩斯乘数方法的辨析与应用[J]. 统计与决策, (10): 35-38.

夏炎, 王会娟. 2017. 能源投入占用产出模型及应用[M]. 北京: 科学出版社.

夏炎, 姚晔, 蒋茂荣, 等. 2021. 房贷利息抵扣个人所得税政策的价格影响与收入分配效应研究[J]. 系统科学与数学，41（2）：325-343.

肖六亿，陆诗颜. 2021. 劳动力工资变动影响物价的非一致性：基于价格传导机制的视角[J]. 江汉论坛，522（12）：15-22.

谢锐，王振国，张彬彬. 2017. 中国碳排放增长驱动因素及其关键路径研究[J]. 中国管理科学，25（10）：119-129.

徐然，高翔，杨翠红. 2021. 考虑时滞的进口中间品价格传导：基于区分加工贸易的投入产出模型[J]. 管理科学学报，24（10）：12-21.

徐伟呈. 2018. 互联网技术驱动下的中国制造业结构优化升级研究[J]. 产业经济评论（山东大学），17（1）：1-24.

徐伟呈，范爱军. 2018. "互联网+"驱动下的中国产业结构优化升级[J]. 财经科学，（3）：119-132.

许健，季康先，刘晓亭. 2023. 中国数字经济增长影响因素的结构分解分析[J]. 数学的实践与认识，53（1）：11-10.

闫云凤. 2011. 中国对外贸易的隐含碳研究[D]. 上海：华东师范大学.

阳立高，陈亭亭，谢锐，等.2020. 最终需求影响中国要素收入分配的关键路径研究[J]. 中国软科学，357（9）：162-174.

杨春雷. 2008. 工资水平对通货膨胀影响时序变化的实证研究[J]. 经济与管理，22（11）：42-44.

于晓龙. 2015. 我国信息技术进步的就业效应研究[D]. 北京：中共中央党校.

袁小慧，范金. 2010. 收入对居民消费影响的结构性路径分析：江苏案例[J]. 数学的实践与认识，40（1）：32-43.

张聪，汪鹏，赵黛青，等. 2022. 基于结构分解的碳排放驱动因素及行业影响分析：以广东为例[J]. 科技管理研究，42（16）：204-217.

张红霞，刘起运. 2011. 投入产出局部闭乘数的内涵[J]. 统计研究，28（8）：80-85.

张红霞，石敏俊. 2022. 电力价格市场化的成本影响分析：基于考虑价格异质性的投入产出价格模型[J]. 管理评论，34（1）：17-25.

张军，章元. 2003. 对中国资本存量K的再估计[J]. 经济研究，（7）：35-43，90.

张琼晶，田聿申，马晓明. 2019. 基于结构路径分析的中国居民消费对碳排放的拉动作用研究[J]. 北京大学学报（自然科学版），55（2）：377-386.

张炎治，冯颖，张磊. 2021. 中国碳排放增长的多层递进动因：基于SDA和SPD的实证研究[J]. 资源科学，43（6）：1153-1165.

张影强，张瑾. 2017. 如何促进数字经济创造就业[J]. 中国经济报告，（5）：43-45.

中共中央文献研究室. 1999. 毛泽东文集 第六卷[M]. 北京：人民出版社.

周亚敏，潘家华，冯永晟. 2014. 绿色就业：理论含义与政策效应[J]. 中国人口·资源与环境，24（1）：21-27.

周业安. 2009. 高储蓄率让人喜忧参半[J]. 现代工商，（2）：9.

朱波，范方志. 2005. 金融危机理论与模型综述[J]. 世界经济研究，（6）：28-35.

Acemoglu D，Restrepo P. 2017. Robots and jobs: evidence from US labor markets[R]. NBER Working Paper 23285.

Acemoglu D，Restrepo P. 2018a. The race between man and machine: implications of technology for growth，factor shares and employment[J]. American Economic Review，108（6）：1488-1542.

Acemoglu D，Restrepo P. 2018b. Artificial intelligence，automation and work[R]. NBER Working Paper 24196.

Allan J A. 1998. Virtual water: a strategic resource，global solutions to regional deficits[J]. Ground Water，36（4）：545-546.

Ampatzidis Y，de Bellis L，Luvisi A. 2017. iPathology: robotic applications and management of plants and plant diseases[J]. Sustainability，9（6）：1-14.

Arntz M，Gregory T，Zierahn U. 2016. The risk of automation for jobs in OECD countries: a comparative analysis[R]. OECD Social Employment and Migration Working Papers NO. 189.

Autor D H. 2015. Why are there still so many jobs？The history and future of workplace automation[J]. Journal of Economic Perspectives，29（3）：3-30.

Baumol W. 2000. Leontief's great leap forward: beyond Quesnay，Marx and von Bortkiewicz[J]. Economic System Research，12（2）：141-152.

Beham B，Präg P，Drobnič S. 2012. Who's got the balance？A study of satisfaction with the work-family balance among part-time service sector employees in five western European countries[J]. The International Journal of Human Resource Management，23（18）：3725-3741.

Brown M T，Herendeen R A，1996. Embodied energy analysis and EMERGY analysis: a comparative view[J]. Ecological Economics，19（3）：219-235.

Brynjolfsson E，Mitchell T，Rock D. 2018. What can machines learn，and what does it mean for occupations and the economy？[J]. AEA Papers and Proceedings，108：43-47.

Carter A P. 1970. Structural Change in the American Economy[M]. London: Oxford University Press.

Chen X K. 2000. Shanxi water resource input-occupancy-output table and its application in Shanxi Province of China[J]. International Journal of Development Planning Literature，15（3）：247-264.

Chen X K，Guo J E. 2000. Chinese economic structure and SDA model[J]. Journal of Systems Science and Systems Engineering，（2）：142-148.

Chen X K，Guo J E，Yang C H. 2005a. Chinese economic development and input-output extension[J]. International Journal of Applied Economics and Econometrics，12（1）：43-88.

Chen X K，Guo J E，Yang C H. 2005b. Extending the input-output model with assets[J]. Economic Systems Research，17（2）：211-225.

Chen X K，Guo J E，Yang C H. 2008. Yearly grain output predictions in China 1980-2004[J]. Economic Systems Research，20（2）：139-150.

Clark C G，Rewritten L. 1957. The Conditions of Economic Progress[M]. London：Macmillan.

de Boer P. 2008. Additive structural decomposition analysis and index number theory：an empirical application of the Montgomery decomposition[J]. Economic Systems Research，20（1）：97-109.

de Boer P. 2009. Generalized Fisher index or Siegel-Shapley decomposition？[J]. Energy Economics，31（5）：810-814.

Defourny J，Thorbecke E. 1984. Structural path analysis and multiplier decomposition within a social accounting matrix framework[J]. The Economic Journal，94（373）：111-136.

Dietzenbacher E，Los B. 1998. Structural decomposition techniques：sense and sensitivity[J]. Economic Systems Research，10（4）：307-324.

Dietzenbacher E，Los B. 2000. Structural decomposition analyses with dependent determinants[J]. Economic Systems Research，12（4）：497-514.

Dietzenbacher E，Romero L. 2007. Production chains in an interregional framework：identification by means of average propagation lengths[J]. International Regional Science Review，30（4）：362-383.

Dietzenbacher E，Romero L，Bosma N S. 2005. Using average propagation lengths to identify production chains in the Andalusian economy[J]. Estudios de Economía Aplicada，23（2）：405-422.

Duarte M，Restuccia D. 2010. The role of the structural transformation in aggregate productivity[J]. The Quarterly Journal of Economics，125（1）：129-173.

Elsby M W L，Shapiro M D. 2012. Why does trend growth affect equilibrium employment？A new explanation of an old puzzle[J]. American Economic Review，102（4）：1378-1413.

Frey C B，Osborne M A. 2013. The future of employment：how susceptible are jobs to computerisation？[J]. Technological Forecasting and Social Change，114：254-280.

Friedman M. 1977. Nobel lecture：inflation and unemployment[J]. Journal of Political Economy，85（3）：451-472.

Fu X，Chen X K. 2009. A multiyear lags input-holding-output model on education with excluding idle capital[J]. Journal of Systems Science and Complexity，22（2）：159-170.

Graetz G，Michaels G. 2018. Robots at work[J]. The Review of Economics and Statistics，100（5）：753-768.

Gui S S，Mu H L，Li N. 2014. Analysis of impact factors on China's CO_2 emissions from the view of supply chain paths[J]. Energy，74：405-416.

Hong J，Shen Q，Xue F. 2016. A multi-regional structural path analysis of the energy supply chain in China's construction industry[J]. Energy Policy，92：56-68.

Huang J B，Chen X，Song Y. 2020. What drives embodied metal consumption in China's imports and exports[J]. Resources Policy，69：101862.

Kahn R F. 1931. The relation of home investment to unemployment[J]. The Economic Journal，41（162）：173-198.

Katz R L，Vaterlaus S，Zenhäusern P，et al. 2010. The impact of broadband on jobs and the German economy[J]. Intereconomics，45（1）：26-34.

Keynes J M. 1933. The Means to Prosperity[M]. New York：Jovanovich，Inc.

Keynes J M. 1936. The General Theory of Employment，Interest，and Money[M]. London：Macmillan.

Kojima R，Nakamura S，Ohyama S. 2005. Inflation dynamics in China[R]. Bank of Japan Working Paper Series No. 05-E-9.

Kuznets S. 1955. Economy growth and income inequality[J]. The American Economic Review，XLV（1）：1-28.

Lehr U，Nitsch J，Kratzat M，et al. 2008. Renewable energy and employment in Germany[J]. Energy Policy，36（1）：108-117.

Lele U，Goswami S. 2017. The fourth industrial revolution，agricultural and rural innovation，and implications for public policy and investments：a case of India[J]. Agricultural Economics，48（S1）：87-100.

Lenzen M. 2003. Environmentally important paths，linkages and key sectors in the Australian economy[J]. Structural Change and Economic Dynamics，14（1）：1-34.

Lenzen M. 2007. Structural path analysis of ecosystem networks[J]. Ecological Modelling，200（3/4）：334-342.

Leontief W W. 1936. Quantitative input and output relations in the economic systems of the

United States[J]. The Review of Economics and Statistics, 18 (3): 105-125.

Leontief W W. 1941. The Structure of the American Economy[M]. Cambridge: Harvard University Press.

Leontief W W. 1953. Studies in the Structure of the American Economy: Theoritical and Empirical Explorations in Input-Output Analysis[M]. New York: Oxford University Press.

Lewis W A. 1954. Economic development with unlimited supply of labour[J]. The Manchester School, 22 (2): 139-191.

Lewis W A. 1958. Unlimited labour: further notes[J]. The Manchester School, 26 (1): 1-32.

Li Y M, Zhang B, Wang B, et al. 2019. Evolutionary trend of the coal industry chain in China: evidence from the analysis of I-O and APL model[J]. Resources, Conservation and Recycling, 145: 399-410.

Li Y Z, Su B, Dasgupta S. 2018. Structural path analysis of India's carbon emissions using input-output and social accounting matrix frameworks[J]. Energy Economics, 76: 457-469.

Meng J, Liu J F, Xu Y, et al. 2015. Tracing primary $PM_{2.5}$ emissions via Chinese supply chains[J]. Environmental Research Letters, 10 (5): 054005.

Miyazawa K. 1976. Input-Output Analysis and the Structure of Income Distribution[M]. Berlin: Springer-Verlag.

Miyazawa K, Masegi S. 1963. Interindustry analysis and the structure of income distribution [J]. Metroeconomica, 15 (2/3): 89-103.

Murry D A, Dan G D. 2009. The energy consumption and employment relationship: a clarification[J]. Journal of Energy and Development, 16 (1): 121-131.

Nagashima F. 2018. Critical structural paths of residential $PM_{2.5}$ emissions within the Chinese provinces[J]. Energy Economics, 70: 465-471.

Oshita Y. 2012. Identifying critical supply chain paths that drive changes in CO_2 emissions[J]. Energy Economics, 34 (4): 1041-1050.

Owen A, Wood R, Barrett J, et al. 2016. Explaining value chain differences in MRIO databases through structural path decomposition[J]. Economic Systems Research, 28 (2): 243-272.

Peters G P, Hertwich E G. 2006. Structural analysis of international trade: environmental impacts of Norway[J]. Economic Systems Research, 18 (2): 155-181.

Rausas M P, Manyika J, Hazan E, et al. 2011. Internet matters: the net's sweeping impact on growth, jobs, and prosperity. https://www.mckinsey.com/industries/high-tech/our-insights/

internet-matters[2024-3-31].

Richard W. 2008. Spatial structural path analysis – analysing the greenhouse impacts of trade substitution[J]. International Input Output Meeting on Managing the Environment,（7）：9-17.

Rose A, Casler S. 1996. Input-output structural decomposition analysis: a critical appraisal[J]. Economic Systems Research, 8（1）：33-62.

Samuelson P A, Solow R M. 1960. Analytical aspects of anti-inflation policy[J]. The American Economic Review, 50（2）：177-194.

Sargent T J, Wallace N. 1975. "Rational"expectations the optimal monetary instrument and the optimal money supply rule[J]. Journal of Political Economy, 83（2）：241-254.

Skelton A, Guan D B, Peters G P, et al. 2011. Mapping flows of embodied emissions in the global production system[J]. Environmental Science & Technology, 45（24）：10516-10523.

Sonis M, Hewings G J D. 1998. Economic complexity as network complication: multiregional input-output structural path analysis[J]. The Annals of Regional Science, 32（3）：407-436.

Sonis M, Hewings G J D, Sulistyowati S. 1997. Block structural path analysis: applications to structural changes in the Indonesian economy[J]. Economic Systems Research, （6）265-280.

Su B, Ang B W, Li Y Z. 2019. Structural path and decomposition analysis of aggregate embodied energy and emission intensities[J]. Energy Economics, 83: 345-360.

Tourkolias C, Mirasgedis S. 2011. Quantification and monetization of employment benefits associated with renewable energy technologies in Greece[J]. Renewable and Sustainable Energy Reviews, 15（6）：2876-2886.

Virgillito M E. 2017. Rise of the robots: technology and the threat of a jobless future[J]. Labor History, 2017, 58（2）：240-242.

Wood R, Lenzen M. 2003. An application of a modified ecological footprint method and structural path analysis in a comparative institutional study[J]. Local Environment, 8（4）：365-386.

Wood R, Lenzen M. 2009. Structural path decomposition[J]. Energy Economics, 31（3）：335-341.

Yang Z Y, Dong W J, Xiu J F, et al. 2015. Structural path analysis of fossil fuel based CO_2 emissions: a case study for China[J]. PLoS One, 10（9）：e0135727.

Yu E S H, Chow P C Y, Choi J Y. 1987. The relationship between energy and employment:

a reexamination[J]. Energy Systems and Policy，11（4）：287-296.

Zhang H R，Chen L，Tong Y D，et al. 2018. Impacts of supply and consumption structure on the mercury emission in China：an input-output analysis based assessment[J]. Journal of Cleaner Production，170：96-107.

附　　录

附表1　88部门投入产出表的部门分类

序号	部门	序号	部门
1	农产品	27	化学纤维制品
2	林产品	28	橡胶和塑料制品业
3	畜牧产品	29	非金属矿物制品业
4	渔产品	30	黑色金属冶炼和压延加工业
5	农、林、牧、渔服务产品	31	有色金属冶炼和压延加工业
6	煤炭开采和洗选产品	32	金属制品
7	石油和天然气开采产品	33	通用设备制造业
8	黑色金属矿采选产品	34	专用设备制造业
9	有色金属矿采选产品	35	汽车制造业
10	非金属矿采选产品	36	铁路、船舶、航空航天和其他运输设备制造业
11	开采辅助活动和其他采矿产品	37	电气机械和器材制造业
12	农副食品加工业	38	计算机、通信和其他电子设备制造业
13	食品制造业	39	仪器仪表制造业
14	酒、饮料和精制茶制造业	40	其他制造业
15	烟草制品	41	废弃资源综合利用业
16	纺织业	42	金属制品、机械和设备修理业
17	纺织服装、服饰业	43	电力、热力生产和供应
18	皮革、毛皮、羽毛及其制品和制鞋业	44	燃气生产和供应
19	木材加工和木、竹、藤、棕、草制品业	45	水的生产和供应
20	家具制造业	46	房屋建筑业
21	造纸和纸制品业	47	土木工程建筑业
22	印刷和记录媒介复制业	48	建筑安装业
23	文教、工美、体育和娱乐用品制造业	49	建筑装饰、装修和其他建筑业
24	石油、煤炭及其他燃料加工业	50	批发业
25	化学原料和化学制品制造业	51	零售业
26	医药制造业	52	铁路运输业

续表

序号	部门	序号	部门
53	道路运输业	71	研究和试验发展
54	水上运输业	72	专业技术服务
55	航空运输业	73	科技推广和应用服务
56	管道运输	74	水利管理
57	多式联运和运输代理	75	生态保护和环境治理
58	装卸搬运和仓储	76	公共设施及土地管理
59	邮政	77	居民服务
60	住宿	78	其他服务
61	餐饮	79	教育
62	电信、广播电视和卫星传输服务	80	卫生
63	互联网和相关服务	81	社会工作
64	软件和信息技术服务业	82	新闻和出版
65	货币金融和其他金融服务	83	广播、电视、电影和影视录音制作
66	资本市场服务	84	文化艺术
67	保险	85	体育
68	房地产	86	娱乐
69	租赁	87	社会保障
70	商务服务	88	公共管理和社会组织

附表 2　部门代码

代码	部门	代码	部门
1	农林牧渔业	13	非金属矿物制品业
2	煤炭开采和洗选业	14	金属冶炼及压延加工业
3	石油和天然气开采业	15	金属制品业
4	金属矿采选业	16	通用、专用设备制造业
5	非金属矿及其他矿采选业	17	交通运输设备制造业
6	食品制造及烟草加工业	18	电气机械及器材制造业
7	纺织业	19	通信设备、计算机及其他电子设备制造业
8	纺织服装鞋帽皮革羽绒及其制品业	20	仪器仪表及文化办公用机械制造业
9	木材加工及家具制造业	21	工艺品及其他制造业
10	造纸印刷及文教体育用品制造业	22	废品废料
11	石油加工、炼焦及核燃料加工业	23	电力、热力的生产和供应业
12	化学工业	24	燃气生产和供应业

续表

代码	部门	代码	部门
25	水的生产和供应业	34	租赁和商务服务业
26	建筑业	35	研究与试验发展业
27	交通运输及仓储业	36	综合技术服务业
28	邮政业	37	水利、环境和公共设施管理业
29	信息传输、计算机服务和软件业	38	居民服务和其他服务业
30	批发和零售业	39	教育
31	住宿和餐饮业	40	卫生、社会保障和社会福利业
32	金融业	41	文化、体育和娱乐业
33	房地产业	42	公共管理和社会组织